JN436395

세계화시대의 지역학

– 대구·경북의 정체성 규명과 미래가능성 모색 –

계명대학교 한국학연구 총서 19

세계화시대의 지역학

– 대구·경북의 정체성 규명과 미래가능성 모색 –

김한규 외

계명대학교출판부

책을 펴내며

지역 혹은 지방은 한 나라의 일부분에 불과하나 역사적, 사회·경제적 또는 지역 주민의 의식 양태에 따라 지방간에도 상당한 차이를 드러내는 경우가 왕왕 있게 마련이다. 이른바 세계화시대에 접어들어서도 이러한 모습은 그다지 변하지 않아 보인다. 세계 곳곳의 추이를 살펴보면 근년 들어 어쩌면 지역주의가 어떤 측면에서는 더욱 강화되는 추세를 엿볼 수 있을 정도이다. 이는 한편으로는 세계화에 대한 반작용으로 이해할 수도 있고, 또 다른 한편으로는 정체성의 회구가 빚어내는 결과인지도 모른다. 한국에서도 최근 지방화 또는 지방분권 등이 시대적 화두가 되면서 지방화가 삶의 질을 높이고 지역주민의 자치를 발양할 수 있는 적절한 수단으로 여겨지고 있다.

그러나 우리의 경우 지방분권, 지역혁신 등 화려한 명분으로 포장되고 있긴 하나 저간의 사정은 진정한 의미의 지방화와는 더욱 멀어진다는 느낌도 지울 수 없다. 이는 수도권과 지방의 격차 심화, 지방의 공동화 강화 등 몇몇 지표로도 충분히 알 수 있는 사실이다. 특히 대구경북은 퇴영적 지역주의 성향이 두드러지면서 근년 들어 왜곡된 지역 이기주의에 매몰되어 가는 경향도 보인다. 이는 아마도 이 지역의 기생(寄生)문화 내지 배설문화적 추세가 잉태한 산물인지도 모른다. 이 때문에 높은 수준의 학문적·교육적 전통과 우수한 인적 자원에도 불구하고 날로 떨어지는 경제적 위상, 편향적 정치사회적 의식, 이에 편승한 상업주의 문화의 창궐로 이 지역은 일종의 섬(Enclave)으로 전락할 위험까지 감지되고 있다.

이런 상황에서 더욱 안타까운 것은 이 지역 주민들이 문제의 소재를 제대로 인지하지 못하고 있는 듯한 분위기이다. 이는 아마도 앞서 언급하였듯 폐쇄적 소영웅주의, 신기루적 소수도 인식 등이 어우러진 결과이리라. 좋은 입지 여건, 풍부한 인력자원에다 면면히 내려온 전통과 기상은 뒷전이고 그저 과거의 영화를 되새김질하는 퇴영적 몸짓과 더불어 애써 현실을 외면하려 드는 수구적 자세도 곳곳에서 관찰된다.

이런 구체적 상황 인식하에 지방화라는 화두의 여러 측면을 조명해 보는 한편, 진정한 의미의 지방화를 위한 가능성들을 성찰적 자세에서 살피는 것은 나름대로 의미가 있을 것으로 사료된다. 모름지기 성찰과 자아비판이 빠진 미래 구상이란 허구일 뿐이기 때문이다. 이에 인문학적, 사회과학적 학제간 접근으로 문제의 본질에 다가가고자 한다.

2007년 3월

김 한 규

책을 펴내며 5

세계화-지역화에 관한 인문학적 단상 염무웅 11

지방문화에서 세계학문으로 조동일 29

1 경과 소개 29
2 추가 사항 32
3 나의 작업 34
4 연구의 실상 36
5 재검토의 시작 41
6 율격 형성의 특성 43
7 서사 구조에서 전개되는 논란 47
8 철학과 문학의 한계 50
9 간추림 52

입지와 지역의 미래 －대구시 사례를 중심으로－ 김한규 57

1 들어가는 말 57
2 입지의 사회경제적 함의 59

3 대구시의 현황과 입지 분석 63
4 대구의 미래를 위한 제언 72
5 전망 77

지역경제위기와 지역구조조정 김영철 81

1 서론 81
2 외환위기 이후 경제 구조개혁의 실패 84
3 지역경제 위기의 실상 87
4 지역구조조정과 지역성: 사회적 자본을 중심으로 99
5 결론 104

지방화와 정치사회의식의 전환
–대구경북지역의 대학과 언론을 중심으로– 김규원 107

1 지방화의 현주소 107
2 대구경북지역의 정치사회의식 형성 배경 109
3 대구경북지역 정치사회의식의 구조적 속성 112
4 바람직한 지방화를 위해 필요한 정치사회의식 117
5 전환을 위한 지역 거버넌스 형성 모색과 제안 125

'지역화'의 문화적 전망과 민속문화의 문화주권 인식　임재해 133

1 지방화와 지방자치화, 지역화의 변별적 인식 134
2 지방분권운동의 문제와 지역화의 한계 139
3 '권력'과 '경제'가 아닌 문화적 지역화의 가능성 147
4 지역공동체의 해체와 문화적 지역화의 한계 152
5 도시지역의 공동체 회복과 문화공동체 만들기 159
6 지역문화 운동 논의의 주체와 실천 사례 167
7 민속 문화의 재조명과 문화주권 인식 172
8 민속 문화에 의한 문화적 지역화의 실현 178
9 문화적 지역화로서 지역문화 주권론 185

지방화와 풀뿌리 민주주의의 가능성 모색　이재성 197

1 문제설정 197
2 세계화시대에 지방화 혹은 지방자치는 유의미한가? 201
3 풀뿌리 자치운동은 새로운 삶의 대안적 패러다임일 수 있는가? 208
4 풀뿌리 민주주의는 풀뿌리들의 인간적-사회적 삶의 구체적 실천장일 수 있는가? 217
5 나가는 말 222

세계화-지역화에 관한 인문학적 단상

염 무 웅

계명대학교 한국학연구원의 이번 기획에 담긴 문제의식의 중요성에 공감하고 발제를 승낙했으나, 글을 준비하는 동안 나는 차츰 내가 감당하기 힘든 주제를 맡았음을 깨달았다. 한국학연구원에서 보내준 논문과 자료들을 훑어보니, 지역학-지리학-행정학-사회학-경제학-인류학-도시공학 등 관련분야 여러 학자들에 의해 세계화와 지방(역)화 문제에 대한 세부적인 논의가 이미 어느 정도 진행되어 있어서, 그 논의들의 축적 위에 새로운 입장과 진전된 견해를 추가한다는 것이 나에게는 불가능해 보였던 것이다. 무엇보다 이 주제에는 여러 사회과학 분과학문의 이론들이 복합적으로 연관되어 있을 뿐만 아니라 시대적 변화에 따른 다양한 쟁점과 현실적 이해관계들이 얽혀 있기 때문에, 소박한 인문학도로서는 어디에서부터 말머리를 잡아 논의를 시작할지조차 명확하지 않다.

우선 핵심개념을 나타내는 용어부터가 제대로 정리되어 있지 않은 듯하다. Globalization은 '지구화'보다 '세계화'라고 번역해서 쓰는 것이 관행으로 굳어져 있으므로 그대로 따른다 치더라도, 그 상대개념인 Localization은 '지방화'라고 할지 '지역화'라고 할지 아직 정착되어 있지 않은 것 같다. 일상생활에서도 지방과 지역은 때로는 거의 같은 뜻으로, 때로는 상당히 다른 뜻으로 편의적으로 쓰인다. 가령, '경상도지방'과 '경상도지역'은 뜻에 아무런 차이가 없는 반면에, '지방대학' '지역 언론' '지방자치' '지역혁신' 등에서 지방과 지역을 서로 바꾸면 뜻이 아주 달라지거나 표현의 자연스러움이 크게 훼손된다. 그렇다면 오늘의 논의에서 지방화-지역화를 문맥에 따라 차별 없이 혼용할 것인가, 아니면 개념적으로 구별할 것인가. 내 생각에 이것은 단순한 용어선택의 문제가 아니라 논리적 사고를 위한 최소한의 기반을 마련하는 문제인데, 예컨대 다음과 같은 문장에서 그 점을 검토해 보자.

> 지방분권은 중앙정부에서 자치단체로의 권한이양과 서울(수도권)에서 지방(비수도권)으로의 자원의 분산이란 두 측면을 포함한다. 따라서 지방분권은 경제력의 지방분산, 행정과 재정의 분권, 교육과 문화의 분권을 의미한다. 지방에 사람과 돈과 정보가 모이고 행정과 재정에서 결정권이 지방으로 이양되는 것이 지방분권이다[1].

여기에는 지방분권론의 핵심이 간명하게 요약되어 있다. 매우 아름다운 발상이기는 하지만, 그러나 중앙정부에서 지방자치단체로 권한이 이양되는 측면과 서울-수도권에서 지방으로 자원이 분산되는 측면을 지방분권이라는 하나의 프로젝트 안에 동시에 포괄하는 것은 현실적으

---

1) 김형기. 2001. 「지역 균형발전을 위한 지방분권과 지역혁신」. 『정책포럼』. 대통령자문 정책기획위원회.

로나 논리적으로 불가능하다. 왜냐하면, 하나의 국가정책이 지역에 따라 차별적으로 실시될 수는 없을 터이므로 지방분권론을 현실에서 실천에 옮길 경우 중앙정부의 권한은 비수도권 자치단체들뿐 아니라 서울특별시와 경기도라는 수도권 자치단체에도 똑같이 이양되어야 할 것이고, 그렇게 되면 분권론자들의 의도와 반대로 사람과 돈과 정보의 서울-수도권 집중은 더욱 강화되는 반면 지방-비수도권의 권한은 사실상 허구화할 수밖에 없을 것이기 때문이다. 참여정부 출범 직후 지방분권특별법이 제정되고 정부혁신지방분권위원회가 설치(2003년 4월 7일)되어 활동하고 있지만, 유감스럽게도 지난 3년여 동안 상황이 개선되었다는 증거는 찾아볼 수 없다. 뿐만 아니라 지방분권론과 상호 연관성을 갖는 여러 개혁적 과제들이 참여정부 출범 전후에 법제화하거나 정부기구화하였고 또 일부는 실행계획이 확정되기도 하였다. 예컨대 <지방의제21 전국협의회>, <지속가능발전위원회>, <농어업-농어촌 특별대책위원회>, <빈부격차-차별시정위원회>, <국가균형발전위원회>, <신행정수도건설 특별법>, <공공기관 지방이전 계획 확정> 등 여러 개의 특별법과 특별위원회가 만들어지고 특별조치가 취해졌다. 그러나 이런 법과 기구들을 통해 실현하려는 정부의 정책의지는 현실 속에 제대로 뿌리내리지 못하고 있음이 분명하다. 아니, 국가의 균형발전과 도농(都農)간의 격차해소를 목표로 지원된 각종 자금들은 최근의 부동산광풍에서 보듯이 오히려 지역균형을 더욱 파괴하고 격차를 심화시키는 부메랑이 되어 돌아오고 있다고 판단된다.

여기서 내가 주목하는 것은 현실 차원에서 정부의 정책이 성공하지 못하고 있다는 사실만이 아니라 논리 차원에서도 지방과 지역 및 발전과 균형 등 유사개념들 사이에 착종과 혼란이 있다는 사실이다. 다시 말하면 중앙정부와 대비되는 의미에서 서울특별시를 포함하여 각급 지자체가 관할하는 행정자치 단위로서의 '지방'과 중앙정부가 위치한 수도 이외의 지역으로서의 '지방'이 용어상 엄밀하게 구분되지 않고 있는 것이다. 김형기 교수의 지방분권론이 말하는 지방은 당연히 후자 즉 비수도권을 가리킬 터인데, 앞서 살펴보았듯이 개념적 엄밀성을 결하고 있다. 어떻든 가능한 한 나는 전자를 지역으로, 후자를 지방으로 부르고자 하며, 따라서 '세계화'에 대비되는 용어로 '지역화'를 선택하고자 한다.

우리 시대의 성격을 이해하는 핵심열쇠가 '세계화'에 있음은 두루 인정되는 바이다. 그러나 세계화라는 말로 규정되는 객관현실의 변화양상을 바라보는 시각은 천차만별이고, 그런 만큼 세계화의 개념적 내용 또한 단순한 것일 수 없다. 어떻든 그 말이 일차적으로 1989년부터 1991년 사이의 세계사적 정치변동 즉 동유럽 사회주의체제의 붕괴와 소련의 해체에 의해 미국-일본-서유럽 주도의 자본주의가 지구 전체를 지배하게 된 현실을 가리키는 것은 분명하다. 그런데 자본주의 블록들 가운데서도 제2차 대전 이후 냉전기간 동안 사회주의의 도전에 앞장서서 대응한 것이 미국이었으므로 세계화란 유럽이나 일본의 것과 구별되는 미국식 자본주의의 승리로 간주되었다. 주지하는 바와 같이 유럽에는 오랜 노동운동의 전통이 있고 강력한 사회민주주의 정치세력이 뿌리내리고 있기 때문에, 그리고 일본에서도 전후 재벌해체와 평화헌법의 성립으로 자본에 일정한 제약이 가해졌기 때문에 유럽과 일본에서의 자본주의는 어느 정도 타협적인 성격을 갖게 되었다. 따라서 좁은 의미의 세계화란 유럽이나 일본에서와 달리 제어장치를 갖지 않은 미국식 자본주의, 즉 신자유주의적 자본주의가 사회주의의 붕괴 이후 국가와 지역의 경계를 넘어 전지구적으로 확장되는 현상을 가리킨다고 말할 수 있다.

다른 한편, 세계화는 정보통신기술의 비약적 발전 즉 정보화를 동반하였다. 1969년 미 국방성에서 군사목적으로 개발된 초기 인터넷이 1983년 군사용과 연구용으로 분리되고 1992년 상업적 서비스를 하기에 이르는 과정은 미국 중심의 자본주의 지배체제가 1968년 세계 도처에서 일어난 혁명적 봉기를 수습하고 70년대에 두 차례 엄습한 석유파동을 극복한 끝에 마침내 현실사회주의를 무너뜨리게 되는 과정에 대응된다고 할 것이다.

최근 우리가 경험하고 있는 바와 같이 이 세계화-정보화는 지구사회의 전 영역에 걸쳐서, 그리고 인간 활동의 모든 방면에 걸쳐서 근본적인 변화와 구조적인 재편성을 초래하는 것 같다. 상품과 자본 및 정보와 대중문화의 전방위적 고속이동이 국가주권의 통제력에 얼마나 위협이 되는지 계량적으로 가늠하기는 어렵지만, 이로 인해 사회생활과 개인생활의 획일성이 대폭적으로 증대되고 국민국가적 독자성과 지역문화적 고유성이 현저히 약화되는 것은 실감할 수 있다. 지식기반산업의 비중이 점점 강화됨으로써 노동의 질 자체가 달라지고 있을뿐더러 전통적 산업에 있어서도 노동자의 조직력과 투쟁성은 날이 갈수록 쇠퇴하고 있다. 사회주의 이념의 몰락과 냉전체제의 종식 및 국가적 통합성의 이완으로 인해 그동안 잠복해 있던 종족적(種族的)-종파적(宗派的) 갈등이 참담한 폭력사태를 유발하고, 이것이 새로운 국제적 분쟁으로 확대되기도 하였다. 경쟁력과 효율성의 논리가 다른 모든 인문적 가치를 압도하게 됨에 따라 국제관계에서나 한 국가 내부의 역(力)관계에서나 약육강식의 법칙은 점점 더 가차 없이 관철되고 빈부격차는 더욱 무자

비하게 심화된다.

특히 한국사회는 1997년 말에 닥친 외환위기를 통과하면서 아이러니컬하게도 계급적 담론의 전면적 후퇴 속에 실질적으로는 더욱 날카로운 계급사회로 변전하고 있다. 교육-학문-예술-종교 및 언론-의료 등 산업화 이전부터 오랫동안 그 나름으로 자율적으로 기능해 왔고 산업화 이후에도 상업적 논리에 포섭되지 않은 채 사회적 갈등과 이념적 대립을 비판적으로 성찰해 오던 독립적 영역들이 자신의 전통적 독립성을 상실하면서 이제 그 자체들이 하나의 산업분야로 탈바꿈하고 있다. 말하자면 이것이 오늘의 세계화 현실이다.

그러나 생각해 보면 1990년대 이후 현실사회주의의 견제가 철폐됨으로써 자본주의가 좀 더 적나라하게 본색을 드러내게 되기는 했지만, 세계화현상이 이때 처음 나타난 것이 아님은 물론이다. 이미 19세기 중반에 맑스와 엥겔스는 부르조아 계급의 맹렬한 활동에 힘입어 지구 전체가 하나의 단일한 세계시장으로 묶여지고 이로 인해 각 나라의 산업들이 불가피하게 전 지구적 성격을 띠어가게 되었음을 날카롭게 투시하고 있다.

> 부르조아지는 자신의 생산물을 팔 수 있는 시장을 끊임없이 확장시킬 필요 때문에 지구상의 모든 곳을 누비고 다닌다. 부르조아지는 온갖 곳에 둥지를 틀고 온갖 곳에 자리를 잡으며 온갖 곳에서 연결을 이룩해야 한다. 부르조아지는 세계시장의 착취를 통하여 각 나라의 생산과 소비에 범세계적 성격을 부여하였다. 복고주의자들에게는 매우 유감이겠지만, 부르조아지는 산업의 발밑으로부터 그 산업이 딛고 서 있던 일국적 발판을 제거하였다[2].

이러한 상황을 묘사함으로써 맑스와 엥겔스는 부르조아지를 공격하는 것이 아니라 도리어 부르조아지가 "백년 남짓한 자신의 지배기간 동안에 이전의 모든 세대들이 이룩한 것을 전부 합친 것보다 더 거대하고 엄청난 생산력을 창출했다"고 그 업적을 찬양하였다. 뿐만 아니라 두 사람은 부르조아지가 주도하는 변화의 불가피성을 인정하고 그러한 변화에 역행하는 복고주의적 입장을 반대하였으며, 또한 자본주의 모순의 극복 가능성이 오직 자본주의적 발전의 결과물들 안에서 태어날 것이라고 주장하였다. 방금 인용한 문장에 뒤이어 맑스와 엥겔스는 이렇게 말한다.

> 자국의 생산물로 충족되던 낡은 욕구 대신에 먼 나라 먼 풍토의 생산품이라야 충족되는 새로운 욕구가 생겨난다. 지난날의 지역적-일국적 고립과 자급자족 대신에 모든 방면으로의 상호교류, 민족들간의 전면적 상호의존이 나타난다. 그리고 물질적 생산에서 그러하듯이 정신적 생산에서도 마찬가지다. 개별 민족들의 정신적 산물은 공동의 재산이 된다. 일국적 편향성과 편협성은 점점 더 불가능해지며, 수많은 국민문학-지역문학들로부터 하나의 세계문학이 생성된다[3].

잘 알려진 바와 같이 젊은 맑스와 엥겔스가 여기에 제시한 세계문학 개념은 이미 그보다 20여 년 전에 노년의 괴테가 피력한 구상이었다. 괴테가 살던 시절의 독일은 그야말로 '일국적 편향성과 편협성'에 사로잡힌 낙후한 반(半)봉건적 전제국가였지만, 그의 시야는 언제나 독일

2) 맑스-엥겔스. 『공산당선언』. 남상일 옮김. 백산서당. 1989. 61쪽.

3) 위와 같은 책. 같은 곳.

적 한계를 넘어 유럽 전체로 향하고 있었고 나이가 들수록 유럽의 경계조차 넘어서 먼 대륙에까지 미치고 있었다. 이미 청년시절에 미국의 독립혁명과 프랑스 대혁명을 경험했고 장년에 나폴레옹 전쟁을 목격했으며 노년 들어 그리스 독립전쟁의 소식을 접하고 있던 괴테로서는 이 사건들에 관통되는 하나의 세계사적 흐름을 간취했음이 분명하다. 그리하여 그는 국가와 민족의 경계를 넘어 다양하게 증대되는 물질적-정신적 교류와 협력의 현실을 보고, 이를 통해 더 높은 인간이상의 실현 가능성이 열리리라고 기대하였다. 따라서 "이제 민족문학은 별로 의미가 없는 용어이다. 세계문학의 시대가 임박했고, 모든 사람들이 그것을 앞당기도록 힘써야 한다"라고 괴테가 말했을 때[4], 그가 임박한 것으로 예감한 '세계문학의 시대'는 단순한 문학사적 시대구분의 언사가 아니라 분열과 쟁투, 편협과 독단을 넘어선 새로운 정신공동체의 실현 가능성이었다[5].

괴테에게 일국적 편향성과 편협성을 극복할 역사적 계기로 인식된 국제관계의 발전이 자본주의에 의해 추동된 것임은 말할 나위가 없다. 어떤 학자는, 그리스-로마 등 지중해문명을 출발점으로 하는 서양사와 중국 중심의 동양사가 따로 진행되다가 몽골제국의 정복활동에 의해 비로소 하나의 세계사가 탄생하였고, 여진족이 건설한 금(金)왕국의 남쪽인 화북(華北)지역에 존재하던 신용거래의 원리와 자본주의 경제의 맹아

4) 에커만. 『괴테와의 대화』. 2000. 박영구 옮김. 푸른숲. 256쪽. 1827년 1월 31일.
5) 세계화현상에 대한 맑스의 통찰 및 이와 결부된 괴테의 세계문학론에 대해서는 백낙청. 1997. 「지구화시대의 민족과 문학」. 『내일을 여는 작가』. 1-2쪽; 한기욱. 1999. 「지구화시대의 세계문학」. 『창작과비평』 가을호; 임홍배. 2000. 「괴테의 세계문학론과 서구적 근대의 모험」. 『창작과비평』 봄호 등에 다각도로 논의되었으며, 이 글도 이런 논의의 연장선 위에 있다.

가 몽골세계의 확장에 따라 서유럽으로 건너가 자본주의를 촉진하게 되었다고 주장하고 있지만[6], 아무튼 분명한 것은 몽골제국의 몰락 이후 동아시아는 봉건적 중세체제의 재정비의 길로 들어섰음에 반하여 유럽세계는 몽골침략의 충격 이후 중세극복의 방향으로 나아가게 되었다는 사실이다. 물론 괴테가 세계문학의 시대에 대해 언급한 것은 마젤란이 세계일주 항해를 떠난 지 3백년 이상, 영국과 네델란드의 동인도회사(東印度會社)가 설립된 지 2백년 이상 지난 시대임을 상기한다면, 그가 세계화에 의해 열릴 이념적 가능성만을 보고 그 심층에 감추어진 현실적 모순을 전혀 보지 못했다고 말할 수는 없다. 그러나 질풍노도 시대 이후 그가 언제나 현실문제에 대해 초연한 태도를 견지했던 것은 고전주의자 괴테의 균형과 중용을 입증하기도 하지만, 다른 한편 민족국가의 경계를 넘어선 그 시대의 정신적 교류와 물질적 교환이 사실상 유럽 안에서 이루어지는 내부자거래의 성격이 짙다는 것, 다시 말해 유럽의 세계화가 실제로는 비유럽세계에 대한 유럽의 일방적 침략과 수탈에 불과하다는 것을 그가 얼마나 제대로 인식하고 있었는지 의심하게 만드는 점이기도 하다. 그런 점에서 괴테시대에 비해 좀 더 본격화된 자본의 시대를 살았던 맑스가 자본주의에 대한 그의 치열한 투쟁에도 불구하고 괴테보다 오히려 더 완고한 유럽중심주의자였다는 사실은 의미심장하다.

이상의 어설픈 논의를 통해서 나는 세계화를 자본주의의 전 지구적 지배라고 하는 현재적 관점에서뿐만 아니라 중세 봉건제로부터 근대 자본제로의 이행이라고 하는 역사적 원근법 속에서도 보아야 한다는

6) 오카다 히데히로. 2002. 『세계사의 탄생』. 이진복 역. 황금가지.

점을 암시하였다. 다시 말하면 세계화는 인간노동과 자연자원에 대한 수탈체제의 전 지구적 확장이고 자본과 상품과 정보의 초국경적 이동의 보장임이 분명하지만, 그와 동시에 부분적으로는 역사의 부정적 퇴적물로서의 국가적-지역적 억압구조의 청산 가능성을 내장한 것일 수도 있는 것이다.

그런데 여기서 정말 중요한 것은 그러한 세계화가 우리 민족에게 구체적으로 어떤 모습으로 다가왔는가 하는 점이다. 이미 고대부터 한반도와 세계사(로마, 이슬람, 인도, 중앙아시아 등) 사이에 활발한 문명교류와 문화적 소통이 있어 왔다는 주장이 있지만[7], 그러나 아무래도 동아시아에서 오랜 세월에 걸쳐 세계라고 하면 화이적(華夷的) 질서의 중심으로서의 중화제국이고 우리 자신은 그 변방인 동이(東夷)의 위치를 감수해 오지 않았나 생각한다. 17세기에 명(明)이 망하고 만주족의 청(淸)이 대륙을 지배하게 되자 조선의 선비들 사이에는 자신들이 유교적 가치의 참된 계승자라는 소중화(小中華)의식이 생겨났다고 한다. 그러나 내 생각에 그것은 세계관의 전진 또는 확대라기보다 오히려 반동 또는 고립이라고 해석될 만한 것이었다. 아마 그런 뜻에서 의미 있는 전환이 일어난 것은 18세기, 즉 성호(星湖)-연암(燕岩)-다산(茶山)의 시대에 와서일 것이다. 그러나 그 시대에도 북학(北學) 또는 서학(西學)이라는 이름으로 중국을 통한 서양학문-서양종교와의 간접적인 접촉이 있었을 뿐이라고 할 터인데, 그나마 새로운 흐름은 정조의 죽음(1800)으로 혹독한 정치적 탄압 아래 놓이게 되었다.

불행히도 세계화는 우리에게 외세에 의한 침탈의 형식으로 강제되었

---

7) 예컨대, 정수일. 2002. 『문명교류사 연구』. 사계절; 2005. 『한국 속의 세계』. 창비 등.

다. 영국 군함의 충청도 해안 정박(1816), 영국 상선의 통상 요구(1832), 영국 군함의 전라도 해안 측량(1845), 프랑스 군함의 충청도 앞바다 좌초(1847), 러시아 선박의 함경도 영흥주민 살상(1854), 프랑스 군함의 충청도 해안 약탈(1856) 같은 사건들에 이은 병인양요(1866)와 신미양요(1871)의 발생은 19세기 한반도를 향해 다가오는 세계사의 잇단 파도가 어떤 성질의 것이었는지 웅변한다. 그 억센 파도를 강화도에 포대를 만들고 척화비를 세우는 것으로 막을 수 없다는 것은 명약관화하다. 1876년의 개항 또는 개국을 오늘의 언어로 번역하면 세계화일 터인데, 주지하는 바와 같이 그것은 결국 식민지화로 귀결되었다.

그러나 비록 우리의 근·현대사가 자본주의적 세계화의 부정적 측면이 집중적으로 실현되는 과정이었다 하더라도 이면에서는 그 반대의 측면 또한 작동하고 있었음을 인정해야 한다. 어느 경우에나 역사는 긍정적 요소와 부정적 요소 간의 상호작용 속에서 전개되며, 표층에서의 진보는 심층에서의 퇴보를 은폐하는 형식일 수 있다. 그런 점에서 한국 자본주의의 역사를 '식민지적 근대화' '수탈적 근대화' 또는 '종속적 근대화' '돌진적 근대화'라는 형용모순적 개념으로 규정하는 것은 한국이 경험한 근대화·세계화의 독특한 이중성 자체에서 연유한다고 보아야 할 것이다.

그런데 이 여러 개념규정들 가운데 마지막 것에 대해 조금 더 살펴보기로 하겠다. 우리의 기억에 생생하게 각인되어 있는 바와 같이 1960년대 중반 박정희 군사정권의 경제개발계획 추진으로 시작된 산업화는 지난 40년 동안 이 나라를 근본적으로 변화시켜 놓았다. 35년에 걸친 일제의 식민지지배와 3년에 걸친 끔찍한 6·25전쟁도 당연히 커다란 상처를 남기고 엄청난 피해를 주었지만, 그래도 어떤 점에서 그것들은 외면적인 변화에 불과한 것이었다고 할 수 있다. 그러나 65년을 살아온 나 자신의 실감을 가지고 말한다면, 지금 나이가 60대인 분들은 대부분 동감하겠지만, 내가 소년이었던 1950년대의 한국사회와 오늘의 한국사회 사이에는 거의 아무런 연속성도 없는 듯한 느낌이 들며, 마치 『오즈의 마법사』에 나오는 주인공 도로시처럼 어느 날 갑자기 전혀 낯설고 이해할 수 없는 세상으로 날려온 듯한 이질감을 금할 수 없다. 그러니 근대화라는 말 앞에 '돌진적' 또는 '압축적'이라는 수식어가 붙는 것도 무리가 아니다. 노동운동에 대한 무자비한 탄압이라든가 개발과정에서의 폭력동원 등을 떠올리면 '폭압적 근대화'라고 불러도 무방할 것이다. 어쨌든 그동안 한국 사회는 우리 역사상 일찍이 없던, 그리고 아마 세계 어느 나라도 겪은 적이 없었던 급격하고도 대규모적인 변화의 광풍 속을 통과하였다.

많은 변화 중에 대표적인 것은 우리의 먹고사는 방식 즉 생업의 형태가 달라지고, 그에 따라 사람이 가족을 이루고 이웃과 어울려 살아가는 군집(群集)생활의 방식이 달라졌다는 점일 것이다. 간단히 말하면 전통적인 농업사회로부터 짧은 기간 안에 현대적인 산업사회로 변모했고, 이에 따라 급격한 농촌붕괴 및 도시화가 진행되었다. 그리고 이러한 변화와 연관하여 농촌과 도시 내부의 공동체적 결속이 급속도로 와해되는 동시에 가족 간의 자연스러운 친밀성이 사라지고 심지어 가족의 해체현상도 나타나게 되었다. 이런 상황은 우리 주위에서 너무나 생생하게 또 일상적으로 목격되고 있어서 굳이 통계수치로 입증할 필요도 없지만, 그래도 대표적인 예를 하나 들면 1960년부터 2005년 사이에 우리나라 전체 인구는 2499만에서 4704만으로 증가한 데 비하여 그중 도시 인구는 895만에서 4071만으로 증가했다고 한다. 다시 말하면 그 45년

동안에 농촌인구는 1604만에서 633만으로 거의 1천만 가까이 줄어든 것이다. 그리하여 해방 직후 13.0%였던 도시화율이 1960년에는 39.1%, 70년에는 50.1%, 80년에는 68.7%, 90년에는 81.9%, 그리고 2000년에는 드디어 89.0%에 이르렀다고 한다. 다시 말하면 반세기 남짓한 기간에 도시와 농촌의 인구비중이 완전히 역전된 것이다. 1970~80년대에 특히 도시화가 폭발적으로 진행되었음을 알 수 있는데, 그것은 이 시기에 산업화가 급격하게 추진되었음을 나타낸다. 그리고 무엇보다 우리가 주목해야 할 사실은 도시화가 전국에 걸쳐 균질적으로 진행된 것이 아니라 서울과 수도권 및 일부 공업도시를 중심으로 극히 불균형적으로 진행되었다는 점이다. 이러한 변화들에 의해 초래된 구체적인 생활세계의 극심한 왜곡은 힘들게 이룩한 경제발전과 정치적 민주화의 성과를 허구적인 것, 외면적인 것, 구호적인 것으로 만들고 모든 개혁적 시도를 실질적으로 박제화하여, 양적 성장 속의 질적 저하라는 이율배반을 재생산하고 있다. 참여정부의 온갖 개혁시도들이 번번이 반(反)개혁으로 역전되고 마는 것은 노무현과 그 주위에 집결한 소위 386세대들의 정치적 미숙에서만 귀책사유를 찾을 수 없는, 한국 근대화운동 전체의 통렬한 자기배반이다.

서구에서 자본주의가 발전함으로써 세계화의 단초가 열린 것은 누구나 아는 사실이지만, 그 세계화 추진의 주역이 동시에 근대적 민족국가 건설의 주인공인 부르조아 계급이라는 것은 충분히 강조되지 못한 사실이다. 주지하듯이 부르조아지는 맹렬한 시장개척을 통해 국민국가의 경계를 허무는 작업을 추진했고, 결국 그 연장선 위에서 세계화가 진행되고 있다. 그러나 다른 한편 서구 부르조아지는 국가의 헤게모니를 장악하는 순간부터 민족주의를 무기로 공격적 형태의 국가이익 즉 제국주의를 추구했던 것이다. 단테를 시발점으로 하는 이태리 민족문학운동의 전성기가 지중해무역으로 돈을 번 이태리 도시국가들의 번영기와 일치한다는 것도 흥미롭지만, 영국이 대서양의 제해권을 장악하기 시작한 엘리자베스 1세 시대에 셰익스피어의 연극이 꽃을 피운 것이나 부르봉 왕조의 절대주의 하에서 프랑스 신고전주의 문학이 개화한 것도 우연한 일은 아니다. 반면에 30년 전쟁으로 국토가 피폐한데다가 수백개의 작은 영주국들로 분할되어 국가적 통일을 이루지 못한 독일에서는 시민계급의 성장도, 자본주의의 발전도 지체되었을 뿐만 아니라 민족문학운동 또한 뒤늦게 시작되었다. 독일이 상대적으로 후진적이었기 때문에 괴테의 세계문학론 같은 선진적 이념이 태어날 수 있었다는 문학사가들의 해석은 그런 점에서 매우 시사적이다. 또한, 일찍이 중앙집권적 통일을 이룩했고 빠리라는 확고한 정치적-문화적 중심을 가진 프랑스에서 뒤늦게 미테랑 시대에 지방분권이 중대한 사회적 의제로 떠올랐음에 비하여, 자본주의의 발전을 저해한 요인으로서의 소국분립주의(Kleinstaaterei)의 유산이 남아 있는 독일에서는 반대로 그것이 민주주의 작동의 토대가 되고 있다는 것은 역사의 아이러니다.

이런 시각으로 우리 자신을 바라본다면 어떠할까. 이 방면에 공부가 모자라 입을 여는 것조차 무모한 일이지만, 우리의 경우 무엇보다 유럽이나 일본에서와 같은 지방분권적 봉건제도가 역사상 한 번도 정착한 적이 없었다는 것은 아주 특징적이다. 그러나 이것은 각 지역에 정치・군사적 독립성을 가진 지방정부가 존재한 적이 없었다는 뜻이지, 사회・경제적 및 문화적 독자성마저 형성되지 않았다는 뜻은 결코 아닐 것이다. 주지하듯이 우리나라는 조선왕조 말기까지, 아니 얼마간의 공업화가 진행된 일제강점기까지도 기본적으로 농업 국가였고, 따라서 토지소유가 경제권력의 거의 유일한 원천이었다. 그런데 화폐자본과 달리 토지는 설사 소수의 지주에게 집중되더라도 물리적으로 한 군데 모아질 수 있는 것이 아니다. 역사적으로 토지소유의 모순을 극복·완화하기 위해 국가에서 끊임없이 노력을 기울였다는 것은 그만큼 문제해결이 안되었다는 반증이기도 하겠지만, 그럼에도 불구하고 중농·소농·차지농(소작농)들을 주축으로 한 지역 민중들의 농업공동체는 연면하게 온존되어 왔다. 아마 이것이 지역문화의 독자성의 토대이고, 지역 출신 지식인·선비들의 독립적 활동을 위한 물적 기반이었을 것이다. 이렇게 볼 수 있다면 지난날 우리나라는 외형상 중앙집권적 관료국가이면서도 그 외형 안에 그것과 상반된 지방자치적 내부장치를 가지고 있었던 것으로 추측할 수 있고, 선비가 과거에 급제하여 관리로 외지에 나갔다가 후일 향리로 은퇴하여 다시 학자 내지 교육자 생활로 돌아오는 것은 좋은 의미에서 중앙과 향촌 간의 정치-문화적 선(善)순환구조가 살아 있었던 것이라고 할 수 있다. 대단히 거친 추측임을 전제하면서 김광억 교수가 "전통시대에는 국가와 지방세력 사이에 일종의 계약이 있어서, 공동체가 자치를 어느 정도 허용받는 대신에 국가를 대리하여 개인을 다스리는 것이었다고 가정해 볼 수 있다. 즉 지방사회는 국가와의 상보적 관계에 의해서 형성될 수 있었던 것이다.[8)]"라고 지적했을 때, 그것은 토지를 매개로 한 중앙정부와 지역공동체 간의 독특한 상호관계가 작동하고 있었음을 가리킨 것이라 볼 수 있다.

얘기가 조금 샛길로 나가는 것일지 모르겠는데, 몇 해 전 나는 조계종

---

8) 김광억. 1999.「지방연구 방법론 개발을 위한 시론」.『지방사와 지방문화』1. 2권. 14쪽.

총무원에서 주최한 <제2회 일연 삼국유사 문화제>에 참석하기 위해 경북 군위군 인각사(麟角寺)에 간 적이 있다. 알다시피 일연 스님은 경산에서 태어나 83년 생애의 대부분을 이 지역에서 보냈다. 왕명으로 강화도 선월사(禪月寺)에서 잠시 활동한 것을 제외하면 평생 그는 비슬산 용천사와 인흥사, 영일 오어사, 청도 운문사, 그리고 인각사 등 신라의 유풍이 짙은 곳을 벗어나지 않았다. 불교국가인 고려에서 최고의 승직에까지 올랐음에도 불구하고 그는 왜 끝내 궁벽한 산사에 머물렀을까. 인각사는 지금도 교통이 불편한 곳인데, 내가 놀랍게 생각한 것은 이런 오지의 사찰이 13세기에는 중요한 역사저서의 집필과 간행이 가능한 문화적·경제적 역량의 보유 장소였다는 사실이다. 물론 글을 짓고 책을 간행하는 것이 오늘날과는 전혀 다른 사회적 조건의 산물이었을 것이고, 어쩌면 저술의 개념 자체가 지금과 아주 달랐을지 모른다. 그러나 어쨌든 당시 전국 각 지역에 산재해 있던 사찰들의 축적된 실력이 없었다면 일연과 그 제자들의 저술-편찬사업은 상상할 수 없는 일이었을 것이다. 여기서 가령 중세 유럽의 교회와 수도원을 떠올려 보게 되는데, 대학이 그 임무를 떠맡게 되기까지 지식의 생산과 보존을 담당했던 것은 주로 수도원이었던 것이다. 불교국가인 고려에서 그 역할을 했던 것은 각 지역의 사찰이었고, 조선왕조 시대에는 그런 기능이 점차 향교와 서원으로 옮겨갔을 것이며, 근대적 교육제도의 발전은 종교기구의 이런 지역문화적 기능 전체를 형해화했을 것이다. 아마 식민지화와 자본주의화를 내용으로 하는 이 과정에서 지역문화의 다양한 가능성은 파괴되고 국가권력과 외세에 대한 지역공동체의 종속성은 강화되었을 것이다.

되풀이되는 얘기지만, 세계화는 여러 요인들이 다방면적으로 얽힌 복합적인 과정이며, 세계화와 국민국가와의 관계 또한 일면적인 것만은 아니다. 그러나 1990년대 이후 미국 단일패권체제의 성립과 정보통신수단의 놀라운 발전을 배경으로 진행되는 소위 신자유주의적 세계화는 초국적 자본의 공략에 대한 개별국가들의 적정한 통제력을 무력화시키고 각국 정부와 민간기구들이 공들여 구축해 놓은 각종 사회적 안전망을 파괴함으로써 인류의 미래를 악몽의 시나리오로 만들고 있다. 대량생산·대량소비 구조로 인한 엄청난 자원낭비와 생태계파괴, 빈부격차의 심화와 복지의 부실화, 빈곤과 실업의 확대, 지역사회의 고유성과 지역문화적 다양성의 소멸, 부패와 향락의 만연 및 도덕적 황폐화 등 세계화의 부정적 측면은 더욱 전면화되고 있는 것이다. 이제 이러한 세계화를 저지하고 지속가능한 생존조건을 복원하는 것은 인류의 앞날을 염려하는 사람들의 피할 수 없는 과업으로 되었다.

그러나 우리나라에서 세계화의 공세에 대응하는 정책적 전략으로서의 지역화는 지난 10년 남짓한 지방자치제의 경험과 참여정부 하의 지방분권적 시책들이 입증하는 바와 같이 원래 목표했던 것과 반대로 도리어 수많은 부작용과 폐해를 낳고 있다. 아마 우리는 이것을 '지역화의 딜레마'라고 개념화할 수 있을 터인데, 그 해결책은 어디에서 찾을 수 있겠는가. 복잡하게 얽힌 현대사회의 문제를 단방약으로 치유할 수는 없겠지만, 나로서는 무엇보다 세계화와 지역화가 교차하는 지점, 즉 국민국가의 역할에 새삼 주목할 필요가 있다고 생각한다.

앞에서 나는 유럽의 부르조아지가 지구 차원에서는 자본주의적 세계화의 엔진 노릇을 하면서 비(非)유럽 국가들의 주권을 침해하고 일국적 경계를 철폐하는 데 앞장섰지만, 지역 차원에서는 자기네 국민국가와 민족문화의 건설자로서 국가적(national) 정체성 수호의 주역이었음을 지적하였다. 우리의 경우 식민지-분단의 역사가 말해 주듯이 근대적 국민국가의 완성은 아직 이루어지지 않은 과업이다. 그럼에도 불구하고 오늘 우리의 의식을 장악하고 있는 담론의 시간대는 이미 근대를 넘어 유럽이나 미국이 살고 있는 탈-근대적 현재에 맞추어져 있다. 그야말로 현실과 의식의 괴리라고 부를 만한 국면이다. 따라서 지역화가 전(前)근대적인 지역주의의 함정에 빠지지 않고 지구적 차원의 보편적 문제의식에 유기적으로 연결되려면, 지역과 세계를 매개하여 하나의 실천적 프로그램 안에 통합적으로 의제화할 수 있는 구체적 방안들이 모색되어야 한다. 이때 지역이란 개념은 마을이나 동네 같은 아주 좁은 범주뿐만 아니라 동아시아지역, 아랍지역 같은 극히 넓은 범주에까지 이르는 다층적 스펙트럼을 포괄할 수 있을 터인데, 적어도 지금 우리의 현실에서 그것을 감당할 수 있는 메카니즘은 국가일 수밖에 없다고 본다. 어떻든 나는 세계와 국가와 지역 사이에 대립과 배척보다 협력과 공조의 네트워크를 만들어 나가는 것이 긴요하다고 믿는다. 한・미 자유무역협정 같은 틀을 만들어 세계화의 대세에 적응하려는 입장이나 반대로 그러한 세계화에 맞서 자립적 지역화를 추구하려는 입장이나, 모두 아직은 국민국가의 매개를 통해서 목표에 접근하는 길을 모색해야 하는 것 아닌가 생각한다.

지방문화에서 세계학문으로

조 동 일

1. 경과 소개

지방 또는 지역 연구가 소중한 시대가 되었다. 나는 그 작업을 지방문학에서 시도해 『지방문학사 : 연구의 방향과 과제』[1]를 내놓았다. 논의의 경과와 동향을 검토하는 작업을 거기서 길게 했다. 긴요한 사항을 다시 들고자 한다.

지방이 새로운 의의를 가지는 것은 근대 국민국가가 몰락의 길에 들어섰다고 여기기 때문이다. 그런 논의가 유럽에서 먼저 나타났다. 『국민국가의 몰락』[2]이 먼저 나오고, 『국민국가의 종말』[3]이 뒤를 이었다. 비슷한 책이 여럿 나와 유행을 이루다시피 했다.

1) 조동일. 2003.『지방문학사: 연구의 방향과 과제』. 서울대학교출판부.

2) Gurutz Jauregui Bereciartu and William A. Douglass tr. 1986. *Decline of Nation-State.* Reno : University of Nevada Press. 1994.

3) Jean-Marie Guehénno and Victoria Elliott tr. 1993. *The End of Nation-State.* Minneapolis : University of Minnesota Press. 1995.

책 표제에 있는 말은 '민족국가'로 번역할 수 있으나 유럽의 현실에서는 '국민국가'가 더욱 적합하다. 다수민족이 지배하는 '국민'에 소수민족이 포함되어 동화되라고 요구했다. 국민국가가 종말에 이르면서 소수민족이 자주를 되찾고 있다. 『소수민족과 유럽의 국민국가 체제』[4]를 비롯한 여러 저작에서 그 문제를 다루었다. 국민국가 문화의 단일화가 부정되면서 문화다원주의가 등장한다. 이에 관한 논의는 『문화다원주의의 등장, 국민국가는 물러가는가?』[5]같은 것에서 이루어졌다.

문학사의 경우를 중심으로 각국의 동향을 구체적으로 파악하는 작업을 이어서 했다. 우리와 거리가 먼 곳부터 다루어 인도, 중국, 미국 같은 큰 나라의 경우부터 살폈다. 유럽의 경우를 영국, 프랑스, 독일로 나누어 고찰했다. 끝으로 일본의 경우를 들었다. 지방연구의 국제적인 비교가 이루어지고 있는 동향도 살폈다.

한국의 경우에는 두 가지 흐름이 파악된다. 전국을 지배하는 서울의 횡포에 대한 지방의 반감이 『서울제국과 지방식민지』[6]같은 데서 표명되었다. 『영남과 호남의 문화비교』[7], 『향토사의 길잡이』[8] 등에서는 반감을 순화시키면서 연구에 힘써야 한다고 했다. 이런 움직임에 전문학자가 아닌 사람들이 광범위하게 호응한다.

지방사에 대한 전문적 연구의 필요성을 역설하는 것이 또 하나의 동

4) Jennifer Jackson Preece. 1988. *National Minorities and the European Nation-States System.* Oxford : Clarendon.

5) Crawford Young ed. 1993. *The Rising Tide of Cultural Pluralism, the Nation-State at Bay?.* Madison : The University of Wisconsin Press.

6) 김정호. 1991. 『서울제국과 지방식민지』. 지식산업사.

7) 김용갑. 1998. 『영남과 호남의 문화비교』. 풀빛.

8) 한국향토사연구전국협의회. 1995. 『향토사의 길잡이』. 수서원.

향이다. 지방의 사학계서 내놓은 『대구사학 30 : 지방사 특집호』[9]가 선구적인 의의를 가진다. 『한국사서술의 새로운 시각』[10], 『지방사와 지방문화 1, 특집 지방사연구 어떻게 할 것인가?』[11] 등에서 논의가 확대되었다.

민속학이 참여해 『지역문화와 문화산업』[12], 『민속문화의 지역성과 보편성』[13]같은 것들을 내놓았다. 『호남문화입문』[14], 『제주문화론』[15], 『상주한문학』[16] 등이 여러 곳에서 출판되어 지방문화 이해를 구체화했다.

나는 『지방문학사: 연구의 방향과 과제』에서 지방문학 연구의 국내외 동향을 검토하고, 새로운 시도를 했다. 제주·영남·호남의 경우를 집중해서 다루고, 지리산문학에 관한 논의를 보탰다. 「제주문학사의 연원: 탐라국 건국서사시를 찾아서」, 「영남문학사의 특징: 인물전설에 나타난 상하관계의 역전」, 「호남문학사의 맥락: 남성시기의 여성화자」, 「지리산문학사의 영역: 조식의 시문에 나타난 지리산의 의미」를 써서 구체적인 주제를 하나씩 다루었다.

---

9) 대구사학회. 1986. 『대구사학 30 : 지방사 특집호』.

10) 이존희. 1992. 「지방사 인식의 새로운 시작」. 『한국사서술의 새로운 시각』. 교학사.

11) 역사문화학회 편. 1998. 『지방사와 지방문화 1, 특집 지방사연구 어떻게 할 것인가?』. 학연문화사.

12) 임재해. 2000. 『지역문화와 문화산업』. 지식산업사.

13) 실천민속학회 편. 2000. 『민속문화의 지역성과 보편성』. 집문당.

14) 김정호. 1988. 『호남문화입문』. 호남문화사.

15) 현길언. 2001. 『제주문화론』. 탐라목석원.

16) 권태을. 2002. 『상주한문학』. 문창사.

2. 추가 사항

멀리 있는 분야의 동향은 검토하지 못했으므로 추가해야 한다. 먼저 학회의 움직임을 보자. 한국지역학회가 결성되고, 『지역연구』를 1985년에 창간했다. 유완은 「지역학의 정의와 재조정」에서 방향을 제시했다. 국제지역학회도 생겨 『국제지역연구』를 낸다. 2000년의 제4권 제1호에 수록된 이중회의 「한국의 지역연구: 가능성과 한계」에서 총론을 전개했다. 한국사회학회에서 2006년 5월 3일에 "지역사회 공동체에 대한 성찰과 재활성화를 위하여"라는 학술회의를 열었다.

여러 사람의 글을 모은 저작이 거듭 이루어졌다. 『인류학과 지역연구』[17], 『한국의 지역연구: 현황과 과제』[18], 『지역연구의 역사와 이론』[19], 『지역사회학』[20], 『지역사회 종합연구』[21] 등이 대표적인 예이다.

학회지나 공저를 통해 여러 사람의 견해를 모으는 것이 예사이고 개인의 저작은 찾아보기 어렵다. 『지역사회와 인간생활』[22]이 있어 공백을 메운다고 할 수 있다. 지역사회의 구조와 삶에 대한 전반적인 논의를 펴고 구체적인 사례 검증을 갖추었다. 기존의 논문을 모으는 데 그치지 말고, 체계화된 저술을 마련해 이론 정립을 적극적으로 시도하면 더 좋았을 것이다.

지금까지 검토한 동향을 총괄해보면, 지역 또는 지방에 대한 연구가

---

17) 최협 편. 1997. 『인류학과 지역연구』. 나남출판.

18) 이상섭・권태환 편. 1998. 『한국의 지역연구 : 현황과 과제』. 서울대학교출판부.

19) 김경일 편. 1998. 『지역연구의 역사와 이론』. 문화과학사.

20) 정지웅 외. 2000. 『지역사회학』. 서울대학교출판부.

21) 정지웅 외. 2005. 『지역사회 종합연구』. 교육과학사.

22) 김일철. 1988. 『지역사회와 인간생활』. 서울대학교출판부.

절실하게 필요하게 된 상황에 대한 인식이 불분명하다. 시대가 달라져 학문을 새롭게 해야 한다고 하지 않고, 외국에서 흔히 하는 연구니 우리도 해야 한다고 하는 경우가 대부분이다. 문제의식이 결여되어 연구가 제대로 이루어지지 않았다.

수입학을 하고 있을 따름이고, 창조학으로 나아가려고 하지 않는 기존의 학풍이 그대로 나타나 있다. 외국 특히 미국 학계의 동향을 소개하는 데 그치고, 국내에서 나타난 관심과 연구에 대한 진지한 검토가 없다. 독자적인 연구를 발전시켜 새로운 이론을 이룩하고자 하는 의지도 계획도 없다.

지역을 연구하는 인류학이나 사회학의 작업을 중심에다 두고 다른 학문의 관심사를 끌어들이고 있다. 역사적인 이해가 결여되어 있으며 역사학과의 제휴는 시도하지 않는다. 문화에 관해 논의하면서 문학이나 예술은 다루지 않는다.

개념과 범위가 모호하다. 'community', 'region', 'area' 등의 개념을 혼란되게 수입하면서 모두 '지역'이라고 한다. 취급하는 범위를 보면, 『지역사회학』에서 '향토지역사회', '地區지역사회', '국가지역사회', '국제지역사회'라고 한 것들 사이에서 넘나든다. 뒤의 두 개념을 사용해 중국, 일본, 동남아시아, 남아시아, 중동지역, 아프리카, 유럽 등 외국 지역연구에 관한 국내외의 동향을 다룬 것이 많다.

지방과 지역은 함께 쓸 수 있는 용어이고 어느 한 쪽을 택해야 하는 것은 아니다. 그러나 연구의 현황을 구분해 지칭할 필요가 있다. 방금 개관하고 비판한 사회학문 분야의 연구는 모두 지역이라는 용어를 사용한다. 내가 문제 삼고 새롭게 시도한 연구는 지방을 기본 용어로 한다.

지역 연구에서 보이는 혼란을 청산하고 지방 연구를 하고 있는 노력에 동참해 몇 가지 점을 분명하게 하는 것이 마땅하다. 학풍 전환의 이유와 다루어야 할 문제를 분명하게 해야 한다. 수입학에 머무르지 말고 창조학을 이룩해야 한다. 역사를 공유하고 공통된 문화와 의식을 지닌 지방에 대한 연구에 관심을 모아야 한다.

지방연구는 왜 해야 하고, 무엇을 할 수 있는가? 이 의문에 대해 세 차원의 대답을 할 수 있다. 지방에 가해지는 억압과 천대에서 벗어나 대등한 삶을 누리기 위해 노력해야 한다. 지방의 역사와 문화를 제대로 알아 국가 전체에 대한 균형 잡힌 이해를 하고자 한다. 지방에서 얻는 자료와 사실로 세계의 학문을 새롭게 하고, 세계화를 바람직하게 설계하는 일반이론을 이룩하기를 바란다. 첫 번째 것이 동기이고, 두 번째 것이 기여이고, 세 번째 것이 목표이다.

3. 나의 작업

연구 방향을 말한다면서 자기는 하지 않는 일을 남들에게 시키는 것은 잘못이다. 실현 가능성이 입증되지 않는 당위론을 펴는 것도 경계할 일이다. 연구를 제대로 하려면 일반의 인식, 학계의 반성, 정부 시책이 달라져야 한다고 하는 것은 억지이다.

세상 형편 시비는 그만 하고, 내 자신이 하는 일을 말하는 것이 마땅하다. 나는 지금 계명대학교에서 세계・지방화 시대의 한국학을 강의하고 있다. 세계화와 지방화가 함께 요구되는 시대를 맞이해 한국학이 민족국가의 학문으로 머무르지 말고 세계학이기도 하고 지방학이기도 해야 한다는 내용이다. 강의 원고를 홈페이지(chodongil.x-y.net)에 올린다. 누구나 청강할 수 있는 공개강의를 한다.

네 학기 동안의 강의에서 얻은 성과로 『세계・지방화 시대의 한국학 1, 길을 찾으면서』(2005), 『세계・지방화 시대의 한국학 2, 경계 넘어서기』(2005), 『세계・지방화 시대의 한국학 3, 국내외 학문의 만남』(2006), 『세계・지방화 시대의 한국학 4, 고금학문 합동작전』(2006), 『세계・지방화 시대의 한국학 5, 표면에서 내면으로』를 냈다.[23] 2007년 1학기 현재 하고 있는 강의는 『세계・지방화 시대의 한국학 6, 비교연구의 방법』으로 출판된다. 관련되는 주제를 계속 다루어 책을 모두 열 권 낼 예정이다.

지금 발표하는 내용은 장차 강의하겠다고 준비하고 있는 것이다. 『세계・지방화 시대의 한국학 7, 일반이론 정립』의 일부를 이루리라고 예상한다. 한국학이 세계학이기도 하고 지방학이기도 하려면 어떻게 해야 하는가? 이 물음에 대한 응답을 지방학에서 세계학으로 나아가는 길을 찾아야 한다는 데서 찾으려고 <지방문화에서 세계학문으로>라는 표제를 내세운다. 지방학에서 얻는 자료로 세계학의 이론을 만들어내자는 것이 구체적인 내용이다.

지방학과 세계학, 자료와 이론 사이의 관련에 대한 일반론을 길게 논하는 것은 적절하지 못하다. 당위성이 입증되고 가능성이 인정된다고 해서 기대하는 결과를 얻을 수 있는 것은 아니다. 내 자신이 실제로 연구한 성과를 검증의 자료로 삼아 필요한 논의를 전개한다.

세계・지방화 시대의 한국학을 한다고 하는 것은 축적한 성과가 있기 때문이다. 세계화는 지금에 와서 밖으로부터 닥쳐온 과제이지만, 지방이 소중하다는 것은 일찍부터 깨달았다. 경북지방 구비문학의 조사연구에서 시작한 학문을 단계적으로 확대했다. 구비문학에 대한 다각적인

23) 계명대학교에서 강의한 내용을 모아서 한국학연구소의 지원으로 계명대학교 출판부에서 출판한 것이다.

고찰을 하는 것을 그 다음 과제로 삼고, 구비문학에서 고전문학 전체로 나아가고, 다시 한국문학을 총괄해서 고찰했다. 문·사·철학의 통합을 시도하면서, 한국학에서 동아시아학문으로, 다시 세계학문으로 관심을 확대하는 것이 지금 하고 있는 작업이다.

경북지방 구비문학의 조사연구에서 얻은 성과가 무엇이었는지 되돌아보고, 그것이 지금 하고 있는 작업과 어떻게 연결되는지 살피고자 한다. 경북지방 구비문학은 내가 나고 자라고 활동하는 곳의 지방문화 유산이다. 가까이 있는 연구대상에 정열을 쏟으면서 학자 생활을 시작했다. 그 성과를 한국학을 새롭게 하는 출발점으로 삼고자 했다.

연구를 해오는 동안에 관심이 확대되어 한국학을 넘어서서 세계학문으로 나아가게 되었다. 세계화가 시대의 과제로 대두하기 전에 스스로 준비한 바가 있어 전환에 앞장설 수 있다. 지방문화 연구가 세계학문을 새롭게 이룩하는 데 긴요하게 쓰인 것을 확인할 수 있다.

내 경험에 근거를 두고 분명하게 말할 수 있다. 세계화시대가 요구하는 학문을 바람직하게 이룩하기 위해 지방문화 연구를 출발점으로 삼아야 한다. 학문을 세계적인 범위에서 발전시키는 데 특별히 기여할 수 있는 능력을 기르고 논거를 마련할 수 있는 최상의 연구 대상이 지방문화이다. 친숙하게 알아 깊이 이해할 수 있는 지방문화를 일차적인 해명 대상으로 삼지 않고 공허한 일반론을 전개하고 있으면 혁신이 가능하지 않다.

4. 연구의 실상

경북지방 구비문학 조사연구에 힘을 기울이던 시기는 29세 때인 1968년부터 41세 때인 1981년까지 13년 동안이다. 계명대학교에서 9년, 영남대학교에서 4년 재직하면서 경북지방 여러 곳을 찾아가 민요와 설화를 채록하고 고찰하는 현지연구를 가장 긴요한 일거리로 삼았다. 특히 중요한 작업을 소개하고 이룬 업적을 제시한다.

1969년 7~8월, 1970년 1~2월에 영양・청송・영천군으로 갔다. 북쪽에서 남쪽으로 뻗어 있는 길이 약 80킬로미터, 폭 약 20킬로미터의 계곡에서 전에 길쌈을 많이 하던 10개 마을을 찾아 길쌈을 하면서 부르는 노래, 특히 이야기가 있는 민요를 채록했다. 전승자를 개별적으로 방문해서 잊고 있던 노래를 되살리는 방식을 사용했다.

길쌈은 중단되었지만 전에 하던 부녀자들이 남아 있고, 부르던 노래를 잘 기억했다. 영양군의 한 마을이 나의 고향이다. 고향이 아니라도 잘 아는 곳이어서 접근하기 쉬웠다. 그 곳의 방언이 내가 배운 말이어서 이질감이 생기지 않게 할 수 있었다. 현지조사를 잘할 수 있는 최적의 장소였다.

채록한 서사민요의 본보기를 하나 들면, 시집살이를 할 수 없었다, 중이 되어 떠나갔다, 친정으로 동냥 갔다, 시집에 돌아가 남편과 함께 살았다는 것이 있다. 이것을 '시집살이'라고 일컬었다. '우리선비', '진주낭군', '첩의집에', '부모죽은', '삼촌집에', '이내방에', '한번가도', '신부죽은', '니행실이', '큰쾌자를', '주은댕기', '생가락지', '옥단춘아'라고 명명한 것들도 있어, 모두 14개 유형을 이루었다. 14개 유형을 반복해 조사해 170편의 자료를 얻었다. 이에 대해서 장르론, 유형론, 문체론, 전승론의 고찰을 했다.

얻은 결과를 『서사민요연구』[24]로 출간했다. 앞은 연구편이고 뒤는

24) 조동일. 1970. 『서사민요연구』. 계명대학교출판부.

자료편이다. 계명대학교에 출판부가 생겨 처음 낸 책이다. 이미 다룬 비극적 서사민요와는 다른 자료에 관해 논의한 「희극적 서사민요 연구」를 추가해 증보판(1983)을 냈다.

그 전후의 시기에 경상북도 여러 곳에서 다른 여러 민요도 조사했다. 자료와 논의를 함께 갖춘 『경북민요』[25]를 내고, 『한국민요의 전통과 시가 율격』[26]에 수록했다. 두 작업은 보완관계를 가진다.

1977년 8월에는 경상북도 영덕군 영해면 5개 마을에 가서 다른 방법으로 현지조사를 했다. 앞의 조사에서 동질적인 것을 거듭 확인한 방법을 버리고 이질성을 중요시했다. 조사 대상이 전설이고, 전설은 서로 다른 처지에서 논란을 하면서 전하는 이야기이기 때문이다.

영해면 소재지 일대에는 가까운 거리 안에 과거에 민촌·아전촌·반촌이었던 곳이 있고, 민촌의 생업이 농업·어업·상업이다. 마을마다 집회 장소 노릇을 하는 사랑방 이야기판을 찾아다녔다. 그 고장 역사적 인물이거나 그 고장 사람들이 잘 알고 있는 인물에 관한 전설을 이야기판에 따라서, 이야기하는 사람마다 어떻게 다르게 말하고, 어떤 논란을 벌이는지 조사했다. 목표로 하는 현지연구를 할 수 있는 최적의 장소에서 쉽게 성과를 올렸다.

선택된 인물은 김부대왕, 박세통, 우탁, 나옹, 박경보, 남사고, 지체 높은 분들, 신유한, 방학중, 신돌석이다. 신라시대부터 최근까지의 인물이 망라되었다. 신라의 마지막 인물 경순왕을 김부대왕이라고 하면서 아주 잘 아는 사람으로 취급했다. 박세통에서 나옹까지는 고려시대 인물이다. 박세통은 관원이고, 우탁은 유학자이며, 나옹은 승려이다. 조선

25) 조동일. 1977. 『경북민요』. 형설출판사.

26) 조동일. 1996. 『한국민요의 전통과 시가 율격』. 지식산업사.

시대 인물인 박경보는 효자이고, 남사고는 도사이고, 신유한은 시인이다. 지체 높은 분들이라고 한 곳에서 여러 양반을 함께 다루었다. 근래의 인물인 방학중은 건달이고, 신돌석은 의병장이다. 다양한 성격의 인물이 망라되었다. 시대와 인물에 관한 다양한 논의를 갖추고 이야기하는 사람들의 가치관 논란을 전개했다.

인물 하나하나에 대한 논란을 자료를 들면서 고찰하고, 총론을 뒤에 붙였다. 총론을 구조적 이해, 사회적 이해, 역사적 이해로 구성해, 『인물전설의 의미와 기능』[27]을 출간했다. 영남대학교에 민족문화연구소가 생겨 영남지방 전통문화에 대한 현지연구를 전작저서로 내기로 한 데 참여한 첫 업적이다. 내가 연구소 실무를 주관했다. 『영남 사림파의 형성』[28], 『한국 서원교육제도 연구』[29], 『경북 동해안방언 연구』[30], 『전통도자의 생산과 수요』[31]가 이어져 나왔다.

한국정신문화연구원(현재의 한국학중앙연구원)에서 하는 구비문학 조사 사업에 참여해 1979년 2월에는 경상북도 월성군(현재는 경주시) 현곡면 가정리에 갔다. 동학을 창건한 崔濟愚의 마을이다. 설화와 민요를 다양하게 조사한 자료 가운데 최제우에 관한 전설이 특히 소중한 성과였다.

최제우 이야기는 아버지 崔鋈, 친척 崔琳에 관한 전승과 연결되어 대조적인 관계를 가졌다. 글공부를 해서 과거에 거듭 낙방하기만 한 최옥,

27) 조동일. 1979. 『인물전설의 의미와 기능』. 영남대학교출판부.
28) 이수건. 1984. 『영남 사림파의 형성』. 영남대학교출판부.
29) 정순목. 1989. 『한국 서원교육제도 연구』. 영남대학교출판부.
30) 최명옥. 1980. 『경북 동해안방언 연구』. 영남대학교출판부.
31) 권병탁. 1979. 『전통 도자의 생산과 수요』. 영남대학교출판부.

도술을 익혔어도 쓸 데가 없는 최림의 실패를 뒤집고, 최제우는 득도하는 길을 택했다. 현지조사 성과를 문헌자료와 견주어 살피고, 자연발생적인 설화와 교단에서 공식화한 것과의 차이를 문제 삼으면서 알려진 사실의 이면에 접근했다. 왜 동학을 창건했으며 동학이 어떤 의의를 가지는가 하는 의문에, 교단에서 교리화해서 고정시키기 전의 생동하는 전승이 더욱 설득력 있게 응답해준다는 것을 밝혀냈다.

득도가 어떻게 해서 이루어졌는지 해명하고 득도의 내용을 전하는 것이 힘써 해야 할 일이었다. 교단에서 구전을 기록했다고 하는 문헌에서는, 금강산에서 온 어떤 승려가 전해준 天書를 읽고 깨달았다고 했다. 설명을 위한 설명으로 쓰인 우연한 사건이다. 깨달은 과정과 깨달은 내용이 무관하다. 최제우 자신이 지은 「몽중노소문답가」에서는 사실의 차원을 넘어선 상징에서 그 둘을 함께 알렸다. 현지에서 하는 이야기가 생생하게 보여주고 있는 사상과 문학이 하나인 원리를 최대한 고양해 예사롭지 않은 충격을 주는 노래를 지었다. 현지조사를 해보아야 실감나게 이해할 수 있는 사실이다.

"삼각산 한양 도읍 사백년 지낸 후의 하원갑"에 놀라운 일이 있었다고 했다. 조선왕조가 운수를 다한 下元甲 말세에 이르러 전환이 불가피해졌다고 했다. "금강산 상상봉에 잠깐 앉아 쉬오다가/ 홀연히 잠이 드니 몽의/ 우의천편 일도사가 효유하여 하는 말이"라고 했다. 삼각산보다 더욱 신령스러운 금강산 상상봉에 올라 새로운 시대가 시작되는 소식을 얻어 전했다고 했다. 깃옷을 날리는 어느 도사라고 한 금강산 신령이 꿈에 나타나 "십이제국 괴질운수 다시 개벽 아닐런가/ 개탄지심 두지 말고 차차차차 지내서라/ 하원갑 지내거든 상원갑 호시절에 만고없는 무극대도 이 세상에 날 것이니", "태평곡 격양가를 불구에 볼 것이니"라고 했다. 세계 전체가 하원갑의 고난에서 벗어나 上元甲의 좋은 시대를 맞이하는 대전환이 일어난다고 했다.

얻은 성과를 『동학 성립과 이야기』[32]라는 이름의 단행본으로 내놓았다. 채록한 자료를 표준어로 바꾸어 인용하고, 원문은 『한국구비문학대계 7-1』[33]을 보도록 했다. 책이 얼마 되지 않는 분량이므로 전문을 『민중영웅 이야기』[34]에 수록했다.

5. 재검토의 시각

위에서 든 세 작업은 최적의 장소에서 이루어진 현지조사이다. 노동요로 전승되는 서사민요, 역사적 인물을 두고 논란을 벌이는 전설, 새로운 종교가 생겨나는 현장의 전승은 한국에 국한되지 않고 세계적인 보편성을 가진 자료이다. 조사할 수 있는 곳이 세계 도처에 있겠지만, 여러 가지 조건을 더 잘 갖춘 곳을 찾기는 어려울 것이다. 경북의 지방문화는 세계학문을 발전시키는 데 적극 기여할 수 있어 아주 소중하다.

먼 나라, 생소한 곳에 가서 조사연구를 하기에 좋은 조건을 갖춘 현지를 찾기 위해 애쓰는 사람들이 적지 않지만 여기까지 오지는 못했다. 외국인은 물론이고 외지 사람도 그런 줄 모르고 접근하기 어려운 곳이다. 속내까지 알아 심도 있는 고찰을 하는 것은 기대하기 힘들다. 나는 그 속에서 나고 자라고 일하고 있으니 얼마나 행복한가. 세계가 부러워하고 따르는 연구를 할 수 있는 자격을 타고났다.

---

32) 조동일. 1981. 『동학 성립과 이야기』. 홍성사.

33) 조동일. 1980. 『한국구비문학대계』. 한국정신문화연구원.

34) 조동일. 1992. 『민중영웅 이야기』. 문예출판사.

자격을 타고났으면 저절로 좋은 결과를 얻을 수 있는 것은 아니다. 조사하고 연구해 무엇을 해명하고자 하는가 하는 문제의식을 분명하게 하고 연구방법을 잘 갖추어야 자료가 가진 가치를 제대로 발현할 수 있다. 연구 결과는 사실 고찰에 그치지 않고 이론 정립에까지 이르러야 한다. 이론 정립이 학문의 목표이고, 사실 고찰은 그 과정이거나 수단이다.

사실과의 관계에서 이론은 세 등급으로 나누어진다. (가) 특정 사실에서 발견된 이론, (나) 여러 사실에서 타당성을 가지는 이론, (다) 취급 대상을 최대한 확대하는 포괄적인 이론이 있다. (가)는 아직 이론이기에는 부족하고, (나)는 이론일 수 있는 필요조건을 갖추고, (다)는 충분조건까지 갖춘 일반이론이다.

(다)가 목표라고 해서 바로 이를 수 있는 것은 아니다. (다)는 (나)에서 이루어지고, (나)는 (가)를 출발점으로 삼는 것이 예사이다. 지방문화 연구는 (가)를 생동하고 심오하게 이룩할 수 있어 (나)를 거쳐 (다)에 이르는 확대와 발전이 보장된 출발점을 마련한다고 할 수 있다.

일반이론 창조는 학자의 소망이다. 우리 학문이 아직 그 단계에 이르지 못한 것을 개탄하는 말을 자주 듣는다. 세상이 온통 달라져야 한다고 요구하지 말고, 스스로 길을 열어야 한다. 수입해온 이론을 적용하고 가공해 더 나은 것을 만들어 재수출하겠다는 망상을 버려야 한다. 우리 문화를 깊이 연구해 인류 공통의 창조력을 밝히고 키우는 것이 가장 확실한 출발점이다.

전국을 일거에 다루려고 하지 말고 가까이 있어 가장 잘 알 수 있는 지방문화의 구체적인 양상을 집중적인 연구 대상으로 삼아야 한다. 과거와 현재를 연결시키고, 문헌과 구전이 보완작용을 하도록 하고, 체험과 논리를 함께 키워야 한다. 그래서 얻는 결과를 다루는 대상을 넓혀 적용하고 비교해 연구 작업을 한국학 · 동아시아학 · 세계학으로 확대하는 것이 마땅하다.

이런 작업에서 특수성과 보편성에 관한 오랜 논란이 해결된다. 보편성을 그 자체로 숭상하고, 특수성을 그것대로 존중하는 잘못을 되풀이하지 말아야 한다. 보편성을 새롭게 탐구하고 바람직하게 발전시키려면 남다른 능력인 특수성이 있어야 한다. 그것을 지방문화 연구에서 얻는 길이 가장 빠르고 확실하다.

6. 율격 형성의 특성

『서사민요연구』에서 한 작업 가운데 율격에 관한 것을 한 본보기로 들어보자. 율격에 관한 그 전의 작업은 늘 빗나갔다. 일본의 자수율, 영시의 강약률이나 따르려고 하고, 우리말 노래의 실상을 외면했기 때문이다. 글로 씌어진 자료가 아닌 말로 전하는 자료를 분석해야 타당한 결과를 얻는다고 깨닫지 못하다가, 『서사민요연구』에서 전환을 마련했다.

그 뒤를 이어 『한국민요의 전통과 시가 율격』[35]에서 전반적인 고찰을 했다. 이미 밝힌 원리를 『한국문학통사 제4판』[36]에서 활용해 율격의 형성과 변천을 문학사의 전폭에 걸쳐 고찰했다. 『하나이면서 여럿인 동아시아문학』[37]에서는 동아시아 다른 나라의 경우와 비교해 고찰했다. 『세계문학사의 전개』[38]에서는 다른 여러 문명권의 경우까지 다루었다.

35) 조동일. 1996. 『한국민요의 전통과 시가 율격』. 지식산업사.

36) 조동일. 2005. 『한국문학통사 제4판』. 지식산업사.

37) 조동일. 1999. 『하나이면서 여럿인 동아시아문학』. 지식산업사.

조사 대상으로 삼은 서사민요라는 특정 사실에서 발견된 이론을 근거로 삼아, 한국 시가 전반에서 타당성을 가지는 이론을 마련했다. 거기서 더 나아가 동아시아 여러 민족의 경우를 함께 다루고 서로 비교하고, 취급 대상을 세계 전역으로 확대하는 일반이론을 창조했다. 이미 한 작업을 연속시키면서 원래의 성과를 줄곧 중심에다 두었다.

한국 시가의 율격을 이루는 단위는 음보이다. 지금은 '토막'이라는 용어를 쓰고 있으므로 고쳐 일컫는다. '토막'은 2에서 6까지의 음절수로 이루어진다. 4가 중위수이고, 최빈수이다. 평균수는 3과 5 사이이다. 토막은 둘씩 결합되는 것이 예사이고, 셋씩 결합되기도 한다. 결합의 양상이 민요에서보다 기록문학의 시가 갈래에서 더욱 제한되어 있다.

민요에 있는 형식 가운데 어느 것을 택해 다듬어 향가, 경기체가, 시조, 가사가 이루어졌다고 하는 것은 자료 자체에 근거를 둔 대안이다. 기존의 시가에 불만을 가진 새로운 문학담당층이 민요의 형식 가운데 적절한 것을 다시 선택해 기록문학 영역의 시가 갈래를 재정립했다고 보면, 창조의 원천과 주체, 과정과 결과를 밝힐 수 있다. 문학사의 전개에 관한 많은 의문을 풀 수 있다.

율격을 정비하는 데 한시가 상당한 자극이 되었으리라고 추정된다. 한시와 대등한 수준의 율격을 갖추어야 격조 높은 노래일 수 있다고 생각했을 것이다. 그런데 한시의 전례를 재현하려고 하지 않고 민요의 율격을 가다듬어 규칙화했다. 어디서나 그렇게 했던 것은 아니다. 한시와 맞서는 민족어시의 율격을 마련하기 위해 동아시아 여러 민족이 각기 택한 방식 가운데 우리 것이 민요와 가장 밀착되어 있다는 사실을

38) 조동일. 2002. 『세계문학사의 전개』. 지식산업사.

밝혔다.

변방의 민족은 중심부에서 가져온 공동문어시를 같은 방식으로 창작하려고 하다가, 공동문어시의 율격을 자기네 민족어시에서도 재현해 민족어시도 품격을 높이려고 했다. 그 희망이 이루어질 수 있는가는 민족어의 특성에 달려 있었다. 공동문어시의 율격을 받아들일 수 있는 자질이 민족어에 있는 경우와 그렇지 않은 경우가 각기 달랐다. 공동문어시의 율격을 받아들일 수 있는 경우에도 다소의 변형이 불가피하고, 그렇지 못한 경우라고 해도 가능한 재현을 부분적으로 시도했다.

한문문명권의 여러 민족은 한자를 이용해서 민족어를 표기하는 방법을 일제히 고안했다. 한국에서 鄕札로 지은 시는 '鄕歌'라고 했다. 일본에서 假名으로 지은 시는 '和歌'라고 했다. 白族이 白文으로 지은 시는 '白文詩'라고 했다. 월남에서 字喃으로 지은 시는 '國音詩'라고 했다.

한시와 민족어시가 율격 형성의 조건에서 유사한 경우에는 그 둘을 결합시키기 쉬웠다. 白文詩가 바로 그런 경우여서, 민요의 율격을 사용하면서 한시와 '음절수'와 '정보량' 양면에서 대등할 수 있었다. 國音詩에서도 한시와 정보량과 음절수 양면을 대등하게 하려고, 음절수에서 민요를 버리고 한시를 따랐으나, 그 차이가 그리 크지 않았다.

鄕歌나 和歌의 경우에는 율격을 형성하는 조건이 한시의 경우와 달라서, 정보량을 대등하게 하는 것과 음절수를 대등하게 하는 것 가운데 하나를 택하지 않을 수 없었다. 그 둘 가운데 鄕歌는 정보량을, 和歌는 음절수를 한시와 대등하게 해서, 서로 다른 길로 나아갔다. 鄕歌는 음절수를 민요에서 가져와 민요와 연결되었으나, 和歌는 정보량에서도 민요와 멀어졌다.

공동문어 시의 율격을 민족어 시에서 재현하고자 해도 언어의 특성이 달라 뜻대로 되지 못하는 것은 세계 공통의 현상이다. 그 모두를 포괄해서 다루는 일반이론 정립을 처음으로 시도했다. 각기 그것대로 알려져 있는 개별적인 사실을 일관성을 가지도록 연결시켜 이해하는 것이 이론의 기능이다. 모든 사례를 검토하지는 못했지만 일반이론을 구성하고 그 기능을 확인하는 것은 확보된 성과이다.

산스크리트문명권에서 타밀과 캄보디아가 대조가 되는 길을 택했다. 타밀 시에서는 산스크리트 시의 장단율을 이으면서, 모음으로 끝나는 음절과 자음이 첨가된 음절을 교체하는 특별한 방식을 추가했다. 캄보디아어 시는 언어의 특성 때문에 장단율일 수 없고 단순율이다.

팔리어 시가 민족어 시에 수용된 양상은 타이와 라오스의 경우를 통해 살필 수 있다. 두 곳의 시는 원래 음절수의 규칙을 가진 단순율이다. 그런데 타이 시에서는 장단율을 자기네 방식대로 받아들여 독자적인 율격을 이루었다. 라오스 시에서는 장단율을 받아들였으나 규칙화하지는 않고 경우에 따라 선택할 수 있는 것으로 했다.

아랍어 시의 장단율을 페르시아 시에서 재현하면서 어느 정도 융통성이 있게 고쳤다. 터키에서도 그렇게 하려고 했으나, 자기네 시의 율격이 원래 단순율이어서 뜻대로 되지 않았다. 상이한 율격이 공존하면서 갈등을 빚어내다가 결국 단순율이 승리했다. 아프리카의 하우사인은 구비시에서 이미 사용하던 장단율을 아랍어 시의 전범을 받아들여 재창조했다. 스와힐리 시는 아랍 시의 영향을 하우사 시 못지않게 받았으면서 단순율로 일관했다.

라틴어시의 장단율은 문명권 전체 여러 민족의 시에서 그대로 따르려고 했지만 그 어느 쪽에서도 이을 수 없었다. 라틴어를 이어받은 이탈리아어와 프랑스어의 시는 장단을 상실한 탓에 단순율에 머물러야 했다.

게르만 민족의 언어는 강약이 의미 구분에 관여하므로 라틴어시를 강약율로 읽는 과정을 거쳐, 라틴어시 장단율을 자기네의 강약율로 바꾸어 계승했다.

7. 서사 구조에서 전개되는 논란

서사민요는 '고난', '해결의 시도', '좌절', '해결'이 이어져 나오는 단락구조를 가지고 있다. 어려운 조건을 무릅쓰고 사람답게 살아가려고 하는 의지를 나타낸다. 인물전설은 '고난', '해결의 시도', '좌절', '해결의 시도', '좌절'로 이루어진 것이 예사이다. '좌절' 다음에 '해결의 시도'가 한 번 더 있고, 결말은 '좌절'이다. 고난이나 좌절이 더 커서 극복하지 못하고 패배한다.

차이점에 대해서 두 가지 이해가 가능하다. 서사민요는 자아의 민담적 가능성을 보여주고, 인물전설은 전설 일반의 특징인 세계의 횡포에 의한 자아의 패배를 나타낸다. 서사민요는 개인의 삶을 다루지만, 인물전설에서는 역사적이고 사회적인 갈등을 문제 삼는다. 이러한 사실을 근거로 서사문학의 여러 모습에 대한 포괄적인 이론을 마련할 수 있다.

인물전설에서 발견한 중요한 사실은 '구조의 층위'이다. '해결의 시도'를 거쳐 '좌절'에 이르는 주역이 누구인지 하나로 정해져 있지 않다. 처음 생각한 것과 다른 하위의 층위가 있고, 다시 살피면 그 하위의 층위가 있다.

신유한의 경우를 들어보면 세 층위가 나타난다. 층위 1은 서자로 태어나 과거에 급제한 신유한은 아까운 인물이라는 것이다. 층위 2는 신유한은 서자로 태어났으므로 적자인 일가친척보다 뛰어날 수 있었다는 것이다. 층위 3은 신유한보다 더 천하게 태어났으므로 더 뛰어난 인물이 얼마든지 있을 수 있다는 것이다.

신유한을 어느 층위에서 이해하는가는 이야기를 하고 듣는 사람이 선택할 수 있는 권리이다. 하층일수록 아래의 층위를 선호한다. 그 때문에 개인 사이에 또는 집단 사이에 논란이 일어난다. 구조가 고정되어 있지 않고 상황에 따라 달라져, 현장론적 구조분석이 필요하다. 인물전설에 대한 조사연구와 병행해서 소설을 문제 삼았다. 『한국소설의 이론』[39]에서 시작한 소설론을 『소설의 사회사 비교론』[40]으로 발전시키는 데 작용했다. 그러는 동안에 生克論을 마련해 이론의 철학적 근거로 삼았다. 서사문학에서 심각하게 문제되는 갈등과 논란의 양상과 전개에 대한 포괄적인 이해가 생극론이다.

율격론에서는 서사민요에서 한국 시가 전반으로, 다시 한국에서 동아시아를 거쳐 세계로 나아가는 작업이 연속되었다. 그런데 인물전설론에서 소설론으로 나아간 과정은 연속이 아닌 대응을 기본 원리로 삼았다. 서사 구조에서 전개되는 논란을 계속 문제 삼으면서, 새로운 관심사로 부각되는 소설의 이론을 마련하는 데 힘을 기울였다. 전설과 소설은 서사문학의 다른 갈래여서, 서사문학의 공통점을 상이하게 구현한다.

서사문학의 공통된 특징은 자아와 세계의 대결을 가치관의 논란을 갖추어 전개하는 것이다. 전설은 자아에 대한 세계의 우위가 전제되고, 소설에서는 자아와 세계가 상호우위의 관계를 가진다. 전설에서는 이야기를 하고 듣는 사람들이 벌이는 논란을 소설은 작품에서 구현한다. 인물전설이 이야기를 하고 듣는 사람들과 가지는 관계에 대한 현장론적

39) 조동일. 1977. 『한국소설의 이론』. 지식산업사.

40) 조동일. 2001. 『소설의 사회사 비교론』. 지식산업사.

구조분석이 소설론에서는 작품이 창작과 소비의 양면과 연관되어 있는 양상에 관한 문학사회학적 고찰로 확대되어야 한다. 인물전설을 조사연구하면서 작은 범위에서 분명하게 파악하고 경험과 성과를 한 시대나 사회에 대한 포괄적인 이해에 전용해 대응이 되는 소설 이론을 마련할 수 있었다.

『소설의 사회사 비교론』을 보자. 인접한 다섯 마을에서 그 고장의 인물전설을 어떻게 이야기하는지 조사해 밝힌 성과를 최대한 확대해 세계 일주를 했다. 한국, 아시아 다른 나라, 유럽, 아랍, 아프리카, 라틴아메리카 등지에서 소설의 문제작을 광범위하게 찾았다. 고찰의 시각을 다양하게 잡아 소설의 전모를 입체적으로 파악하고자 했다.

인물전설 조사연구에서는 민촌·아전촌·반촌, 농업·어업·상업을 하는 민촌들끼리의 논란이 문제가 되었는데, 소설사에서는 고찰의 단위를 최대한 확대해 동아시아·유럽·제3세계의 대결을 파악해야 한다. 동아시아소설이 앞서다가 유럽소설이 추격하고, 제3세계소설이 선두에 나서는 과정을 거쳐 선진이 후진이 되고 후진이 선진이 되었다. 그것이 생극론의 전개이고, 선진과 후진의 구분이 생극론의 구현 여부로 판정된다.

소설은 생극론을 구현하면서 등장했다. 그런데 중간에 상생과 상극이 서로 어긋나는 사고가 생겼다. 상극만의 소설, 상극과는 이질적인 상생을 갖춘 소설이 나타난 것은 그리 심한 일탈이 아니다. 유럽에서 상극을 피해나가고자 하는 '작가소설', 상극을 내면심리 속에서만 추구하는 '내면심리소설', 상극을 무효로 만드는 '신소설'이 차례로 등장해 소설의 생극구조를 해체해 소설을 망치는 것이 문제이다. 그런 위기를 극복하는 대안은 '생극소설'을 되살리는 것이다.

제3세계에서 널리 시도하고 있는 생극소설 창조의 과업을 아프리카에서 특히 모범이 되게 수행해 아프리카소설이 세계사의 희망이게 한다. 세계의 경제사나 정치사에서는 아프리카가 희망일 수 없고 절망의 이유가 된다. 그러나 절망의 이면에는 희망이 있고, 절망이 바로 희망이다. 아프리카의 절망적 상황에서 인류 전체가 희망을 가지게 하는 위대한 소설이 자라나고 있다.

가장 처참하게 절망해야 할 곳에서 가장 희망에 찬 소설이 이룩되는 것이 당연한 이치이다. 유럽문명권 제1세계는 경제적인 번영과 정치적인 발전을 자랑하고 있어 소설이 망쳐진 것과 정반대의 상황이 그렇게 나타나고 있다. 인류 역사는 그처럼 극적인 대조를 거치면서 예상하지 못할 반전을 거듭해왔다.

8. 철학과 문학의 관계

최제우의 득도를 두고 현지에서 전하는 이야기가 최제우가 지은 노래에서 말하고자 하는 내용과 말하는 방식이 하나를 이루었다. 말하고자 하는 내용이 사상이나 철학이라고 하면서 분리되어 나가지 않고, 말하는 방식은 문학이라는 이름을 내걸고 딴 집 살림을 차리지 않았다. 둘이 하나여서 철학이 문학이고 문학이 철학이므로 혁신을 이룩하고 감동을 줄 수 있었다. 그것이 바로 득도의 실상이다.

인류 역사를 널리 살피면 그런 시기는 많지 않았다. 득도를 해서 새로운 것을 말할 때에는 언제나 그랬지만 그 내용이 교리화하면서 문학의 자유로움을 배격했다. 철학과 문학이 나누어지는 불행한 시대가 시작되었다. 행복하던 시대의 마지막 소식을 최제우가 전한다. 종교의 창건자들이 모두 거쳤겠으나 사라지고 만 과거를 최제우가 생생하게 보여준다.

그런 생각을 오래 하고 있다가, 철학과 문학이 합치고 갈라진 양상을 통괄해서 고찰하는 작업이 필요하다고 판단해 많은 준비를 하고 『철학사와 문학사 둘인가 하나인가』[41]를 이룩했다. 최제우 연구에서 얻은 문제의식을 멀리까지 확장시켜 서로 무관한 것 같은 일을 했다. 최제우와 유사한 새로운 종교 창건자들의 사례가 여럿 있어 비교고찰을 할 수 있기를 바랐으나 만족할 만큼 찾아내지 못했다. 적절한 짝이 없어 최제우는 빼놓고, 철학과 문학의 관계를 널리 알려진 사례를 들어 논했다.

사례는 새삼스러운 것들이 아니지만 접근하는 시각이 새로워 크게 내세울 만한 업적을 이룩했다고 자부한다. 학문의 역사에서 하원갑의 괴질을 치유하고 상원갑의 大道를 열었다고 하면 지나친 말일지 모른다. 최제우의 득도와 현장에서 만나 내 나름대로 득도한 바 있어 전에 누구도 하지 않은 작업을 과감하게 시도했다.

율격 이론에서는 연속, 서사 구조와 가치관 논란은 대응의 원리를 갖추었다고 했다. 이 경우는 그 둘과 달라 선행 작업을 전용했다고 할 수 있다. 선행 작업을 구체적인 내용은 가져오지 않고 기본 원리의 차원에서만 활용해, 다루는 대상에서는 상당한 차이가 있는 새로운 연구를 진행했다. 연속・대응・전용의 방법에 관한 일반론을 전개할 필요가 있다.

책 서두에서 철학과 문학은 합쳐지기도 하고 나누어지기도 하는 과정을 되풀이했다고 했다. 합쳐졌다가는 나누어 합쳐졌다고 했다. 그 과정이 어떻게 전개되어왔는지 한문문명권・산스크리트문명권・아랍어문명권・라틴어문명권의 경우를 모두 들어 자세하게 고찰하고 오늘날의

41) 조동일. 2000. 『철학사와 문학사 둘인가 하나인가』. 지식산업사.

상황을 문제 삼았다. 철학과 문학의 분리가 극도에 이르러 둘 다 생기를 잃은 잘못을 시정하기 위해 그 둘이 하나였던 시기를 되돌아보고 미래를 전망하기까지 했다.

이성이 다른 정신활동에서 분리되어 독점적 의의를 가지도록 하면서 오늘날의 철학은 문학에서 아주 멀어졌다. 이성에서 통찰로 나아가고, 철학과 문학을 함께 해서, 철학이라는 것이 따로 없어 사람이 살고 활동하는 모든 행위가 철학일 수 있게 해야 한다. 새로운 창조의 원천을 여러 문명권에서 고루 가져와서 인류의 지혜를 한데 합쳐야 한다.

9. 간추림

지방문화 연구는 잘 알 수 있는 사례의 밀도 짙은 경험으로서 소중한 의의가 있다. 득도에 견줄 수 있는 각성의 기회를 제공한다. 전통문화를 생동하게 잇고 있는 최상의 명소 경상북도에서 태어나 학문을 하는 좋은 조건 덕분에 나의 연구가 크게 성장한 것을 감사하게 생각하고 널리 자랑한다.

지방문화는 현지에서 조사해 연구해야 한다. 과거와 현재를 연결시키고, 문헌과 구전이 보완작용을 하도록 하고, 체험과 논리를 함께 키워 그 어느 한 쪽에 치우친 연구의 폐단을 시정해야 한다. 그래서 얻은 결과가 그 자체로 소중하다고 하는 데 그치지 말고, 작업의 범위를 넓혀 연구의 의의를 확대해야 한다.

전국적인 범위에서 인정되는 타당성을 확보하고, 외국과의 비교연구를 거쳐 세계화하는 이론을 창조해야 한다. 학문의 역사를 바꾸어놓을 만한 일반이론 창조를 위한 최상의 출발점이 자기 고장의 지방문화이다. 보편성을 새롭게 탐구하고 바람직하게 발전시키려면 남다른 능력인 특수성이 있어야 한다. 그것을 지방문화 연구에서 얻는 길이 가장 빠르고 확실하다.

지방문화 조사연구에서 시작한 작업을 확대해 이론을 발전시키는 방법에는 연속, 대응, 전용 등이 있다. 서사민요 연구에서 시작한 율격론은 연속의 사례이다. 이미 한 작업을 연속시키면서 원래의 성과를 줄곧 중심에다 두었다. 인물전설에서 소설로 넘어와 대응 이론을 마련했다. 서사 구조에서 전개되는 논란을 계속 문제 삼으면서, 새로운 관심사로 부각되는 소설의 이론을 마련하는 데 힘을 기울였다. 최제우의 득도를 고찰하다가 철학과 문학의 관계를 논한 것은 전용의 본보기이다. 선행 작업을 구체적인 내용은 가져오지 않고 기본 원리의 차원에서만 활용해, 다루는 대상에서는 상당한 차이가 있는 새로운 연구를 진행했다.

세 연구가 세 방법을 각기 보여주는 본보기이다. 미리 작정하지 않고 한 작업이 좋은 결과를 가져왔다. 세 방법에 대해 많은 검토를 해 풍부한 내용을 갖춘 일반론을 정립해야 하고, 다른 방법도 찾아야 한다. 연구 내용 못지않게 연구 방법이 소중하다. 연구 방법론 정립이 일반이론을 목표로 삼는 학문의 선결 과제이면서 또한 최종 성과이다. 수입학을 넘어서서 창조학을 하려면 방법과 이론의 관계를 새롭게 깨달아 명시한 학문원론을 갖추어야 한다.

지금까지의 논의는 다시 보니 엉성하고 미비하다. 상당한 차이가 있는 사례 셋을 든다고 여겼는데, 동질성이 두드러진다. 다른 영역에서 상이한 작업을 하면서 지방문화 연구를 세계화하는 이론 창조의 본보기를 보이는 사람들이 있기를 기대한다. 그 내막을 알려주어 공유 지혜의 확대에 적극 기여하기를 바란다.

참고문헌

권병탁. 1979. 『전통 도자의 생산과 수요』. 영남대학교출판부.

김경일 편. 1998. 『지역연구의 역사와 이론』. 문화과학사.

김용갑. 1998. 『영남과 호남의 문화비교』. 풀빛.

김일철. 1988. 『지역사회와 인간생활』. 서울대학교출판부.

김정호. 1988. 『호남문화입문』. 호남문화사.

______. 1991. 『서울제국과 지방식민지』. 지식산업사.

대구사학회. 1986. 『대구사학 30 : 지방사 특집호』.

실천민속학회 편. 2000. 『민속문화의 지역성과 보편성』. 집문당.

역사문화학회 편. 1998. 『지방사와 지방문화 1, 특집 지방사연구 어떻게 할 것인가?』. 학연문화사.

이상섭·권태환 편. 1998. 『한국의 지역연구 : 현황과 과제』. 서울대학교출판부.

이수건. 1984. 『영남 사림파의 형성』. 영남대학교출판부.

이존희. 1992. 「지방사 인식의 새로운 시작」. 『한국사서술의 새로운 시각』. 교학사.

임재해. 2000. 『지역문화와 문화산업』. 지식산업사.

정순목. 1989. 『한국 서원교육제도 연구』. 영남대학교출판부.

정지웅 외. 2000. 『지역사회학』. 서울대학교출판부.

정지웅 외. 2005. 『지역사회 종합연구』. 교육과학사.

조동일. 1970. 『서사민요연구』. 계명대학교출판부.

______. 1977. 『경북민요』. 형설출판사.
______. 1977. 『한국소설의 이론』. 지식산업사.
______. 1979. 『인물전설의 의미와 기능』. 영남대학교출판부.
______. 1980. 『한국구비문학대계』. 한국정신문화연구원.
______. 1981. 『동학 성립과 이야기』. 홍성사.
______. 1992. 『민중영웅 이야기』. 문예출판사.
______. 1996. 『한국민요의 전통과 시가 율격』. 지식산업사.
______. 1996. 『한국민요의 전통과 시가 율격』. 지식산업사.
______. 1999. 『하나이면서 여럿인 동아시아문학』. 지식산업사.
______. 2000. 『철학사와 문학사 둘인가 하나인가』. 지식산업사.
______. 2001. 『소설의 사회사 비교론』. 지식산업사.
______. 2002. 『세계문학사의 전개』. 지식산업사.
______. 2003. 『지방문학사: 연구의 방향과 과제』. 서울대학교출판부.
______. 2005. 『한국문학통사 제4판』. 지식산업사.
최명옥. 1980. 『경북 동해안방언 연구』. 영남대학교출판부.
최협 편. 1997. 『인류학과 지역연구』. 나남출판.
한국향토사연구전국협의회. 1995. 『향토사의 길잡이』. 수서원.
현길언. 2001. 『제주문화론』. 탐라목석원.
Crawford Young ed. 1993. *The Rising Tide of Cultural Pluralism, the Nation-State at Bay?.* Madison : The University of Wisconsin Press.
Gurutz Jauregui Bereciartu and William A. Douglass tr. 1986. *Decline of Nation-State.* Reno : University of Nevada Press. 1994.
Jean-Marie Guehénno and Victoria Elliott tr. 1993. *The End of Nation-State.* Minneapolis : University of Minnesota Press. 1995.
Jennifer Jackson Preece. 1988. *National Minorities and the European Nation-States System.* Oxford : Clarendon.

입지와 지역의 미래

- 대구시 사례를 중심으로 -

김 한 규

1. 들어가는 말

무릇 일 개인, 한 가족, 또 특정 지역이나 국가의 성쇠 여부를 몇 가지 요소로 판단하거나, 더 나아가 미래를 재단하는 것은 참으로 용감한 일이라 하지 않을 수 없다. 이런 판국에 오늘날에 비해 상대적으로 정적인 사회였던 자본주의 이전에도 개인, 지역 혹은 나라의 능력이나 흥망성쇠를 판별해내는 것이 쉽지 않았기에 사람들은 쉽사리 점술, 복술, 또는 점성술 등을 다루는 예언가에게 의존하여 왔었고, 오늘날 고도로 과학이 발달한 시대라 하는데도 불구하고 사람들은 헛된 망상이나 예언에 사로잡히는 등 불가지적 행태를 자주 목도할 수 있음은 인간의 근원적 한계 탓인지도 모른다. 특히 근년 들어 세계화 추세에 따른 일국중심 정치경제의 포섭 범위가 극도로 줄어들고 있고, 사람의 탓인지 아니면 자연 현상인지는 분명치 않지만 전에 없이 자연 재해가 잦아지고 있는데도 똑똑하다는 인간들은 그저 속수무책으로 당하기만 하는 뭇 현상들을 보면서 우리의 인식 범위, 우리의 예측 능력의 한계를 절감하게 된다.[1)]

여기서 우리는 지역의 현황을 먼저 살펴보고 또 그 지역의 미래를 예측하기에 앞서 좀 더 겸허한 자세로 문제를 대하는 자세를 요구하고자 한다. 이미 올슨 같은 이들이 지적한바 있지만 우리가 가장 유념해야 할 바는 이른바 순수 경제적 요소 이외에 인문 환경 및 입지 요인의 함의를 얼마나 적절하게 분석의 기저에 놓느냐가 아닌지 모른다. 이른바 현대 경제학은 고전 경제학이 다루던 식의 포괄적 분석 방법을 포기하면서 언뜻 보기에 정치한 분석 기법인 수리 계량적 방법을 동원하여 경제나 사회를 자연과학적으로 분석해 왔으나 이러한 분석 기법이 내포하는 맹점은 이미 감지된 지 오래라 하여도 틀리지 않을 것 같다.

어떤 지역이나 도시, 또는 국가 단위의 경제적 능력이나 경제 교류 현황을 살필 때도 고전 및 근대 경제학에서는 이를테면 케네 식 경제순환적 접근, 튀넨 류의 통합적 접근, 베버 류의 운송과 입지에 입각한 분석 등이 도리어 설득력 있게 다가오는 점도 근년의 분석기법이 갖다 준 숱한 좌절과도 무관하지는 않을 것 같다. 특히 케인즈 류의 이른바 거시경제 이론은 지나치게 역사적 맥락과 공간적 요소를 사상한 나머지 스스로 설득력을 잃고 있는데다 근년 들어서는 실천면에서도 취약성을 여지없이 노정하고 있음은 주지의 사실이 되고 있다. 또한 최근 들어 크게 부상하고 있는 이른바 신자유주의적 발상 및 접근은 애초부터 문제를 안고 시작한 사회경제 분석 수단이기에 그 생명력을 도저히 길게

1) Olsen, Mancur. 1982. The Rise and Decline of Nations. New Haven and London 참조.

보기는 어려울 듯하다. 더구나 수많은 인텔리겐차들을 매료시킨 마르크스류의 분석 역시 탁월한 이념적 차별성에도 불구하고 이론 자체가 지니는 결정론적 시각, 선험적 역사주의적 판단 등으로 인간 삶의 가변성과 역동성을 판단해내는 데는 일정한 한계를 지닌 듯하다.

이제 우리는 지역 분석을 시도함에 있어서 결코 거창한 논리나 이론을 끌어 들이지 않고도 소박하게 접근하는 자세가 참으로 요긴하지 않을까 하는 생각을 지울 수 없게 된다. 일 개인이나 가족사를 논의할 때도 여러 측면을 살피듯 어느 특정 지역을 논할 때는 당연히 그 지역의 경제적 현황, 인문적 환경, 역사적 요인 등에다 지역 주민의 의식과 그 지역의 입지적 요인 등을 전체적으로 감안하여 분석에 임하여야 한다는 뜻이다.

이런 맥락에서 우리가 분석의 대상으로 삼고 있는 대구 지역은 앞서 언급한 종합적 접근이 그 어느 지역 보다, 또 그 어느 때 보다도 절실한 지역이 아닐까 싶다. 특히 지난 3~40년간에 걸친 이 지역의 성쇠, 더 나아가 최근 10여 년간 보게 되는 이 지역의 상대적 위축 현상은 이제 냉정한 평가를 받을 시기가 도래했다고 해도 틀리지 않을 것이고, 이 기간 초래된 정체성의 위기는 이제 위험 수위에 다달았다고 해도 지나치지 않을 것이다. 우리는 이 글에서 대구라는 도시를 에워싸고 있는 각종 문제의 소재를 점검해 보는 한편 지역의 미래를 위한 몇 가지 제언을 해 봄으로써 이 지역 문제에 대한 진지한 토론이 이어지기를 기대해 본다.

2. 입지의 사회경제적 함의

앞서 언급하였듯이 입지의 의미에 대한 견해는 이미 오래 전부터 경제 문제에 관심 있는 식자들 사이에 광범위하게 존재했고 이는 동서양 공통적이었으나 근대적 견해는 역시 산업혁명 이후 경제 교류의 증가와 궤를 같이 하였다고 하겠다. 그러나 흥미로운 것은 입지를 중시해야 할 경제학 분야에서는 입지나 공간의 의미가 줄어드는 반면 건축학, 도시공학, 지리학, 농학 등 여타 학문 분야에서는 그 의미가 더욱 강조되는 추세이다. 공간의 중요성이 커지면서 이를 종합적으로 다루는 지역학(Regional Science)이 생겨나긴 하였으나 공간 문제의 핵심은 사회경제학자의 몫이라 해도 과언이 아닐 것이다.

근년 들어 학제적 접근, 통합적 사고의 필요성이 점증하면서 유럽 등에서는 지역과 도시의 문제를 다룰 때 학제적 분석의 경향이 두드러지고 있다. 이는 이를테면 도시재개발 사업, 산업단지 내지 테크노 파크 조성 등의 경우 경제학, 경영학 법학 등과 건축학, 생태학 전공의 전문가들이 공동 작업하는 양상을 볼 수 있고, 이런 추세는 사회 전반에 확산되는 경향을 보이고 있다.[2)]

일례로 1998년도의 EU 지역 대비 보고서를 보게 되면, 판매 시장, 노동력 및 노동 시장, 지역의 경제 구조 및 경제발전의 추이, 현실적 입지 상황과 삶의 질 등 한 지역의 능력을 총체적으로 살필 수 있는 여러 지표를 사용하고 있음을 알 수 있다.[3)] 또한 국가 간의 대비 역시 전통적인 일인당 GNP 대비의 의미가 급격히 감소하고 있음은 주지의 사실이 되고 있고, 근년 들어서는 이른바 행복 지수를 동원하여 어떤 나라에 사는 사람들의 객관적 주관적 지수로 행복의 순위를 판정해 보고 있는 바, 그 결과는 일반의 상상을 뛰어 넘는 예가 허다하다.[4)5)] 더구

2) 김한규. 1999. 「IBA 프로젝트의 의미와 시사점」. 『국제학논총』 제3집 참조.
3) 김한규. 1999. 「입지와 지역발전」. 『이필우 정년퇴임 논문집』.

나 근년 들어 산업과 산업 구조, 소비 양태 등이 급격하게 바뀌는 것은 이른바 세계화, 정보화, 지식화에 따른 자연스런 귀결로 여겨질뿐더러 아마도 이 추세는 더욱 빨라질 가능성도 다분한 것으로 보인다. 그러나 이런 현상을 감안할지라도 제조업의 일정한 몫과 위상은 그만큼 중요하다고 할 수 있는 바, 지나친 서비스 편중화는 자칫 산업의 공동화 현상을 불러일으키면서 경제의 기반을 흔들어 놓을 가능성도 있어서 결코 가벼이 볼 사안은 아닐 성 싶다.

한국의 경우도 최근 10여 년간만 돌이켜 보더라도 정치 사회적 변화는 차치하더라도 제조업의 빠른 공동화, 산업 구조와 노동시장의 변화, 지역 및 소득의 편중화에 따른 양극화 현상 등으로 미래 예측이 그 어느 때보다 어려운데다 외생변수의 진폭이 심대한 탓으로 경제 예측에 애를 먹고 있는 것을 일상적으로 관찰하게 된다. 더구나 한국에서는 지나친 교육열, 왜곡된 물신주의 현상이 가중되어 다른 여타 선진국의 기준으로 문제 해결을 하기에는 그 조건이 상이한 것으로 보인다.

이제 사회경제적 변화 와중에서 입지의 중요성이 너무나 막중함에도 불구하고 우리의 경제사회적 문제를 다룰 때 입지의 감안 강도는 그다

---

4) 영국의 싱크탱크 신경제학재단은 삶의 만족도와 평균 수명, 생존에 필요한 면적, 에너지 소비량 등의 환경적 여건 등을 종합하여 순위를 발표하였는데 (2006.8.12) 1위는 호주 부근 섬나라 비니아투였고, 그 다음으로 콜럼비아, 코스타리카, 도미니카, 파나마이고 소위 선진국으로 불리우는 독일 81, 일본 95, 영국 108, 캐나다 111, 프랑스 129, 미국 150위로 나타났고 한국은 102위로 평가되었다. 최하위 5개국은 짐바브웨, 스와질랜드, 부르나이, 우크라이나 등이다. http://blog.naver.com 참조.

5) 1998년 영국 런던의 정경대가 조사한 바에 따르면 방글라데시, 아제르바이잔, 나이지리아가 1,2,3위를 행복 순위에서 차지하였고, 2002년 로스웰과 코언이 조사한 데서도 1위는 방글라데시가 차지하고 있다. http://kin.naver.com 참조.

지 높은 편은 아닌 게 사실이다. 이는 일반적, 혹은 일반인의 판단 기준으로는 입지가 무엇보다 큰 비중을 차지함에도 불구하고 경제정책이나 지역정책을 논의할 경우 입지의 의미는 축소되고 그 결과 현실과는 괴리된 정책적 판단이나 결정이 이루어지는 경우가 허다하기 때문이다. 이를테면 우리 선조들은 집터 ,묘터, 관아 터를 잡을 때 항시 입지와 향을 중요시하였고 진지 구축 시에도 입지가 결정인자였음은 주지의 사실이다. 오늘날 학군이니, 아파트 위치나 방향은 말할 것도 없고 하다못해 담배 가게, 자장면 집, 구멍가게의 경우도 입지가 결정적 역할을 한다는 것은 아무리 강조해도 지나치지 않을 정도이다. 그러나 실제 경제정책이나 지역정책을 입안하거나 주요 사안을 결정함에 있어서 입지의 중요성 보다는 일종의 유행을 좇거나 아니면 스테레오 타입 식 나열형의 다분히 프레스티지 내지 전시효과를 노린 아이템들을 열거하는 식이어서 이는 결국 비효율과 낭비로 이어지고 문제 해결을 더욱 어렵게 만드는 경우를 왕왕 목도하게 된다.

이 글에서 다루는 대구시 및 경북 일원은 앞서 언급한 문제점들이 중첩적으로 표출되는 대표적 사례의 하나라고 보아도 그리 과장되지는 않을 것 같다. 이 지역은 객관적으로 보더라도 우수한 입지 여건에도 불구하고 침체의 늪에 허우적거리는 것은 분명 원인 분석에 잘못이 있거나 아니면 이 지역의 정책 입안이나 운영에 무언가 부족함이 있기 때문일 것이다. 이외에 지역 전반의 매너리즘적 사고 혹은 마쵸이즘(일종의 가부장적 문화)에 기인하는 것 일수도 있겠고, 이들 요소들이 혼재하고 있는지도 모른다.[6)]

---

6) 정순우. 2005.「기억과 현실사이, 균열된 자의식」.『대경포럼』겨울호 참조.

어떻든 입지 문제를 정확히 짚어내지 못하면 소기의 성과를 거둘 수 없음은 자명하고 이는 국내외 무수한 사례들이 존재하고 있다. 모름지기 개인이든, 도시 나아가 국가이든 잠재력의 소재와 입지를 여하히 결합시키느냐에 성쇠의 관건이 있음은 새삼 췌언이 불필요할 것이다.

3. 대구시의 현황과 입지 분석

이미 삼국시대부터 대구는 한반도 남단의 주요 취락 가운데 하나였음은 역사서에 그 흔적을 찾을 수 있다. 대구의 옛 지명은 달구벌 혹은 달구불로 전해지고 있으며, 6세기경 까지는 가야 세력권에 속해 있었으나 6세기 초엽 신라권에 편입된 것으로 추정되고 있다. 남아 있는 기록에 의하면 신라 신문왕 9년(689년)에 왕이 몸소 현재의 경산 압량에 왔는바, 그곳에는 과거 압독국이라는 부족 구가가 있던 곳으로 아마도 경주에서 대구 쪽으로 수도를 옮길 의향이 있었던 것으로 짐작되고 있다. 추측하기에는 동쪽으로 지나치게 치우쳐져 있는 신라의 가역을 서라벌에서 서쪽으로 넓히려는 의도가 담겨 있는 듯하며, 이는 당시에도 대구 일대가 주요 요충지였음은 분명해 보인다.[7)]

고려 시대 들어서도 경주는 여전히 주요 도읍의 하나였지만 고려의 건국 세력권이 중부 이북이었던 탓으로 대구의 사대적 위상은 격하된 셈이나 이는 남도 전반에 공히 해당되는 사항이라 하겠다.

조선조 들어 대구 일원에서 수많은 학자와 고위 관료가 배출되면서 대구는 영남권의 행정, 군사, 문화 영역에서 중추적 역할을 담당하는

---

7) 대구상의. 1985.『대구경제 총감』참조.

도읍으로 격상된다. 조선 초기 몇 번의 변화가 있은 연후 임진왜란을 통해 대구의 요충지로서의 의미가 더욱 부각되면서 선조 34년(1601년) 대구에 관찰사령이 설치되니 이는 오늘날의 경남북 일원을 아우르는 남도의 중심 도시가 된 셈이다. 이후 고종 32년(1895년)에 행정 구역 개편으로 경상도가 대구부, 안동부, 진주부 및 동래부로 나뉘어 지게 되고, 대구 23개 군을 관할하게 된다.[8)]

해방 이후에는 1957년에 동촌, 성서, 월배, 공산 및 가창면이 대구시에 편입되어 시역이 463.2 평방 km로 확장되었다가 다시 일부를 달성군에 양도하여 시역은 179.7 평방km로 축소되었고 상당기간 인구는 6~70만 선을 유지하였다. 1981년 7월 1일 부로 직할시로 바뀌면서 고산, 안심, 월배, 공산면과 성서, 칠곡읍이 새로이 편입되어 시역은 455.4 평방km로 넓어지고 인구는 230만 여에 이르게 되었다. 1995년에 광역시로 승격하면서 우여곡절 끝에 달성군을 편입하여 시역이 885.6 평방km에 이르게 되었는데 이는 광역시 가운데 인천 다음이고 인구는 250만 여에 이르고 있다.[9)]

전술한 바와 같이 대구시는 한국의 여타 대도시가 겪은 것과 비슷한 외형적 변화를 반복하면서 오늘의 모습을 지니고 있다. 여기서 우리가 특별한 관심을 가지는 것은 시역의 변화나 인구 추이 보다는 이 도시가 근년 들어서 어떤 사회경제적, 인문환경적 변화를 경험했는가를 살펴보는 것인 바, 이는 오늘의 대구를 이해하고 분석하는 데 핵심적 의미가 있을 것으로 여겨지기 때문이다.

앞서 언급하였듯이 조선조 이전에는 대구의 위상이 큰 취락 내지 지

8) 같은 책(『대구경제 총감』) 참조.

9) 대구경북 연구원. 2003.『대구 장기발전계획』. 대구경북연구원.

역 중심지 정도에 불과하였으나 조선조 들어 이 일대가 영남 사림학파의 본거지 비슷하게 되면서 수많은 학인과 문사를 배출하였으나 주류는 아무래도 입신양명을 지향하는 관학이라고 할 수밖에 없고 이런 분위기는 면면히 이어왔으며 박정희 시대에 이르러 절정에 달했는데 이는 아마도 내륙에 위치한 데다 지역의 독특한 보수 성향이 작용한 것으로 보인다. 다른 면으로는 이른바 기층 민중의 운동은 고려 시대 일부를 제외하면 특기할 만한 것이 없으나 조선조 특히 임란시기와 구한말에는 이 일대에 의병 활동이 왕성했던 것으로 알려지고 있고, 특히 최제우, 최시형으로 대변되는 동학의 본산도 이일대여서 이 지역이 관학 일변도는 아니었다고 할 수 있다.

대구가 근대적 사회운동 측면에서 중요한 지역으로 부각된 것은 신문물의 도입과 더불어 일제에 의한 국권탈취가 노골화됨과 함께 주민의식의 고양이 이루어지면서 시작되었는바, 비록 그 파급효과가 크지 않았지만 1907년의 이른바 국채보상운동이 대구를 중심으로 전개되었고, 이는 그 후 지속적인 국권회복 운동으로 이어지는 계기를 마련하였다. 이런 분위기는 3.1 만세운동기에도 일정한 역할을 하였으나 탄압국면의 전개로 지하로 스며 들 수밖에 없었고 일부는 독립운동, 일부는 좌익운동으로 방향을 선회하기도 하였다. 그러나 일제의 지배를 찬양하는 지역인사들도 다수 나타났으니 이는 이 지역의 한계이자 인간 본연의 한계로밖에 설명할 길이 없다.[10)]

일제시기를 살피면 비록 일제의 대륙정책의 일환으로 이루어진 일이기는 하나 대구 지역으로서는 근대화가 본격적으로 시작된 시기로 볼

10) 김한규. 1989. 「대구지역의 사회경제적 성격에 대한 시론적 분석」. 『계명』 22. 계명대학교.

수 있다. 대구는 입지적 적합성 탓인지 몰라도 생사, 방직 등 섬유 위주의 경공업이 배치되기 시작하였고, 이는 오늘날 까지도 그 영향력을 면면히 이어 오고 있다. 근대적 공장이 들어서면서 1911년 2만 8천여에 불과하던 인구가 1930년에는 10만을 넘어서고 1944년에는 21만 여에 달하여 급속한 도시화시기에 접어들게 되었다. 공장 수도 1910년에 겨우 15개소에 불가하던 것이 1941년에는 927개소, 근로자의 수도 1910년 900명 정도이던 것이 일 만 여명으로 늘어났다. 당시 대구에는 정미업, 연초 제조, 제사, 방적 양조, 유기 제조 등의 경공업 공장이 주를 이루었고, 일제 말기에 와서는 이 가운데 생사, 직물, 내의 제조, 등 주로 섬유 관계 업종이 그 비중을 늘리면서 섬유 도시의 모습을 띄게 되었다. 제조업 이외에는 오랜 연륜을 지닌 도소매업의 확장이 있었지만, 무역, 금융, 물류 등 고급 서비스 업종은 미미한 수준이었다. 이는 대구 산업의 속성상 대규모로 서비스 업종을 견인하기 어려웠던데 다 중심 산업지와는 거리가 멀었기 때문으로 보인다. 다만 지역 중심지적 전통과 학문 숭상 내지 입신양명을 중시하는 지역 분위기 등으로 교육 및 문화 부문에서는 상당한 위상을 견지하였고, 이는 수많은 근대적 지식인을 배출한 토양으로 지목될 수 있다. 특히 상당수 진보적 지식인의 배출에 연유하여 상당 기간 한국에서 손꼽는 진보적 지식인의 산실로 일컬어졌고, 이에 야당 성향이 곁들어져 한때 독특한 도시 이미지를 지니기도 하였다. 물론 이런 분위기는 박정희 시대의 출현과 더불어 급격히 감퇴되었고 교육문화의 중심지적 기능 역시 서울 집중의 심화와 더불어 상대적 위축을 겪게 되었다. 이로써 점차 주변부 하청기지 비슷한 통과 도시 성격을 띠면서 주민 의식도 기생적 문화에 침윤되면서 정체성의 위기에 빠지게 되었다고 해도 지나친 표현은 아닐 것 같다.[11)]

해방 이후의 대구는 당시 한국 사회가 전반적으로 겪었던 사회적, 경제적 혼란상을 그대로 표출하고 있었으며, 특히 좌우익의 갈등을 경험하면서 흔히 10.1 사건으로 불리어지는 1946년 10월의 사건 외에도 무수한 혼란과 사회적 갈등을 보여 주기도 하였다. 경제적으로는 혹심한 물가 폭등 때문에 대구 시내에만도 수많은 절량 가계가 존재하였고 거기에 더하여 호열자 등 전염병이 창궐하기도 하였다. 이러한 와중에서도 대구시의 인구는 1944년 20만에서 1947년에는 29만으로 불어나서 실업 사태를 빚기도 하였다. 1948년 건국 이후 점차 안정세를 되찾으면서 1947년 7월 4일 지방자치법의 실시로 대구부는 대구시로 시명이 바뀌었다.

1950년 발발한 6.25 동란은 잠시 안정세를 찾았던 대구를 다시금 혼란의 와중으로 휘몰아 넣었고, 다른 지역에 비해 전화를 덜 입은 탓으로 소비재 산업 등이 급신장하는 계기를 가지긴 하였으나 12만 이상 되는 피난민으로 인해 과다한 인구 증가를 나타내면서 저질 서비스 산업의 이상 비대와 10%에 달하는 실업을 보이기도 하였다. 6.25 동란으로 인한 급격한 사회 변동으로 대구는 섬유, 직물, 메리야스 등 기존 섬유 계통 경공업과 도매 기능 및 저부가가치 서비스 산업이 주를 이루는 도시로 굳어지게 되었다.[12)]

대구가 현재와 같은 어중간한 형태의 무성격의 도시 즉, 산업도시라 하기도 어렵고 서비스 산업 중심 도시도 아니고 그렇다고 이른바 중추관리 기능의 도시도 아닌 묘한 복합 성격의 도시로 화한 것은 60년대 중반 이후 본격적으로 전개된 경제개발계획과도 무관하지 않다고 할

11) 앞의 책(대구상의. 1995; 김한규. 1989) 참조.

12) 앞의 책(대구상의. 1995) 참조.

수 있다. 경제개발계획이 중화학 공업 위주로 추진되면서 대구의 지리적 여건이 대단위 장치산업에는 맞지 않았던 탓으로 경공업 그 가운데서도 하청 중소기업이 주가 되는 도시로 고착되고 말았다. 이는 도시 여건과 성격에 맞아 떨어지는 발전 패턴이 미처 성형되기도 전에 쫒기듯 기존 산업의 연장선상에서 도시 규모만 기형적으로 커버린 셈이 된다. 또한 경인지방 및 남해 임해 지역의 집중 육성 등으로 대구의 상대적 위치는 더욱 낮아지게 되었고, 경부고속도로의 개통은 서울의 구심력을 한층 더 높이면서 대구는 경부축상의 통과 도시 내지 서울의 대리점 도시화하였다고 할 수 있다. 이는 최근 들어 개통된 KTX의 영향 역시도 같은 맥락에서 대구의 통과 도시적 성격을 가일층 강화시키고 있다고 해도 그리 지나치지 않을 것이다.

어떻든 대구의 상대적 위상 저하는 산업 부문뿐만 아니라 도시 전반의 활력과 경쟁력 저하로 이어지고 있다 해도 틀리지 않을 정도 이다. 비록 실상을 정확하게 반영하는 수치는 아닐지라도 대구는 지난 십 수 년 간 일인당 광공업 생산량에서 전국 최하위를 벗어나지 못하고 있는 것도 대구의 현재를 드러내는 것인지도 모른다.

그렇다면 대구의 현 상황은 과연 어떠한가?

통계 기법이 상당히 개선되고 지역 간 소득 통계가 공포되기 시작한 90년대 들어서도 대구의 위상은 신통치 않다. 그러니까 지역 총생산액을 보아도 현재 광역시 가운데 5위권이며 그 추세는 하향 지향이다. 또 몇 몇 연구소와 언론사 등이 내놓은 도시 간 상대 비교에서도 대구는 중하위권을 맴돌고 있음을 알 수 있다.[13)]

13) 지난 1997년 삼성 경제연구소가 펴낸 세계도시비교라는 보고서에 따르면 비교대상 30개 도시중 대구는 최하위이고, 1995년의 중앙일보가 실시한 전국 74개

또 가장 최근인 200년 8월 16일 발표된 한국 과학기술 평가원의 보고에 따르면 대구는 인적자원, 지식창출, 지식전달 및 응용, 혁신지원, 금융, 산출, 시장, 혁신제약 요인 등 혁신역량 지수에서 0.3069로 전국 평균 0.4895 보다 낮으며 특히 7대 도시 가운데서는 최하위를 점유한다고 발표하였다.[14)]

물론 분석틀이라는 것이 정교하지도 못한데다 행정구역 중심의 통계 비교여서 평가 자체를 액면 그대로 수용하기에 무리가 있다는 것은 분명하다. 또한 분석 기법이 대체로 외피적, 양적인 계량 분석형이어서 많은 문제점이 있음은 틀림없으나, 이런 정황을 감안하더라도 대구의 위상이 도시 규모나 인구에 걸맞는 위치를 보여 주지 못함은 사실이다. 그런데 이런 수치에도 불구하고 이를테면 소득세 납부 수준 4-5위, 지출 및 저축 수준 5위, 고액예금자 2위, 고급 승용차 출하율 최상위권 등 여타 거시 통계와는 다른 모습을 보이는 것은 흥미로운 일이다. 이는 아마도 대구가 주위를 포섭하는 전형적 중심지형의 소비도시여서 나타나는 현상으로 보인다.[15)]

일반적으로 인구 200만이 넘는 거대 도시를 통계 숫자 몇 가지로 평가

도시 비교 평가에서도 대구는 안전도 47위, 편리성 51위, 건강면 72위, 문화레저 27위, 경제 30위, 교육복지 36위 전체 삶 45위 등을 중간 이하이고 1992년의 신한 종합연구소의 도시경쟁력 비교에서도 대구는 전국 73개 도시 중 시장성 30위, 성장성 39위, 환경정비 39위에 머물고 있다. 또한 이용우(1997)에 의하면 대구는 6대 도시 중 경제력 취약, 학습능력 취약, SOC 내지 환경 양호 내지 취약, 사회통합 및 관리 비교적 양호 등으로 6대 도시 중 저위에 머문다고 평가하고 있다(김한규. 2000.「입지요인과 도시발전」.『사회과학논총』제19권 1호 참조).

14)『매일신문』. 2006년 8월 16일.

15) 앞의 논문(김한규. 2000)참조.

하거나 능력을 판별한다는 것은 애초부터 위험을 안고 있다. 그러니까 거대 도시는 대체로 복합적인 성격을 띠는 바, 이는 대도시가 경제적 역할과 더불어 정치 행정, 교육 문화 및 주변 도시에 대한 갖가지 서비스 공급 기능을 수행하는 중심지적 역할을 떠맡기 때문이다. 이런 점을 감안하면 대도시의 전면 개조와 경쟁력 제고는 중소도시들과는 분명 다를 수밖에 없다는 점을 염두에 두어야 할 것이다. 근년 들어 도시를 평가하는 지표는 더욱 포괄적이고 포섭적인 방향으로 전개되고 있음을 엿 볼 수 있다.

국토연구원이 2002년도에 펴낸 세계의 도시라는 책자를 보면 도시를 보는 시각의 변화를 살필 수 있게 된다. 이 책자에 거론된 세계 53개 도시는 먼저 국제 금융과 업무 중심 도시로 런던, 뉴욕, 도쿄, 베를린, 토론토, 시카고, 로스앤젤레스, 프랑크푸르트, 모스크바, 파리 및 서울을 들고 있는데 이들 도시는 세계화된 도시로서의 면모와 기능을 갖추고 있는 도시들로서 나름대로 그 도시가 지닌 여건들을 잘 활용하고 있는 사례로 볼 수 있다. 비록 거대 도시라 할지라도 일정한 차별성을 드러내면서 자체의 강점을 살리고 있는 경우들이라 하겠다. 이 가운데서 토론토시의 케이스는 주변 도시를 연계하여 통합적 기능을 최대한 살림으로써 캐나다 최대의 경쟁력 있는 도시로 변모하면서 세계적 도시의 반열에 들게 되어 우리의 관심을 끌만 하다.

두 번째 거론하는 환경과 생태의 도시로는 오슬로, 꾸리찌바, 칼스루에, 스라스부르, 레스터, 프라이부르크, 무사시노 등인데 이들 되는 규모에 있어 첫 번째 거론된 도시보다는 훨씬 적지만 도시가 처한 여러 환경 여건을 잘 살려 모범적인 삶의 질을 시현한 사례들로서 우리의 관심을 끌만한 충분한 자격을 지닌 도시들이다. 이 가운데 브라질의 꾸리찌바는 도시 행정가들의 노력으로 환경, 교통, 복지 면에서 남다른 차별성을 일구어낸 사례라 할 수 있어서 최근 희망을 주는 도시로 부각되고 있다.

네 번째 거론되는 산업과 물류의 도시로는 디트로이트, 도르트문트, 상하이, 뉴케슬, 휴스턴, 베이징, 자카르타, 싱가포르, 홍콩, 시드니, 선전, 글래스고, 로테르담 및 부산을 들고 있는데 이들 도시는 새로운 시대의 흐름을 잘 포착하여 경쟁력을 확보한 도시들이라 하겠다. 이 가운데 로테르담은 입지의 장점을 최대한 살려서 크게 성공한 사례로서 우리의 관심 대상이다. 이들 도시들은 도시 경영을 맡은 사람들의 발상과 노력이 어떻게 도시를 일신시킬 수 있느냐를 일러 주는 사례들이다.

다섯 번째 들고 있는 신도시 내지 대학도시로는 밀턴케이스, 옥스퍼드/캠브리지, 어바인, 보스턴, 쓰쿠바, 본 등을 거론하고 있는데 이들 도시들 역시 입지적 장점을 잘 살려서 나름대로 일정한 이미지를 구축한 사례들이다.[16)]

또한 국토연구원의 박양호가 제시하는 몇 가지 사례들도 흥미 있는 것들이다. 그의 보고서에 나온 이른바 세계 주요도시의 생활의 질 비교라는 부분을 보면 취리히, 제네바, 밴쿠버, 비엔나, 오클랜드, 뒤셀도르프, 프랑크푸르트, 뮌헨, 베른, 시드니 등이 10위권 안에 포진하고 있는데, 이들 도시는 삶의 질을 강조하는 나라들의 대표 주자가 되는 도시들로서 스위스, 독일, 오스트리아 등 중부 유럽의 도시가 다수 포함된 것은 시사하는 바가 크다고 하겠다.

여기서 서울은 2005년 90위, 2006년 89위를 차지하고 있어서 대체적

16) 국토연구원. 세계의 도시. 2002 참조.

인 위상을 짐작할 수 있다.[17)]

위의 내용들을 음미해 보면 결국 도시란 그 도시가 지니는 입지적 요소를 여하히 살려나가느냐에 관건이 달려 있음을 알 수 있게 된다.

4. 대구의 미래를 위한 제언

앞서 언급한 바와 같이 거대 도시를 몇 몇 정책적 조처로 전면 개조한다거나 경쟁력을 단기간 내에 부양하는 것은 어쩌면 동화 속 이야기가 될지도 모른다. 이는 대구의 여러 문제점들을 풀어나가는 데도 항상 염두에 두어야 할 발상의 전제조건이라 하겠다.

그러함에도 불구하고 대구가 오늘의 모습을 보이는 데는 입지적 장점을 제대로 살리지 못한 점, 자체 잠재력을 발양할 분위기를 조성치 못한 점 등은 분명 짚고 넘어가야 할 사항임은 틀림없다.

대구는 과거에도 그러하듯 영남의 중심지적 위치를 지니고 있을뿐더러 여러 가지 여건이 결코 여타 한국의 대도시나 외국 도시에 견주더라도 열악한 형편이 아니며 도리어 우위에 있다고 해도 지나치지 않을 정도이다.

대구시의 최근 홈페이지를 보면 대구의 발전 잠재력으로 풍부한 고급 인력을 배출하는 교육 도시, 국가 동남권의 중추관리기능을 수행할 수 있는 지리적 위치, 문화 환경도시로 정주 여건 우수, 다양한 국제적 인프

---

17) 박양호는 삶의 질과 세계화의 관점에서 주요 다섯 가지 요소를 드는데, 1. 지속성, 2. 융합, 3. 지식정보, 4. 선도 기능, 5. 경제적 능력 등을 도시 발전의 핵심 요소로 지적한다(박양호. 2006.「살기 좋은 지역으로의 질적 발전과 세계화」. 『국가균형발전위 3주년기념 심포지엄 발제문』. 국가균형발전위원회 참조).

라 구축 등을 들고 있는데, 이는 비교적 사실에 부합하는 것이긴 하나 하나하나 면밀히 따져 보면 내용상 부족 내지 부실, 또 실제보다 부풀려진 측면이 있음을 인지하게 된다. 먼저 이른바 교육도시 측면을 보면 많은 고등교육기관에도 불구하고 내용이 충실하다고 할 수 없는 부분이 다분하고 근년 들어 젊은 인재들이 이 도시를 벗어나려 애쓰는 추세에서도 알 수 있듯 고급 인력 양성면에서 심각한 문제를 안고 있음을 숨길 수 없다. 그 다음 지리적 위치를 보면 좋은 입지이긴 하나 주변 도시와의 연계가 미약하여 중심 도시로서의 기능을 살리지 못하고 있어서 중심지로서는 낮은 차원에 머무르고 있음을 일 수 있다. 그리고 문화 환경도시 부분은 최근 획기적인 개선을 보이고 있긴 하나 고급인력을 견인할만한 수준에는 아직 미흡하며, 이른바 국제적 인프라는 이제 초보단계라 해도 틀리지 않을 것 같다. 끝으로 현재 대구가 가지고 있는 각종 설비나 시설은 많은 보완을 필요로 하는 바 이를테면 미술관의 부재, 국제회의장의 부족, 현대적 레저스포츠 시설의 불비 등에다 언어소통의 어려움은 어제 오늘의 일이 아님은 주지의 사실이다.

또한 대구의 비전 제시나 장기 발전 플랜을 일별해 보더라도 이 도시가 안고 있는 문제점을 인지할 수 있을 정도이다.

대구의 비전을 보면 21세기 세계로 열린 동남의 수도라는 기치아래 과학기술 중심도시 및 문화예술 중심도시라는 2대 발전전략을 내놓으면서 이른바 5대 프로젝트를 제시하고 있다. 첫째는 테크노폴리스 조성, 둘째는 문화산업 클러스터 조성, 셋째는 한방바이오 산업 육성, 넷째는 주력산업의 고부가가치화, 다섯째는 대도시형 서비스 산업 육성을 들고 있다. 이는 대구의 입지나 여건으로는 그리 동떨어진 계획은 아니나 그 구체적인 내용에 들어가 보면 숱한 문제를 안고 있음을 지적하지 않을 수 없게 된다.

문제의 근본 소재는 결국 계획 위주의 계획, 허구적 계획, 전시행정적 계획 등에다 상투어를 동원한 말의 성찬적 비전이나 프로젝트라는 인상을 지울 수 없게 된다. 최근 들어 여느 다른 도시가 하듯 첨단산업, 정보화, 국제화에다 더 나아가 이른바 IT, BT, NT 등을 즐겨 거론하고 있으나 구체성면에서는 의문투성이라고 해도 지나치지 않을 것 같다. 결국 대구의 비전이나 발전전략을 보면 발상의 빈곤과 아울러 인재 배치에 문제가 있지나 않나 하는 의구심을 떨치기 어렵게 된다.

다시금 2005년 대구시의 주요 시책을 보자. 이 시책에는 오늘날 한국의 도시가 필요로 하는 것들이 열거되어 있다. 즉, 기업하기 편한 국토동남권 R&D 허브도시 조성, 성과중심의 고객감동 시정 구현, 지방분권과 국가 균형발전의 선도적 추진, 지속가능 발전을 위한 쾌적한 도시환경 조성, 시민의식의 선진화로 건강한 공동체 형성 등이 그것이다.[18] 이를 두고 누가 과연 시비를 걸 수 있단 말인가. 그러나 곰곰이 지난 5년여를 반추해 보면 과연 대구시가 이와 같은 말의 성찬을 벌일 자격이 있을까 되묻게 된다. 그간 대구의 위상은 가없이 추락하고 있고 젊은이의 엑소더스는 가일층 힘을 발하고 있는데다 툭하면 대형 화재나 엽기적인 사건이 빈발해 왔거늘 과연 대구의 현재를 동남권 중심 도시로 힘찬 전진을 하고 있다고 감히 말할 수 있는 것인가? 더군다나 정치사회 의식의 편향적 왜곡 현상, 냉소주의, 몇 몇 마피아적 집단의 여론 주도와 여론 형성에 더하여 이를 부추기는 소아병적 지역 언론의 행태 등으로 한때는 의리의 고장으로 지칭되던 도시가 이제 타 지역으로부터 질시와 왕

18) www.daegu.go.kr 참조.

따의 대상으로 까지 변모하고 있다고 해도 크게 항변하기 어려운 실정이다. 혹자는 이렇게 말한다. 대구에 대해 최근의 정권들이 푸대접하는데다 중앙에 인맥이 조성되지 않은 탓으로 지원이 줄어든 것이 이 도시의 형편을 더욱 어렵게 한다고 주장하고 이는 그리 틀린 진단이 아닐지 모른다. 그러나 냉정하게 생각하면 대구의 상대적 낙후는 이른바 인재적 원인이 크다고 할 수밖에 없기에 외부적 요인으로 진단하는 데는 한계가 있다.

이제 이와 같은 현상적 판단 하에 대구의 미래를 위한 구상을 소박하게나마 펼쳐 보기로 하자.

우선 언급하고 싶은 사항은 대구의 경쟁력 제고나 경제 활력을 일깨우기 위한 전략적 사고를 함에 있어서 대기업 등 제조업의 유치 내지 시역 내 제조업의 포진으로 문제 해결의 단초를 삼으려는 발상에서 벗어나는 게 필요하지 않을까 싶다. 이는 비록 제조업이 고용과 소득 창출면에서 가장 확실한 수단이라는 것을 부정하는 것이 아니나 대구와 같은 복합형 대도시에 새로이 대단위 제조업을 포진시키고자 하는 것은 얻는 것 이상으로 많은 부작용을 배태시킬 개연성이 농후하기 때문이다. 이 말은 대구 인근에 제조업이 들어서고 대구는 이들 단지를 연계하는 기능에 치중하는 것이 더 바람직하다는 뜻이다. 이는 세계 유수의 산업 도시들이 근년 들어 역내 제조업을 근교로 이전시키고 연계 기능에 역점을 두는 데서 많은 시사점을 얻을 수 있다.[19] 더욱이 오늘날의 산업 추세가 빠른 속도로 지식화, 정보화하고 있어서 대구는 주변의 도시들 즉, 구미, 경산, 왜관, 영천을 위시하여 포항, 창원, 울산 등을

19) 이를테면 독일의 쉬투트가르트, 뮌헨, 프랑스의 리옹, 일본 나고야 등 대구와 비슷한 성격의 도시들이 최근 역점을 두는 일이 좋은 사례이다.

연결하고 더 나아가 부산과도 적절한 역할 분담을 한다면 상당한 역할을 할 수 있을 것이다.[20] 또한 산업의 범위가 외연적으로 크게 확장되는 경향을 보이고 있어서 교육, 문화, 예술, 보건의료, 레저스포츠 등과 연관된 산업뿐만 아니라 금융, 정보, 연구 및 연수, 물류, 컨벤션 등 생산지원 서비스산업이 대구의 입지로 보아 강점이 있는 것으로 보이고 고급인력 배출을 고려할 때 이들에게 적절한 일자리를 제공함으로써 도시에 활력을 유지한다는 측면에서도 제조업 유치에 목을 매다는 것보다는 실효가 있을 것으로 여겨진다.[21]

또한 대구와 비슷한 외국의 내륙 도시들 이를테면 애틀랜타, 뮌헨, 리옹, 쉬투트가르트, 버밍햄, 방클로르, 토론토, 마드리드 등의 도시들이 내륙의 불리점을 극복하고 나름대로 차별적 경쟁력을 확보한 사례도 타산지석이 될 듯하다. 더구나 이들 도시들은 도시환경 정비, 주변과의 연계 강화, 랜드마크 조성 등에서 많은 참고를 제공한다.[22]

근년 들어 대구의 경우도 시내 환경이 개선되었고 외부와의 교통연계도 좋아졌으며, 대대적 수목 식재 등으로 덥고 답답한 도시라는 기존 이미지를 많이 탈피한 것은 대구의 미래에 분명한 긍정적 기여를 할 것으로 보인다.

그러니까 대구라는 도시는 중심지 기능을 갖추는 데 진력하고 국제화 수준을 높이면서 도시 자체의 매력 포인트를 제고하는 일방 삶의 질을

20) 이런 발상은 2005년 한국경제통상학회 창립기념 학술대회에서 영남권 경제공동체 구상이라는 제하에 홍철이 발표한 바 있다.

21) 이장우는 글로벌 도시형 산업에 유념하라고 권고하고 있다(『매일신문』. 2006년 9월 6일자 참조).

22) 김한규. 1997. 「내륙도시 대구의 경쟁력 강화 방안」. 『국토』. 국토연구원 참조.

개선할 경우 상당한 가능성을 지니고 있다는 뜻이다. 그러나 이를 소홀히 하고 수구적 사고에 매몰될 경우 현재보다도 더 깊은 전락을 맛볼 수 있는 개연성도 충분하다는 점을 지적하지 않을 수 없다.

발상과 의식전환의 요체는 이 도시를 구성하고 이 도시를 다루는 사람들의 행태에 달려있는 바, 이들의 의식과 자세에 별다른 변화의 기미가 없으면 아무리 좋은 입지여건일지라도 실제적인 가능성으로 전환되기는 어렵다는 것은 당연한 사실이다.

결국 대구의 미래는 성찰과 자아비판과 함께 도시의 미래를 가로막는 원인의 분석, 더 나아가 이 도시의 입지적 강점과 인문적 기반을 여하히 접목하느냐에 달려 있다고 하겠다.

5. 전 망

이제 문제는 분명해지고 있다. 그러니까 도시의 미래는 그 도시의 입지와 그 도시를 구성하는 사람들에 달려 있다는 사실이다. 대구라는 도시는 좋은 입지 여건과 풍부한 인적 자원의 부존 등에도 불구하고 미래에 대한 가능성은 현재로서는 낮은 편에 속한다는 것을 인정하지 않을 수 없다면 차라리 해야 할 과제는 분명할 수도 있을 것 같다.

이 시점에서 필요한 것은 좀 더 솔직하고 좀 더 진지하게 문제의 핵심에 접근해야 할 것인 바, 현재의 대구처럼 정체와 답보에 찌든 도시 분위기를 일신하지 않는 한 활력 있는 이른바 살맛나는 도시를 이루기는 결코 간단한 일이 아님을 인지하여야 할 것이다. 마치 태풍이 휩쓸고 가면 바다에도 새로운 환경이 조성되듯이 대구에도 어쩌면 충격파가 필요한 것이 아닌지 모른다. 그러나 외부의 힘이 갖다 주는 변화는 지속성이 담보되지 않는다는 사실도 유념하지 않으면 안 된다. 결국 요체는 도시 구성원의 자기 성찰과 준엄한 자아비판이 그 어느 때보다 요긴하기에 대구의 지식인들의 역할이 요구되는지도 모른다. 향후 새로운 대구의 모습을 갈구한다면 그에 합당한 노력이 뒤따라야 한다는 당위를 다시 한 번 강조하게 된다.

참고문헌

계명대학교산업경영연구소. 1989.「2000년대를 향한 대구지역 경제의 과제와 발전방안」. 계명대학교산업경영연구소.

국토연구원. 2003.『세계의 도시』. 한울.

김한규. 1986.「지역불균형과 지방경제」.『지방화와 정책과제』. 계명대학교 사회과학연구소.

______. 1989.「대구지역의 사회경제적 성격에 대한 시론적 분석」.『계명』 22. 계명대학교 .

______. 1990.『지방자치제실시에 따른 대구지역 경제활성화 방안』. 대구상의.

______. 1995.「대구지역의 발전전략」.『지방경영시대의 개막과 전략』. 현대경제사회연구원.

______. 1997.「내륙도시 대구의 경쟁력 강화 방안」.『국토』. 국토연구원.

______. 1997.「지방화시대의 지역정책」.『지역경제연구 14집』. 대구광역시.

______. 1999.「입지와 지역발전」.『이필우 정년퇴임 논문집』. 법문사.

______. 2000.「입지요인과 도시의 발전」.『사회과학논총』 제19권 1호. 계명대학교사회과학연구소.

______. 2000.「지역문제 해결을 위한 지역통합 구상」.『경상논총』 21집. 한독경상학회.

______. 2003.「대구시의 발전계획검토와 발전방향에 대한 모색」.『경제연구』 21권 4호. 한국경제통상학회.

경북대. 2005. 『대구경북의 지성과 운동』. 정림사.

대경연. 2003. 『대구장기발전계획』. 대구광역시.

대구상의. 1985. 『대구경제총감』. 대구상의.

박양호. 2006. 「살기좋은 지역으로의 질적 발전과 세계화」. 『국가균형발전위 3주년기념 심포지엄 발제문』. 국가균형발전위원회.

이병찬 등. 2006. 『대구경북 산업경영사』. 북랜드.

정순우. 2005. 「기억과 현실 사이, 균열된 자의식」. 『대경포럼』 겨울호. 대구경북연구원.

Olsen, Mancur. 1982. *The Rise and Decline of Nations.*

Verband Region Stuttgart. 1998. *Die Region Stuttgart im Standort-Wettbewerb.*

지역경제위기와 지역구조조정

김영철

1. 서론

지역경제가 위기에 처해 있다. 지역의 경제 위기는 이미 총체적인 국면으로 접어들고 있지만 위기적 현실이 이미 오랫동안 고착화되어 지속되고 있기 때문에 지역민이 일상생활에서 느끼는 위기감의 수위는 오히려 최근 들어 완화되고 있는 역설적인 경우가 벌어지고 있다. 현실적으로 위기가 엄연한 현실로 존재하고 있지만 지역민의 체감적 면역체계가 강화된 나머지 위기감을 느끼지 못하고 있는 상황은 지역의 경제적 상황을 더욱 악화시키고 있다.

이 글은 지역경제 위기의 원인과 대책에 대한 '일상적' 논의를 전개하는 것이 목적이 아니다. 여기에서 '일상적'이라고 하는 말은 지역경제를 하나의 독립적 단위로 파악하여 지역경제의 위기를 지역경제의 내부적인 문제로 보고 이를 중심으로 논의하는 방식을 의미하는 것이다. 이 글은 지역경제의 위기를 외환위기 이후 신자유주의 방식에 입각한 경제 구조 개혁 정책의 실패라는 측면에서 분석한다. 이런 점에서 이 글에서는 지역경제의 위기가 지역 내부의 문제만이 아니라 지역과 국가를 뛰어넘어 저 '건너편'에서 진행되고 있는 시장 중심적 세계경제의 운용방식과 긴밀하게 관련되어 있다는 점이 강조된다.

대구경북의 경제 위기를 지역경제 주체의 전략적 대응방식의 실패로 판단하고 이러한 관점에서 문제해결의 실마리를 찾고자 하는 시도는 매우 제한적인 의미를 가질 수밖에 없다. 그 이유는 위기의 본질이 지역 내부적인 요인에 의한 것도 존재하지만 실상은 전지구적인 세계화와 함께 전파되고 있는 신자유주의적 자본주의 질서와 깊은 연관성을 가지고 있기 때문이다. 가령 대구경북 소재 병원의 경영난을 예로 들어보자. KTX 개통 이후 환자들이 서울로 집중되기 때문에 생긴 결과이다. 이는 그동안 대구경북에 소재하고 있는 병원이 의료설비에 대한 투자를 소홀히 하고 좋은 의사를 초빙하는 데 실패한 것에 직접적인 원인을 돌릴 수 있다. 말하자면, 지역의 의료서비스에 대한 지역민의 불만족이 그동안 잠재되어 있다가 KTX 개통으로 인해 폭발하여 의료서비스 소비의 서울 집중이라는 폭발적 현상으로 나타난 것이라는 설명이 가능하다.

그러나 사실상 문제는 이보다 더욱 중층적인 구조를 가지고 있다. 서울의 일부 계층은 보다 나은 의료서비스를 제공받기 위해서 외국의 병원을 찾아 한국을 떠나고 있다. 대구경북에서 나타나고 있는 문제는 서울에서 격을 달리하고 있을 뿐 동일한 원형을 가지고 반복되고 있다. 대구경북의 문제가 국가 단위에서 닫혀있는 것이 아니라 세계적 차원으로 열려 있는 구조라는 사실을 인식할 필요가 있다. 이는 지역의 문제를 해결하기 위해서는 세계적인 차원의 접근방식이 요구되고 있다는 말이기도 하다. 이러한 관점에서 보면 결국 대구경북에서 나타나고 있는 의료서비스 수요자의 서울 집중현상은 단순히 대구경북 병원 경영의 효율성을 높이는 것만을 통해 해결되지 않는다. 이는 신자유주의적 자본주의 질서가 내재시키고 있는 세계-서울-지역의 계층적 위계 구조에 대한 명확한 문제의식 없이 근본적인 해결 전망은 불가능하다는 것을 시사하는 것이다.

외환위기 이후 한국경제는 다양한 영역에서 구조개혁의 조치를 단행하였다. 그러나 이러한 구조개혁 노력은 세계경제에 대한 한국경제의 편입 속도만을 가속시켰을 뿐 세계경제에 대한 한국경제의 의존적 구조를 오히려 강화하는 상황을 초래하고 있다.[1] 이 글은 한국경제의 운용방식에 있어 지역성의 강화라는 측면에서 근본적인 전환을 이루는 것만이 해결책이 될 수 있다는 문제의식에서 출발하고 있다. 이 글에서 사용되는 지역구조조정이라는 개념은 한국경제 운영방식에서 지역성이라는 관점을 새롭게 되살려낼 필요가 있다는 점을 강조하기 위해 사용되고 있다.

시장과 국가라는 말이 추상적이고 거대 담론적 성격을 가지고 있다고 한다면 지역성이라는 개념은 삶의 구체적 현장과 관련되어 있다. 누구에게나 지역의 문제는 개인적 체험을 기초로 하여 해석되고 규정될 수밖에 없다. 이 글에서 지역경제라는 말이 자주 언급되지만 사실상 지역경제는 필자에게는 대구경북을 의미한다. 그러나 보다 엄밀하게 말한다면 대구경북을 함께 동시에 고려하고 있기보다는 필자가 일상의 삶을 살고 있는 대구를 중심에 놓고 편의에 따라 경북이 포섭되고 있다고 하는 편이 옳다. 이는 지역성이 삶의 구체적인 현장과 떼어놓고 추상적인 수준에서 논의될 수 없는 점에서 어쩔 수 없는 한계라고 해야 할

1) 필자는 한국경제의 이 같은 특징을 '97년 체제'라는 용어를 통해 설명하고 있다 (김영철. 2006).

것이다.

2. 외환위기 이후 경제 구조개혁의 실패

외환위기는 세계화와 이에 상응하는 내적 대응력을 갖추지 못한 한국 경제 구조의 비정합적 결합에서 발생하였다. 경제개발 과정에서 한국이 선택한 성장 모형은 대내적으로는 정부-기업-금융의 3부문 결합관계를 유지하고 대외적으로는 수출제일주의를 지향하였다. 이 성장 모형은 중앙정부, 기업, 금융 각 부문에서 중앙집권적 조직 성격을 유지하는 것을 조건으로 하고 있으며, 이는 전체적으로 강력한 서울 집중의 국가중심주의적 경제 체제로 구현되었다.

이러한 국가중심주의적 성장 모형은 대내적으로는 강력한 국가주의와 대외적으로는 냉전 체제를 조건으로 비로소 작동 가능한 것이었다. 그러나 국내에서의 민간정부의 등장과 세계적으로 냉전 체제의 종언은 기존 성장모형의 외적 조건을 변화시켰고, 이는 기존 경제체제의 변환을 요구하였다. 더욱이 20세기 후반 빠른 속도로 진행된 금융주도의 세계화 추이와 외적 압력에 의해 무분별하게 추진된 국내 금융시장의 자유화 조치는 한국 경제 체제의 내적 대응력을 매우 취약한 것으로 만들었다. 외환위기는 전지구적 세계화에 대응하여 한국의 국가중심주의적 경제 체제가 개혁에 실패한 결과 초래된 것이라고 말할 수 있다.[2)]

외환위기 이후 한국의 경제 구조개혁 노력은 중앙정부-은행-재벌의 유착관계를 절연하고 경제 운영방식에 있어 국가 동원적 성격을 과감히

---

2) 보다 상세한 설명은 김영철(2001)을 참조하라.

탈피하는 방향에서 추진되어야 할 필요가 있었다. 그러나 중앙정부, 은행 그리고 재벌이 결합된 한국의 성장 모형은 그것의 복합체(complex)적 성격에 의해 경제적 이해관계를 상호 공유하고 있을 뿐 아니라 엘리트 구성원의 상호 인적 교환을 배경으로 하는 것이다.[3] 그 결과 외환위기 이후 추진된 경제 구조개혁 조치는 중앙정부, 은행, 재벌 상호간 역학의 재배분만을 추구했을 뿐 권력 엘리트 지배체제와 경제력의 서울 집중 현상은 지속되는 결과를 낳았다.

외환위기 이후 추진된 경제 구조개혁 조치는 기업과 금융의 개별적 부문의 구조개혁에 치중되었다. 그러나 기업과 금융에 대한 구조개혁 조치가 개별 부문에서 일정한 성과를 보여주고 있음에도 불구하고 경제 체제의 혁신을 이끌어내지 못한 것은 바로 이러한 구조적 문제점에 기인하는 것이다. 특히 중앙정부의 경우 경제 구조개혁이라는 명분을 선점한 채 지방 분권으로의 국정 방향 설정에도 불구하고 자체 개혁의 당위성을 우회하여 회피하고 있다. 이에 따라 경제 구조 개혁 조치가 국가중심주의적 시스템이라고 하는 기본적 '구조'의 개혁은 달성하지 못하고 기업과 금융의 개별적 부문의 구조 '내'의 개혁에 초점을 맞추는 한계점을 드러내고 있다.

이와 함께 지적되어야 할 사실은 외환위기 이후 추진되고 있는 한국의 세계화 전략은 개발년대의 수출지상주의 구호가 외국자본유치 캠페

---

3) 복합체라는 용어는 군산복합체(military-industrial complex)라는 것으로부터 사용되기 시작하여, 최근 동아시아 금융위기를 계기로 최근에는 월가-미재무성-IMF 복합체(wall street-treasury-IMF complex)라는 말이 사용되고 있다. 이러한 용례에서 알 수 있는 바와 같이 복합체라는 것은 이해관계의 공유뿐만 아니라 인적구성원의 상호 의존성까지 포괄하는 은밀하면서 복잡하게 관련을 맺고 있는 상황을 설명할 때 활용된다.

인으로 전환된 것을 제외하면 그 맹목성과 일방성에서 유사한 구조를 보이고 있다는 점이다. 1960~70년대의 수출지상주의가 외형적으로 높은 경제적 성과를 가져왔으나 구조적으로는 관치금융, 정경유착, 재벌기업 등 한국경제의 문제점을 야기 시켜 장기적인 관점에서 보면 한국경제의 경직성을 심화시킨 것으로 평가된다.

마찬가지로 외환위기 이후 본격적으로 추진되고 있는 외국자본의 국내 유치 캠페인은 한국 경제의 폐쇄성을 극복하고 한국 경제의 세계적 적응력을 높이는 방향에서 일정한 성과를 낳고 있다고 볼 수 있다. 그러나 외국 자본 유치 노력이 단순한 양적 팽창이라고 하는 실적주의적 태도를 보임에 따라 외국자본의 위험성에 대한 무방비 노출과 이에 따른 국내 경제의 장기적 안정성의 훼손이라는 문제점을 구조적으로 배태시키고 있는 사실을 결코 간과할 수 없다. 결국 외환위기 이후 경제 구조개혁은 서울집중과 중앙집권의 구조를 강화시키고 세계화의 위험성에 대한 정당한 내적 대응력을 확보하지 못한 상태에서 추진되고 있는 점에서 명백한 한계를 드러내고 있다고 말 할 수 있다.

이러한 관점에서 보면 외환위기 이후 추진된 경제 구조개혁은 세계화에 대응하여 전체적으로 개방화와 자유와의 방향에서 추진되었지만 그것이 외연적 세계화를 염두에 둔 것일 뿐 지역화의 진전이라고 하는 내포적 세계화를 통한 대내적 대응력이라는 측면은 간과하고 있다는 점에서 실패하였다고 말할 수 있다. 세계화가 지역화를 선행 조건으로 하고 또 지역화를 통해 세계화의 위험성에 대하여 내적 대응력을 구축하는 균형적인 노력이 요구되고 있음에도 불구하고 중앙집권과 서울집중 현상에 대한 근본적인 구조 개혁을 달성하지 못하고 있다.

외환위기 이후 한국경제는 이른바 '나쁜 균형상태'에 빠져들고 있다

(김영철 2006). 한국경제의 이러한 '나쁜 균형상태'는 무엇보다도 경제 운영 방식에 있어 단기적인 시간전망(time horizon)에 근거하고 있는 데에서 비롯되고 있다. 단기적인 시간전망이 경제 운영 방식에 있어 지배적인 원리가 되면 경제공동체에 고유하게 내재되어 있는 암묵적인 장기계약 관계를 와해시키고 시장에 대한 지역사회의 착근성(embeddness)을 붕괴시키게 된다. 이러한 상황은 참여정부가 지방분권을 국정 과제로 내세워 국토균형개발의 의지를 분명히 하고 있으나 그 실효성이 담보되지 못한 중요한 요인으로 작용하고 있다.

3. 지역경제 위기의 실상

1) 성장연합과 전략산업 정책의 실패

지역경제위기는 지역이 국가중심주의적 성장전략을 주도적으로 극복하지 못하고 여전히 종속적인 관계를 유지하고 있는 데에서 기인하고 있다. 개발년대 기간 중 국가중심주의적 경제체제의 최대 수혜자라고 할 수 있는 대구경북 지역은 과거의 성장전략을 현재에도 가장 적합한 모형으로 간주하여 국가중심주의적 경제체제에 의존한 성장전략을 관행적으로 유지하고 있다. 말하자면 경제 구조 개혁에 실패한 중앙정부와 마찬가지로 지역은 유효 기간이 지났다고 할 수 있는 국가중심주의적 전략에 집착하고 있는 이상 지역경제 위기를 극복하기 위한 어떠한 노력도 실패로 귀결될 수밖에 없다.

지역이 국가중심주의적 개발 전략을 벗어나지 못하고 있는 것은 이른바 '성장연합'에 의해 서울의 권력 엘리트와 지역 토호 경제 집단 상호간 형성되어 있는 유착관계에 기인하고 있는 바 크다 (조명래 1999, 백두주 2000, 김재훈 2003). 성장연합에 의해 지역에서 발언권을 행사하고 있는 지역의 토호 경제 집단은 지역의 전체적인 이익에 기여하고 있다고 하기보다는 자신의 기득권을 보장받고 또한 이익을 관철하기 위해서 지배적인 영향력을 행사하고 있다. 이들은 지역에서 자신들의 경제적 이해관계에 반하는 입장에 대해서는 철저하게 배타적인 경향을 보인다. 또한 형식적으로는 지역공동체의 광범위한 참여를 주장하고 있지만 이들은 실질적으로는 성장연합의 내부 엘리트에 의해 주요 의사결정이 이루어지는 구조를 지역에서 재생산해내고 지역 전체의 여론을 주도한다.

대구경북의 경우 이러한 성장연합의 존재는 지역경제의 위기에도 불구하고 혁신을 통한 내발적 성장 동력의 창출에 실패하고 있는 것에서 잘 드러나고 있다. 이러한 상황은 특히 대구에 더욱 두드러지고 있는데, 대구의 지역전략 산업의 실패가 그 단적인 예라고 할 수 있다. 중앙정부는 외환위기로 침체된 지역경제의 회복을 위해 1999년부터 비수도권 거점지역을 중심으로 지역별 특화산업을 지원하였다.[4] 참여정부에 들어서는 이를 전국적 차원의 지역전략산업 지원정책으로 확대하였다. 대구의 경우 밀라노프로젝트로 불리우는 섬유산업이 지역별 특화산업으로 먼저 선정되었고 이후 메카트로닉스, 전통생물, 모바일·나노가 지역전략사업으로 추가되었다.

그러나 대구의 지역전략 사업 가운데 지역 고유 효과가 플러스를 보이고 있는 것은 모바일·나노 산업에 불과한 것으로 나타나 지역전략산업이 지역에서 성과를 내지 못한 것으로 분석되고 있다(산업자원부

4) 부산(신발), 대구(섬유), 광주(光), 경남(기계).

2006).[5] 특히 밀라노프로젝트의 경우 1999년 전국의 4개 지역에서 우선 실시된 지역전략산업진흥 사업 가운데 유일하게 지역고유성장 효과가 마이너스를 기록하고 있다. 특히 대구 제조업의 2대 축을 형성하고 있는 섬유와 메카트로닉스에서 대구가 비교우위를 발휘하지 못하고 있는 것은 대구가 미래 성장 동력 확보에 실패하고 있다는 사실을 말해주고 있다.

<표 1> 지역전략산업 성장의 요소별 분해

(단위 : 억원)

지역	전략산업	전략산업 성장(G)	전 산업 성장(N)	해당 산업 성장(I)	지역고유 성장(R)	비고
대구	섬유	-2,267	4,920	-5,798	-1,389	-
	메카트로	4,991	5,049	4,794	-4,852	-
	전통생물	3	98	-32	-63	-
	모바일·나노	319	46	10	263	+
경북	전자정보	71,582	31,943	22,576	17,063	+
	생물	291	881	-342	-248	-

주: 2003-4년 부가가치액 기준.
자료: 산업자원부(2006).

예컨대 밀라노프로젝트와 관련하여 지역 내에서 섬유 산업의 가능성

5) 지역고유효과는 지역전략산업 성장을 요소별로 분해하는 방식으로 구할 수 있다. 지역고유성장은 다음과 같은 방식으로 도출된다. 즉, 지역전략산업 성장(G: 비교시점과 기준시점간 지역전략산업 생산액 증가) = 전산업성장(N: 전산업의 전국적 성장추세) + 해당산업성장(I: 해당산업의 성장추세. 플러스이면 성장산업, 마이너스이면 사양산업) + 지역고유성장(R: 특정 지역의 비교우위. 플러스이면 지역전략산업이 전국 해당산업보다 빨리 성장).

에 대하여 부정적인 여론이 형성되고 있음에도 불구하고 섬유 산업 지원의 지속적인 필요성에 대하여 끊임없이 논박이 진행되고 있는 것은 섬유산업을 중심으로 형성되어 있는 성장연합의 영향력을 반영하고 있다. 이들에게 있어 중요한 것은 섬유산업과 관련하여 최대한 중앙정부의 지원을 극대화하는 것일 뿐 섬유산업의 혁신을 통해 지역경제의 성장 원동력을 확보하는 것은 아니다. 밀라노프로젝트 수행 과정에서 여러 가지 문제점을 노출하였지만 지역 내에서 비판적인 논의가 거의 이루어지지 못하고 있는 것은 지역 내 여론 형성을 주도하고 있는 성장연합이 밀라노프로젝트에 관한 논의 자체를 차단하는 기제로 작용하고 있었다는 사실을 부정하기 힘들다.

2) 인구감소와 청장년층의 지역이탈

지역의 경제위기는 지역의 인구 감소라는 현실로 구체화된다. 지역의 경제위기에 대응한 지역민의 선택은 지역을 떠나는 것이고, 외부에서는 사람들이 지역으로 모여들지 않는다. 인구 이동은 사람들이 단순히 지역의 경계를 넘어 인구가 움직인다는 사실을 말해주는 것이 아니라 지역의 미래에 대한 사람들의 총체적 전망을 반영하고 있다고 할 수 있다. 특히 모든 경제활동의 중심에 있는 2-30대 청장년층이 지역으로부터 이탈하는 현상은 지역경제의 미래에 그들이 기대를 걸고 있지 않고 있다는 사실을 의미하는 것으로 지역의 장래에 대하여 부정적인 평가가 지배적인 것으로 해석할 수 있다.

지역의 인구 이동 현황을 살펴보면 대구경북은 주민등록상의 기준으로 볼 때 2004년 순유출을 기록한 것으로 되어 있다. 대구와 경북의 경우 2004년 인구의 순 이동은 각각 -12,432명과 -17,839명으로 유출 인구가 유입 인구보다 많다. 대구와 경북에서 유출되는 인구는 대부분 수도권으로 향하고 있다. 대구와 경북의 인구 순 이동 가운데 수도권으로의 유출은 전체의 93.3%와 66.3%를 기록하고 있다.

<표 2> 대구·경북의 노동이동 현황(2004년)

(단위: 명, %)

		이동인구		구성비	
		대구	경북	대구	경북
전 입	전체	418,278	360,764	100.00	100.00
	수도권	19,603	31,487	4.69	8.73
	대구, 경북	54,467	51,928	13.02	14.39
전 출	전체	431,605	387,685	100.00	100.00
	수도권	32,035	49,326	7.42	12.72
	대구, 경북	51,928	54,467	12.03	14.05
순이동	전체	-13,327	-26,921	100.00	100.00
	수도권	-12,432	-17,839	93.28	66.26

자료: 통계청(2004).

대구경북에서 수도권으로 유출되는 인구 가운데 연령별로 보면 20대가 차지하는 비중이 높다. 전체 순유출에서 20대의 기여도가 대구는 48.2%이고 경북은 53.7%이다. 20대의 인구 이동 요인은 대부분이 직장과 교육 때문이다.[6] 대구경북의 20대 인구의 유출 역시 대체로 대학교

6) 1997년 통계청의 최근 5년간 이동가구주의 노동이동 요인 분석에 따르면 노동이동의 가장 중요한 요인이 '교육'과 '직업'으로 나타나고 있다. 교육과 직업 요인에 의한 노동 이동의 경우 연령대가 낮을수록 가장 빈번한 용인이 되고 있다. 대구의 경우 노동이동을 한 경험이 있는 20대의 59.0%가 직업과 교육 요인에

진학과 취업 때문인 것으로 파악된다. 그러나 대구와 경북의 인구 순이동 가운데 20대의 비중이 압도적이기는 하지만 이전과 비교해보면 그 비중이 점차 낮아지고 있는 사실이 발견된다. 이는 지역 대학 졸업자가 취업난으로 인해 수도권에서 더 이상 직장을 발견할 수 없기 때문에 생기는 현상이다.[7)]

최근 대구경북에서 3~40대의 수도권 순유출 비중이 높아지는 경향이 나타나고 있다.[8)] 3~40대 수도권 유출 인구 가운데 대구의 경우에는 30%가 섬유산업의 퇴직자로 조사되고 있다(정인수 2004). 섬유산업의 퇴직자는 수도권에서 대부분 운수업, 기타서비스업 등 전문기술이 필요하지 않는 서비스업으로 취업하고 있는 것으로 분석되고 있다. 지역의 산업이 미래 성장 동력으로 자리매김되기 위해서 절대적인 조건은 동 산업에서 일자리 창출을 통한 인구유입 효과를 발휘하는 것이다. 밀라노프로젝트가 지역의 전략산업으로서 실패하였다고 말할 수 있는 근거는 섬유산업이 인구유입 효과를 거두기는커녕 인구 유출을 유발하는

의한 것이고 경북의 경우 그 비율은 89.3%에 달하고 있다.

7) 김영철, 이민환(2003)은 대구와 경북에 소재하고 있는 지역 대학교 졸업자의 취업실태 조사를 통해 지역 대학 졸업자의 수도권 취업 비율이 점차 낮아지고 있다는 사실을 밝히고 있다.

8) 그러나 이와는 대조적으로 경북 구미의 경우 IT 산업의 호황에 힘입어 인구가 늘고 있는 예외적인 현상이 발견되고 있다. 2006년 10월 구미의 인구는 385,072명으로 이는 2005년 말의 374,614명에 비해 1만명 이상이 늘어난 것일 뿐만 아니라 최근 지속적인 인구증가 기조가 유지되고 있다. 구미의 평균연령은 31.4세로 전국 경북 평균 38.7세와 전국 기초자치단체 평균 34.1세에 비해 크게 낮은 것으로 나타나고 있는데 이는 청장년층의 인구유입이 계속되고 있기 때문이다. 청장년층의 인구유입으로 인한 구미의 인구증가는 구미를 중심으로 형성된 IT 산업 클러스트에서 창출되고 있는 새로운 일자리 때문인 것으로 분석된다.

정반대의 결과를 낳고 있다는 사실에서 다시 확인되고 있다.

지역인구의 유출과 관련하여 더욱 중요한 사실은 우수 인력의 유출 현상이다. 일반적으로 지역의 우수 인력은 대체로 3차례의 경로를 통해 수도권으로 유출되고 있다. 1차는 지역의 고등학교를 졸업한 후 수도권 대학으로 진학하는 것이고, 2차는 지역 대학 재학생들이 수도권 대학에 편입학하는 것이고, 3차는 지역 대학교를 졸업한 후 수도권으로 취업하는 것이다. 최근 3차 유출은 지역 대학 졸업자의 취업난을 반영하여 전반적인 그 추세가 약화되고 있는 특징을 보이고 있는 반면 1차 유출은 최근 더욱 가속화되고 있다.

지역 내 고등학교 졸업자 중 우수학력자의 수도권 대학 진학 비율의 증가와 지방대학 졸업자의 수도권 취업이 저조한 것은 상호 밀접한 관련을 가지고 있다. 즉 1980년대 초반 이전만 하더라도 지역 내 고등학교 졸업자 중 상당수가 지역 내 대학에 진학을 하고 이들은 졸업 후 수도권으로 진출하였다. 그러나 최근 들어 이러한 3차 유출과정이 생략되고 고등학교 졸업자 가운데 우수학력자의 대부분이 수도권으로 진학하고 졸업 후에도 수도권으로 취업함으로써 결국 수도권에 잔류하는 경우가 많아지고 있다. 수도권 대학으로 진학한 지역 고등학교 출신이 대학 졸업 후 지역에 환류 하는 비율이 점점 낮아지는 것은 지역의 인재가 수도권으로 빠져나가 지역으로 다시 돌아오지 않는다는 것을 의미한다. 지역의 우수인력의 역외이탈 현상은 지역경제의 내발적 발전 가능성을 가로막는 근본적인 원인이기도 하면서 동시에 지역경제 위기가 초래한 결과이기도 하다.

<표 3> 대구의 수도권 순 이동 추이와 연령별 구성비

(단위: 명, %)

	1995	1997	1999	2001	2003	2004
〈순이동인원〉						
0~9	576	315	-277	-1215	-605	-983
10~19	-276	-355	-699	-1054	-989	-1145
20~29	-4,919	-5,448	-5,752	-7,853	-6,868	-5,990
30~39	456	-242	-727	-2063	-1671	-2096
40~49	-8	-200	-388	-713	-760	-1082
50세 이상	283	-444	-774	-1024	-1018	-1136
합계	-4454	-6374	-8617	-13922	-11911	-12432
〈연령별 구성비〉						
0~9	-12.93	-4.94	3.21	8.73	5.08	7.91
10~19	6.20	5.57	8.11	7.57	8.30	9.21
20~29	110.44	85.47	66.75	56.41	57.66	48.18
30~39	-10.24	3.80	8.44	14.82	14.03	16.86
40~49	0.18	3.14	4.50	5.12	6.38	8.70
50세 이상	6.35	6.97	8.98	7.36	8.55	9.14
합계	100.00	100.00	100.00	100.00	100.00	100.00

자료: 통계청(2004).

<표 4> 경북의 수도권 순 이동 추이와 연령별 구성비

(단위: 명, %)

	1995	1997	1999	2001	2003	2004
〈순이동인원〉						
0~9	1005	-62	79	-834	-892	-1708
10~19	-1259	-1181	-1267	-1710	-1619	-1997
20~29	-9,320	-9,318	-9,691	-10,986	-11,584	-9,583
30~39	470	-279	-315	-1719	-2197	-2487
40~49	-86	-112	31	-534	-1009	-765
50세 이상	357	-86	-360	-796	-1553	-1299
합계	-8833	-11038	-11505	-16579	-18854	-17839

〈연령별 구성비〉						
0~9	-11.38	0.56	-0.84	5.03	4.73	9.57
10~19	14.25	10.70	11.01	10.31	8.59	11.19
20~29	105.51	84.42	84.23	66.26	61.44	53.72
30~39	-5.32	2.53	2.74	10.37	11.65	13.94
40~49	0.97	1.01	-0.27	3.22	5.35	4.29
50세 이상	-4.04	0.78	3.13	4.80	8.24	7.28
합계	100.00	100.00	100.00	100.00	100.00	100.00

자료: 통계청(2004).

3) 지역금융의 위축과 역외자금 유출

인구 이동이 지역경제에 대한 미래 장기 전망에 근거하고 있다면 지역 간 자금의 이동은 현재 경제 상황에 대한 단기적 판단에 기초하고 있다고 할 수 있다. 외환위기 이후 한국의 금융시장은 초단기적인 시간 전망에 근거한 국제자본의 비지적(飛地的) 행동규범을 글로벌 스탠다드라는 명분으로 수용하였다. 이에 따라 단기적인 시간전망에 근거한 신자유주의적 경제 운영 방식은 금융시장에서 가장 극명한 현실로 그 진면목을 드러내고 있다.

이러한 움직임 속에서 지역공동체와 착지적(着地的) 관계금융의 관행을 유지하여 온 지역금융시장은 빠르게 해체되고 있다(김영철 2002). 외환위기 이후 금융구조조정의 결과 세계-서울-지역의 계층 간 위계구조는 금융시장에서 더욱 공고한 형태로 강화되고 있으며 이는 지역경제의 위기적 국면과 결합하면서 상황을 더욱 악화시키는 데 기여하고 있다. 지역경제 위기는 지역자금의 역외유출과 금융자본의 수도권 집중현상과 결코 분리하여 생각할 수 없다.[9]

지역자금의 역외유출이 특히 문제가 되는 것은 지역 중소기업과 영세 상공인이 금융의 사각지대에 놓여 금융 애로를 겪게 될 가능성이 높기 때문이다. 금융의 수도권 집중이 강해지고 단기적 시간전망에 지배될 때 지역 중소기업에 내재된 고유의 정보의 비대칭성 문제는 해결되기 힘들다. 왜냐하면 지역의 중소기업은 그 특성상 비재무적 정보에 대한 의존성이 높고 장기적인 거래관계를 통해 신용을 축적하는 사업 형태를 띠는 경우가 많기 때문이다. 지역금융의 위축은 지역의 중소기업과 영세 상공인에게 가장 불리하게 작용한다.

한국은행에 따르면 2006년 7월말 기준으로 전국 금융기관의 총수신은 1,248.2조원이고 총여신은 908.6조원이다. 이 중 비수도권에서 조성된 자금은 468.1조원이고 338.1조원이 비수도권에 대출되었다. 이는 지역에서 조성된 총자금의 27.6%가 수도권으로 유출되었다는 것을 의미한다. 지역자금의 역외유출 뿐만 아니라 금융기관의 자금이 수도권에 집중되어 있는 것도 문제이다. 수도권 금융기관은 전국 총수신의 62.5%을 차지하고 있으며 여신 또한 62.8%가 수도권 금융기관에 집중되어 있다.

주목해야 할 사실은 비수도권 지역 가운데 경북에서 자금의 역외유출 규모가 가장 크게 나타나고 있는 것이다. 경북의 경우 총수신 45.2조원 가운데 27.9조원이 지역에 환류되었을 뿐 17.3조가 수도권으로 유출되

9) 대구시에 진출한 대형마트는 16개이다. 대구시에 진출한 이러한 대형마트가 지역자금의 주요한 역외유출 창구가 되고 있다. 대구시의 추정에 따르면 16개 대형마트의 총매출액 1조6,000억원 가운데 1조3,000억이 역외로 유출된다고 한다. 이러한 추정치는 2004년 기준 통계청 자료를 사용하여 16개 대형마트의 매출액에서 대구거주직원의 임금, 지역기업의 납품금액, 지역은행 예치금, 지방세 등을 뺀 금액이다(영남일보 2006년 11월 29일자).

고 있다. 대구의 경우도 14.1조원이 역외로 빠져나가 운용되었다.[10] 경북은 구미와 같은 대규모 IT 산업 클러스트를 역내에 두고 있음에도 불구하고 지역자금의 역외유출이 가장 큰 규모로 나타나고 있는데, 이는 구미가 단지 생산단지의 입지로만 존재할 뿐 구미 소재 대기업의 본사는 수도권에 위치하고 있기 때문에 자금 운용 지역으로의 지역의 연고성을 발휘하지 못하기 때문이다.

<표 5> 지역자금 역외 유출 규모

	총수신	총여신	역외유출 규모
수도권	780.1 (62.5)	570.5 (62.8)	-
대 구	53.7 (4.3)	39.6 (4.4)	14.1
경 북	45.2 (3.6)	27.9 (3.1)	17.3
전 국	1,248.2 (100.0)	908.6 (100.0)	-

주: 1) 총수신 = 예금은행(시장성수신 포함) + 종합금융회사 + 신탁회사 + 상호저축은행 + 신용협동조합 + 상호금융 + 새마을금고 + 우체국예금 + 증권금융 + 생명보험.
2) 총여신 = 예금은행 + 개발기관 + 종합금융회사 + 신탁회사 + 상호저축은행 + 신용협동조합 + 상호금융 + 새마을금고 + 우체국예금 + 증권금융 + 생명보험.
3) 서울의 총수신 규모가 큰 이유는 서울소재 본사에 집중된 자금이 여신 이외 유가증권 매입 등의 방식으로 운용되기 때문임.

자료 : 한국은행(2006).

10) 여기에서 논의의 대상이 되는 것은 금융부문의 역외유출이다. 그러나 지역자금의 역외유출은 산업부문에서도 일어나고 있다. 산업부문의 유출은 백화점, 대형할인점 등 수도권 소재 대기업 본사의 지역 진출, 지역기업의 수도권 소재 자금무역부서, 지역 대학생들의 수도권 대학 진출 등 다양한 경로를 통해 이루어지고 있다.

지역금융의 문제와 관련하여 주목하여야 할 사실은 외환위기 이후 금융구조조정 과정에서 지역금융에 적용된 논리는 외국계 자본의 한국 내 금융 시장 진출 시 사용된 금융 논리의 동일한 반복이라는 점이다. 이는 전지구적으로 확장되고 있는 금융네트워크에 전일적인 시장논리를 관철시켜 독점적 지위를 확보하려고 하는 외국 자본의 지배력이 지역금융의 수준에까지 일관되게 관철되고 있다는 것을 의미한다.[11] 즉, 외국 자본은 시중은행의 지배를 통해 서울을 중심으로 형성된 한국 금융시장을 거점을 장악함과 동시에 시중은행을 내세워 지역금융을 장악하는 수직적 위계화가 이루어지고 있다.

지역경제의 위기 극복은 지역자금의 역외유출 현상이 역전되고 환원금융의 원리가 실현되는 것과 같은 지역금융 기능 회복을 전제하지 않을 때 불가능하다. 지역금융은 지역 내 차입자에 대한 신용정보의 비대칭성, 지역의 산업구조 및 거래방식의 차이, 지역 내 경제주체의 성향 등 지역사회의 착근성에 근거한다. 이러한 점에서 지역금융은 지역공동체에 내재되어 장기적 시간 전망에 의거하지 않고는 그 존재를 실현시킬 방도를 찾기 힘들다. 결국 지역금융은 관계금융(relationship banking)의 회복을 전제로 하고 있으며 이를 위해서 초단기적 시간 전망에 근거하여 전지구적 규모로 투기활동을 벌이고 있는 국제투기자본의 행태와는 확연하게 구분되는 금융원리에 근거하고 있다는 사실을 인정할 필요가 있다.

---

11) 현재 시중은행 8개 중 7개에 외국자본이 진출하여 있다. 2006년 3월말 기준 시중은행의 외국자본의 지분율은 다음과 같다. 국민은행 85.44%, 우리은행 11.49%, 신한-조흥은행 57.01%, 하나은행 78.06%, 외환은행 74.06%, 한국씨티은행 99.9%, SC 제일은행 100%.

4. 지역구조조정과 지역성: 사회적 자본을 중심으로

개발년대를 통해 추구되어 온 서울 지방의 국가중심주의적 경제 체제는 현재 한계에 직면하고 있으며 새로운 발전 모델의 모색이 필요한 시점이다. 새로운 발전 모델은 지역성을 강조하는 내발적 지역경제체제의 구축을 지향하여야 한다. 이를 위해서 중앙집권적 정부와 서울에 집중된 독점적 시장이 해체되고 지역의 자발성과 수평적 네트워킹을 확대하는 지역 구조조정이 필요하다. 이 자발적인 역동성을 발휘하고 경쟁적 원리가 중심이 되는 지역의 구조조정이 필요하다. 지역구조조정은 경제운영에 있어 장기적 시간전망을 존중하고 또한 자발적인 동기를 우선하는 공동체 원리가 작동되고 또한 지역이 주체적 시장신호를 발신하는 가운데 세계적 네트워크의 수평적 일원으로 참여할 수 있는 역량을 갖추는 것을 목표로 삼고 있다.

최근 지역경제 활성화 대책은 대체로 세계화와 지식정보화로 요약되는 경제 환경의 변화에 대처하는 것을 기본 골격으로 하고 있다. 세계화라는 것은 기존의 지역과 국가, 그리고 국가와 세계로 구성되는 수직적 네트워킹 체제가 전세계 하나의 네트워킹 체제에 수평적으로 통합되는 현상을 가리키는 것을 의미한다. 이는 기존 국가의 권능에 대한 전면적인 재검토를 요구하고 있다. 한편 지식 정보화는 생산에 있어 지식과 정보, 그리고 기술이 가장 중요한 생산 요소로 기능하게 되었다는 사실을 말해주는 것이다. 지식 정보화는 자발적인 동기 부여가 중시되며 중앙 정부에 의해 강제적으로 동원될 수 없는 특성을 가지고 있다.

외환위기 이후 지역에서 추진되고 있는 경제활성화 대책은 <그림 1>에서 요약되고 있는 바와 같이 매우 기형적이고 모순적 상황을 연출하고 있다. 이는 지역의 경제정책이 기본적으로 국가중심주의적 경제체제를 유지한 채 추진되고 있기 때문에 나타난 결과이다. <그림 1>에서 횡축은 세계화 단계를 가리키고 있으며 종축은 지식 정보화의 수준을 나타낸다. <그림 1>의 좌측 하단에 표시되어 있는 중앙집권과 서울 집중 경제 체제는 세계화와 지식 정보화의 수준이 매우 낮은 단계에서 선택할 수 있는 경제 운영 방식이다. <그림 1>의 횡축은 세계화의 진행과 함께 기존의 국가를 중심으로 형성되고 있는 수직적 네트워킹 구조가 수평적 네트워킹 구조로 전환되어야 한다는 사실을 표시하고 있다. 그리고 종축은 지식 정보화의 진전과 함께 생산 방식이 정부 주도의 생산 요소 동원형에서 기술 혁신 주도의 자발형으로 바뀌지 않으면 안 된다는 것을 표시하고 있다. 세계화와 지식 정보화가 동시에 높은 수준에 이르게 되면 지역 구조조정을 통해 달성하고자 하는 내발적 지역경제 체제의 구축이 가능해진다.

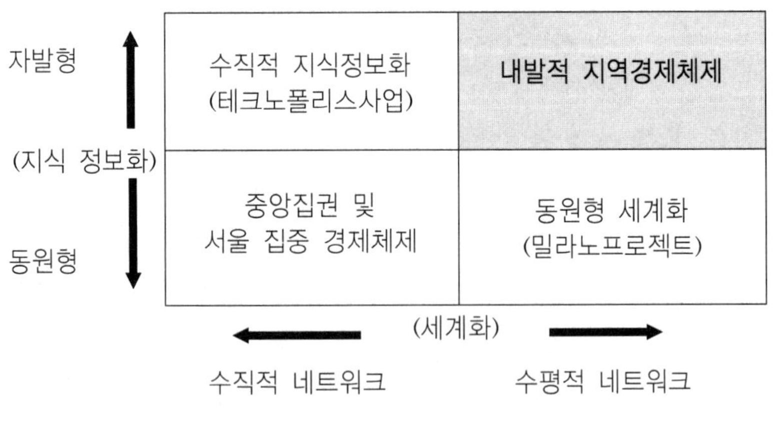

<그림 1> 내발적 지역경제체제

<그림 1>은 지역에서 추진되고 있는 다양한 경제활성화 대책이 지역 구조조정을 통한 지역성의 강조라는 획기적인 방향전환을 달성하지 못하고 있는 이상 그것이 세계화 관련 사업이든 혹은 지식정보화 관련 사업이든 매우 단편적이고 부분적인 성과밖에 기대할 수 없다는 상황을 보여주고 있다. <그림 1>의 우측 하단은 지역에서 추진되고 있는 세계화 관련 사업이 동원형 세계화라고 하는 기형적인 결과를 낳고 있다는 것을 말하고 있다. 이는 지역의 세계화 추진 사업이 세계화를 겨냥한 수평적 네트워킹을 지향하여야 함에도 불구하고 그 추진 방식에 있어 지역의 자발성에 근거하지 못하고 중앙 정부의 간섭과 역량에 의존할 수밖에 없어 동원형 성격을 벗어나지 못하고 있는 한계를 나타내 주고 있다.

예컨대 대구시의 밀라노프로젝트가 동원형 세계화 범주에 속하는 대표적 경우라고 말할 수 있다. 밀라노프로젝트는 세계적 패션 산업의 중심지인 이태리의 밀라노를 벤치마킹하여 대구를 세계적 섬유 및 패션의 중심 도시로 만들겠다는 사업이다. 대구가 유럽의 도시인 밀라노를 벤치마킹 하겠다는 것은 대구 경제권의 외연적 네트워크를 밀라노로 확대시키고 있다는 점에서 지역의 세계화의 의지가 직접적으로 표명된 것이다. 그러나 밀라노프로젝트의 경우 서울의 경제엘리트와 지역의 토호 경제 집단에 의한 성장 연합에 의해 주도되고 있다는 점에서 세계화는 사업 초기 단계부터 동원적 성격을 띠지 않을 수 없었다.

<그림 1>의 좌측 상단은 지역에서 추진되고 있는 지식정보화 사업이 수직적 지식정보화의 함정에 빠져있는 상황을 보여주고 있다. 현재 지역에서 추진되고 있는 지식정보화 사업이 그 의욕에 비해 성과가 미진한 것은 지역의 지식정보 관련 산업이 서울을 정점으로 한 수직적

위계 관계의 종속성에 벗어나지 못하고 있기 때문이다. 예컨대 테크노폴리스 사업은 대구경북 지역에서 추진하고 있는 대표적인 지식정보화 관련 사업이라고 할 수 있다. 이는 테크노폴리스를 중심으로 연구 단지를 조성하고 유망 첨단산업을 유치함으로써 지역의 지식정보화 수준을 제고시키는 것을 목적으로 하고 있다.

그러나 최근 한국 경제에 있어 지식 정보 산업은 서울과 그 주변을 중심으로 집적 현상을 나타내고 있다. 서울 주변에 지식 정보산업의 고밀도 집적 현상이 일어나고 있는 까닭은 집적화 자체가 수확 체증 효과를 발휘하기 때문이다(Arthur. 1994). 이러한 상황은 지역이 지식정보화 사업을 추진하는 데 있어 기본적인 제약 요인으로 작용하고 있다. 테크노 폴리스 사업은 시작 단계부터 여러 가지 난관에 부딪혀 사업의 진행이 중단되어 있는 것은 이와 무관하지 않다. 테크노 폴리스 사업을 통해 지역에 독립적인 기술혁신 시스템을 구축하겠다는 원래의 의도와는 달리 서울에 집적되어 있는 지식정보산업의 강한 흡인력 때문에 서울을 정점으로 하는 수직적 위계 관계가 오히려 심화되면서 지역은 지식정보화에 있어 더욱더 주변적 위상만을 부여받는 상황이 전개되고 있다.

결국 이상의 논의를 통해 드러나는 사실은 지역경제의 위기는 한국경제의 운영방식에 있어 지역성의 강화라는 측면에서 구조적 전환을 달성할 수 있을 때 비로소 가능해진다는 점이다. 그런데 지역성은 삶의 구체적 현장과 관련성을 가지는 것이며 이러한 점에서 사회적 자본의 축적과 뗄 수 없는 관련성을 가진다. 후쿠야마는 사회적 자본과 중앙정부의 모순적 관계를 간파하고 사회적 자본과 지역성의 관련성을 논의하고 있다(Fukuyama. 1995). 그는 사회적 자본을 합리적 선택의 산물이라기보다는 오히려 자생적으로 형성된 비합리적 습관의 산물로 받아들이고 다음과 같이 설명하고 있다. "중앙 정부의 개입은 장기적으로 사회의 기저에 자리 잡고 있는 자연발생적인 사회적 습관의 형성을 억제하는 기제를 가진다… 왜냐하면 국가 권력은 국민들 사이에 친교 관계를 근절시키고, 지역 공동체를 폐지하고, 가정의 안정을 해칠 수 있는 잘못된 유인을 조정하지만, 특별한 단결이 요구되는 강력한 유대나, 공동체의 기저에 있는 도덕의식 구조를 증진시키는 데에는 훨씬 적은 능력을 가지고 있다."

그 동안 지역은 서울을 경유한 물적 자본과 인적 자본의 유치에만 관심을 기울여 왔을 뿐 지역 사회의 자발성에 기반을 둔 사회적 자본의 구축에는 무관심한 입장으로 태도를 일관하였다. 국가 중심적 경제체제에서는 지역은 서울과 수직적 위계 관계를 성장의 원동력을 확보할 수 있었으며, 정보의 소통에 있어서도 하향식 정보 수용자로서의 역할만을 담당하여 왔다.

그러나 사회적 자본은 지역성에 근거하면서 자발성과 수평적 네트워킹의 구축을 통해 축적되는 과정을 따른다. 중앙 정부를 정점으로 조직된 수직적 네트워킹 형태가 지역구조조정을 통해 지역을 결점으로 자발적인 참여에 기반을 두면서 동시에 수평적인 관계를 통해 연결되게 되면 이는 다른 한편에서 세계적 네트워킹에 지역의 주체적 참여의 가능성을 높이게 되다. 현재 전지구적으로 진행되고 있는 세계화가 세계-서울-지역이라고 하는 수직적 위계화를 조장하고 있다는 점을 감안하면 지역을 중심으로 하는 자발성에 기반을 둔 수평적 네트워킹 작업은 결국 세계화가 내재하고 있는 위험 사회적 요인을 극복하는 기제를 대내적으로 구축하는 것을 의미하기도 한다.

5. 결 론

지역경제의 위기는 지역경제의 구조조정 필요성을 제기하고 있다. 지역구조조정은 지역의 위기가 지역 내부의 문제에서 비롯되고 있다는 인식에서 출발할 필요가 있다. 그동안 한국경제는 강력한 중앙집권 방식의 리더십에 의존하여 경제 성장을 이루어왔다. 외환위기 이후 한국경제는 이른바 세계화에 대한 대응이라는 명분하에서 외국자본을 국내 진출을 장려하였다. 이에 따라 외국 자본은 빠른 속도로 국내 시장에서 지배력을 획득하게 되었다. 외국자본의 국내 진출은 사실상 한국경제의 세계-서울-지역의 수직적 종속성만 강화시키는 결과를 초래하고 있다.

이러한 한국경제의 구조적 문제를 해결하기 위한 방안으로 지역화를 통한 지역구조조정이필요하다. 지역구조조정은 한국 경제를 지역적 단위를 중심으로 경제적 구조를 재편하여 세계화의 위험성을 극복하고 한국경제의 새로운 성장 동력을 확보하는 것을 목적으로 하고 있다. 지역이 스스로 내발적 성장 역량을 확보하고 주체적 시장 신호를 발신할 수 있을 때 한국경제는 개발년대의 국가주도 성장방식을 탈피하고 지역 구조조정을 성공적으로 수행한 것을 확인할 수 있을 것이다.

그동안 지역경제는 생산요소 투입을 중앙 권력에 의존하여 왔다. 내발적 지역경제체제는 생산요소의 동원과 투입을 지역의 주도적 방식으로 해결할 수 있을 때 비로소 가능하다. 이런 점에서 내발적 지역경제체제는 산업생산의 양적 증대라는 목표를 중시하기보다는 생산요소 투입방식의 자율적인 동원 능력 확보에 지역의 역량을 집중시킬 필요가 있다. 이는 결국 돈과 사람이 강제로 역외로 밀려나가는(pushed) 역외 유출현상을 최소화하고, 역외로부터 이러한 생산요소가 자발적인 유인에 의해(pulled) 지역 내 유입을 극대화하는 방식으로 지역 발전에 대한 정책적 사고의 전면적인 패러다임 전환을 이루어 낼 때 현실적인 동력이 발휘될 수 있을 것이다.

참고문헌

김영철. 2001. 「경제위기 극복과 지방화 추진」. 『경제와 사회』 봄호. 한울.

______. 2002. 「지방분권 시대의 지방은행의 발전방향」. 『지방분권 정책대안』. 한울아카데미.

______. 2006. 「'97년 체제'와 한국 경제: 토빈세 논의의 함의」. 『지역사회연구』 가을호. 한국지역사회학회.

김영철·이민환. 2003. 「지역 인재의 수도권 대학 진학과 지역 경제력 유출효과: 대구지역을 중심으로」. 『지역연구』. 한국지역학회.

김재훈. 2003. 「대구경제의 산업구조 혁신」. 『분권시대의 지역경제혁신 심포지엄 자료집』. 대구대학교지역혁신연구단.

백두주. 2000. 「부산지역 성장연합에 관한 비판적 검토: 삼성자동차 유치 및 매각과정을 중심으로」. 『지역사회연구』 겨울호. 한국지역사회학회.

산업자원부. 2006. 「지역전략산업 지원정책 성과 및 향후과제」.

정인수. 2004. 「지역간 노동이동 연구」. 『노동정책연구』. 한국노동연구원.

조명래. 1999. 「신도시정치학의 문제설정과 쟁점」. 『사회경제평론』. 한국사회경제학회.

통계청. 2004. 『주민등록인구통계』.

한국은행. 2006. 『지역금융통계』.

Arthur, W. Brian. 1994. *Increasing Returns and Path Dependence in the Economy,* University of Michigan.

Fukuyama, Francis. 1995. "Social Capital and the Global Economy". *Foreign Affairs.* Council on Foreign Relations.

지방화와 정치사회의식의 전환

- 대구경북지역의 대학과 언론을 중심으로 -

김 규 원

1. 지방화의 현주소

지방에 사는 사람으로서, 참여정부가 출범과 더불어 내세웠던 국책사업 가운데 표류하는 인상을 주는 대표적인 정책을 든다면 바로 지방분권과 국가균형발전이라고 본다. 우리 지역의 한 민간연구소가 주도적으로 제안한 지방분권과 지역혁신을 국가정책의 주요 의제로 채택할 당시만 해도 기대가 상당히 컸던 만큼, 지금은 실망스런 속마음을 털어놓지 않을 수 없는 처지이다.

여러 가지 학문적 표현과 학술적 논의라는 포장을 다 걷어내면, 지방분권과 지역혁신 그리고 국가균형발전을 주창한 것은 한 마디로 수도권 일극 중심의 발전체제로서는 우리나라의 희망이 없다는 것을 말한다. 그런데 수도권 일극체제의 일상생활 경험적 지표는 곧 수도권과 비수도권 사이의 부동산 값 차이와 다름 아니다. 최근 한 네티즌이 올린 수도권의 아파트 가격의 거품 현상은 실소를 금치 못할 지경이다. 서울 강남구의 비싼 아파트 한 채 값이 유럽의 성채나 저택 가격에 해당한다는 것이다. 아무튼 강남구 대치동의 32평 아파트 값이 11억 원이라는데, 대구는 1억 1천만 원 정도이니까 무려 10배에 달하는 값어치로서 지방에 사는 사람으로서 허탈감에 빠지지 않는 것이 오히려 다행한 일이다.

이처럼 부동산 가격 차이 하나만으로도 입증되듯이 우리나라 지방화의 현주소는 경제적 영역뿐만 아니라 다른 비경제적 부문에 이르기까지 수도권에 비해 상대적으로 열악한 정도가 과거보다 더 심한 지경에 처해 있다. 특히 정치영역에서의 지방화는 절대적 열세를 면치 못하고 있는데, 중앙정치의 판세에 따라 지역 정치인의 줄서기 현상은 더욱더 노골적인 양상으로 치닫고 있는 셈이다. 지역민의 민심을 살피기보다는 정당공천 그 자체에 눈치를 보는 것이 당락을 결정한다는 사실은 숨길 수 없는 대구경북 지역의 정치 현실이다.

우려되는 점 한 가지는, 유망한 대선 후보를 후원하려는 조직이 우리 지역 안에 자생적으로 생겨날 뿐만 아니라 그 주도적인 역할을 일부 대학교수 집단에서 자청해서 떠안기를 반기는 분위기가 형성되고 있는 상황이다. 더군다나 이러한 분위기 조성에 지역 언론의 보도 형태 역시 면죄부를 얻지 못하고 있는 점 또한 지적하지 않을 수 없다. 이러한 경향과 추세가 모두 중앙 정치권의 각축 양상과 중앙 언론의 기사 양태에 편승한 데에서 기인한 것이지만, 이런 현상 자체가 바로 진정한 지방화를 가로막는 것임은 더 말할 나위가 없다.

한 마디로 지역민의 정치사회의식은 해당 지역의 지방화 수준을 가늠하는 잣대라 할 수 있는데, 대구경북지역은 정치사회의식의 수준 정도는 다른 비수도권 지역과 크게 다르지 않지만 유형(pattern)에 있어서는 차별성을 지닌다고 본다. 이 글에서는 대구경북지역의 정치사회의식의 형성 배경과 과정을 간략히 짚어보고, 향후 바람직한 방향으로 전환해 가기 위해서 특별히 노력해야 할 점을 모색해보고자 한다. 지역혁신을 통한 진정한 지방화로 가기 위해서는 산업·기술적 투자나 재정적 자립보다도 더 중요한 자원이 정신적·문화적 자산임을 강조하면서 우리 지역의 대학과 언론의 역할에 주목해보고자 한다.

2. 대구경북지역의 정치사회의식 형성 배경

대구경북지역의 정치사회의식은 어느 날 갑자기 형성된 것이 아니다. 오늘날 정치사회의식의 특성은 과거로부터 이어져 내려온 정신문화적 토양을 살펴볼 적에 좀더 그 내부적 흐름과 근원적 속성을 이해하는 데 도움을 얻는다고 본다.

사실 대구경북의 정신문화는 크게는 영남 지역 또는 경상도라는 과거 행정구역과 분리해서 파악하기 힘들다. 왜냐하면 대구경북의 정신문화는 영남이라는 자연지형적 울타리와 경상도라는 행정 경계 안에서 싹터 온 것이기 때문이다.

영남이라는 용어는 고려 후기 이후 사용되었는데, 이것은 정식 행정구역 명칭은 아니다. 영남은 백두대간의 남부, 곧 지세 상 태백·소백·속리·덕유·지리 등의 태산과 죽령·조령·추풍령 등의 준령에 의해 경계 지어진 '영지남(嶺之南)'에 위치하여 우리나라의 다른 지역과 자연적으로 단절되어 있다. 따라서 자연스럽게 독특한 언어체계와 문화를 형성할 수 있었던 것이다.

이러한 영남 지역은 고려 충숙왕(忠肅王) 원년(1314년)에 이르러 경상도(慶尚道)라는 이름으로 행정구역 단위로 편성되었는데, 『신증동국여지승람』에 실린 경상도 전도(全圖)에 의거하면 17세기 말엽에 낙동강 본류와 지류를 중심으로 71개의 고을이 분지형태로 각기 독립적인 개별 지역공동체 단위를 형성하고 있음을 알 수 있다. 결국 분지 하나하나가 그 지역 주민의 자기완결적인 일상 생활권으로서 자급자족 체제를 갖춘 소세계 내지는 소우주였던 것이다. 그럼에도 경상도라는 하나의 문화권으로 동질성과 일체감을 유지할 수 있었던 것은 바로 낙동강이 이 고을들을 관류한 덕택이다. 비교컨대, 경기, 충청, 전라 등 다른 지역의 경우에는 두 개 이상의 큰 강이 서로 흐르는 길을 달리해서 바다로 향하고, 또 이 큰 강들은 두 개 이상의 도역을 거쳐 흐르고 있음에 반해 유독 낙동강은 경상도에서 출발해서 경상도 지역만을 가로 질러 바다로 향하고 있는 것이다.[1)]

그런데 경상도라는 이름 자체가 경주(慶州)와 상주(尙州)의 앞 글자를 취한 것임은 잘 알려진 사실이다. 오늘날 경주와 상주는 경북에 속하기 때문에 과거의 영남 지역과 경상도를 지칭한 것은 좁게 보아 오늘날의 경북 지역이라고 해도 무방할 줄 안다.[2)] 아무튼 대구경북이 지형적 속성으로나 행정적 위상 및 문화적 전통으로나 영남과 경상도의 중추 지역으로 간주되었던 것은 역사적 사실에 해당한다.

특히 경북은 협소한 분지들로 구성된 탓에 고을마다 재지 중소지주층을 중심으로 일가를 이루고 살았던 측면이 농후하다. 일반적으로 자기완결적

1) 이수건. 2004. 「경상도감영의 성립과 직제」. 『경상감영의 종합적 연구』. 경상북도・경북대학교영남문화연구원.

2) 대구가 경북과는 별도의 행정 단위로 독립한 것은 근대화 과정에서 직할시로 승격하면서부터이기 때문에, 전통사회에 대한 고찰에서 대구는 경북 도역(道域)에 포함되는 지역이다.

인 소세계의 중소지주층은 경제적으로 자립적이기 때문에 남한테 기죽거나 아쉬운 소리 못하는 기질을 가진다. 그리고 현지에 거주하는 토착 지배층이기 때문에 자기 지역에 대한 책임의식이 강한 특성을 지닌다.[3]

이와 같은 대구경북의 자연지형적 특성과 인문지리적 속성은 다른 지역과의 분절(分節)의식 또는 차별화 인식을 부끄럼 없이 받아들이는 성향을 낳은 셈이다.

참고로, 경기와 충청은 서울과 근접하여 부재지주인 재경(在京) 권세가의 영향력이 크게 미쳐서 마을 주민 독자적인 경제활동이 위축될 수밖에 없었고, 강원은 험준한 산악으로 인하여 큰 고을이 형성되기 어려울 뿐만 아니라 농경지의 협소함을 극복할 수 있는 개간 작업은 기계화 이전 단계에서 인력의 한계 때문에 실현이 무척 어려웠던 지역이었다. 그리고 호남은 넓은 평야 지대인 만큼 생산물이 풍부하여 구태여 개간이 필요하지 않았으며 간척과 같은 대규모 사업 역시 불필요했을 뿐 아니라 전근대사회에서는 기계화 장비의 미비로 엄두가 나지 않은 일이었다.

대조적으로 영남은, 그 중에서도 특히 대구경북 지역은 소규모 자영농이 다수를 이룬 덕에 자신의 노력만큼 소출을 얻을 수 있었으며, 좁은 토지를 확장하는 수단으로서 개간 작업과 수로보수 활동이 마을 주민의 생계유지에 필수적인 환경이었다. 그만큼 농기계 보급이 낮은 단계에서는 인력동원을 위한 협동 노력이 고을 단위에서 이루어지게 되면 그 성과의 공유에 대한 기대 수준도 높기 때문에 협업 형태의 활동이 자발적인 차원에서 전개될 개연성이 많았다고 할 수 있다. 이와 같은 대구경북 지역의 자연지리적 환경과 영농경제의 상대적 자율성이 근대화 과정

---

3) 이러한 자립성과 애향심은 타지역 사람들에 대해서는 배타적인 성향을 낳기도 하는 것이 전통사회의 일반적인 특징의 하나이다.

에서 중앙 통치권의 행정 및 정치 세력에 힘입어 새마을 운동을 배태할 수 있었던 정신문화의 토양을 제공한 셈이다.[4] 그리하여 우리나라 근대화의 기수 또는 산업화의 주역이라는 자부심을 갖기에 이르렀다.[5]

이러한 자부심을 이데올로기적 측면에서 동원된 자원이 바로 신라 정신문화였음은 주지의 사실이다. 화랑도를 강조하고 신라 천년고도 경주를 일종의 '성지순례식' 수학여행지로 삼고 삼국통일의 위업을 찬양하는 내용을 교과서에 담았던 것이다.

그러면서 자연스럽게 고개를 내민 것이 통일신라가 망한 이후 영남권은 계속 권좌의 변방에서 위치하였는데 비로소 근대화 과정에서 국가의 권력 중심부를 차지하게 된 것인 양 인식하는 경향이었다.[6] 지역민은 중앙의 통치세력집단에 속한 출향인사와의 인맥을 소중하게 받아들였을 뿐만 아니라 심지어 자기 자신과 동일시하여 일종의 대리 심리만족을 취하는 경향도 없지 않았던 것이다.

3. 대구경북지역 정치사회의식의 구조적 속성

대구경북지역의 정치사회의식은 고정불변의 것이 아니라 해방정국 이후만 살펴보더라도 많은 변화의 역정을 나타낸다. 10.1 사태가 발생할

---

4) 서수생(1989)과 문경현(1993) 참조.

5) 물론 오늘날처럼 교통과 통신 수단이 발달하여 시공간적 압축 현상과 더불어 인적·물적 교류가 활발한 시대에서는 과거와 같은 방식으로 지역문화가 자연지형적 속성에 영향을 크게 받는 경우는 드물다. 그렇기에 자연결정론적이거나 지리환원론적인 접근에서의 문화 분석은 더 이상 유용하지 않다고 할 수 있다.

6) 조선조의 경북 향촌사회가 사림을 중심으로 정권의 추이에 따라 부침현상을 가지면서 중앙정계로의 복귀를 마냥 희구하였던 점은 주보돈(2004)을 참조.

만큼 급진적이고 진보적인 성향에서부터, 이승만 정권 이후 5.16이전까지 전국 '제1 야당지역'이라는 자긍심도 한때 가졌었고, 3공 이후 6공까지는 정권창출의 본산지로서의 자부심마저 강하였다. 그래서 기득권층과의 유대감이 형성되면서 보수적인 성향을 자랑삼기도 하였던 것이다.

따라서 우리 지역은 시기적으로 교차하면서 우리나라 진보와 보수의 온상지로서 제 나름대로의 역할을 수행하였던 것이다. 바꿔 말하면, 우리 지역의 진보 진영이든지 보수 진영이든지간에 각각 과거의 '화려했던' 전통을 자기정체성 형성과정에서 소중한 밑바탕으로 삼아 왔다고 할 것이다.

그런데 우리 지역의 진보 진영과 보수 진영은 모두 과거의 찬란했던 유교문화의 전통 속에 면면히 이어온 선비정신의 적통자임을 자처하기를 주저하지 않기 때문에, 다른 지역에 비해 상대적으로 상호간에 타협이나 절충을 용납하지 않는 성향이 강하다. 또한 이(利)보다는 의(義)를 중시하기 때문에 실리를 챙기기보다는 명분에 집착하여 변신의 처세술에서 약한 면이 두드러진다.

이러한 우리 지역의 정치사회의식의 특성을 진보나 보수 할 것 없이 공통분모를 잡아 그 변모과정을 짚어내기 위해 이름을 붙인다면, '내 아니면 안 돼' 의식구조에서 '못 먹어도 고' 의식구조로 점차 변화해온 것으로 정리할 수 있다고 본다.[7)]

1) '내 아니면 안 돼' 의식구조

'내 아니면 안 돼' 의식구조는 외래 근대 제도가 정착해가는 초기

---

7) 이 부분은 홍철 외(2006) 해당 부분을 수정 전재하고 있음. 좀 더 자세한 내용은 필자의 졸고(2005) 참조요.

단계에서부터 우리 몸에 밴 것이다. 근대화와 산업화가 진행되면서 전통적인 사회질서는 와해되고 선거정치 제도와 시장경제 제도가 확산되었다. 이런 과정에서 기득권층들은 자신의 입지에 대한 불안감을 느끼게 된다. 과거에는 태어나면서부터 부여된 사회적 지위와 위신을 누려왔지만, 이제는 경쟁과 성취를 통해서 자신의 사회적 지위를 확보해야 하기 때문이다. 기득권층은 당연히 자신들이 가졌던 입지를 빼앗기지 않으려고 애쓰기 마련인데, 바로 이 시점에서 '내 아니면 안 돼'라는 의식이 등장하게 된 것이다.

이 시기 정치지망생들은 선거 때마다 자신의 치적자랑에 열을 올리는 유세방식을 취하면서 자기가 아니면 지역발전을 도모할 수 없다는 점을 내세우곤 하였다. 심지어 이 의식이 지배하던 시기는 이른바 '민주화운동'조차도 일부 명사들 위주로 명맥을 이어가는 특징을 갖고 있었다. 이처럼 사회지도층이 저마다 관련 활동과정에서 '내 아니면 안돼'라는 식으로 치열하게 대립하면서 일반인들도 서서히 이를 닮아가게 된 것은 아닐까 싶다.

'내 아니면 안 돼' 의식구조의 특징은 자기중심성과 강한 자존심이다. 대구경북 사람들은 우리나라 근대화와 산업화의 주역 가운데 지역 출신들이 많다는 사실에 자부심을 갖고 있을 뿐만 아니라 나아가서는 중앙무대에서 활약하는 출향 인사들과의 연분을 과시하는 성향마저 갖게 된 것이다. 이른바 '소중앙의식'은 이러한 현상과 깊은 연관성이 있으며, 서울이 아닌 다른 지방 사람들에 대해서 괜한 우월감을 갖고 으스대는 점이 그것이다.

그런데 자기중심성과 자존심이 강한 사람들은 다른 사람들과 의사소통하기가 쉽지 않다. 더구나 실력과 노력이 뒷받침 되지 않은 상태에서 자존심만 내세우는 사람은 독불장군식의 처신마저 마다 않는다. 심지어 자신이 불리한 경우에는 상대방을 비방하고 무고하는 행위까지 하게 된다. 과거 우리 지역에서 실력자라고 행사한 사람들 가운데 일부는 자기 자신의 능력을 내세우기보다는 중앙무대에서 잘나가는 친인척의 성공에 기대거나 그 인맥을 소중하게 생각하는 경향이 있었는데, 이들이 가진 정체성이 바로 '내 아니면 안 돼'라는 의식이라고 진단할 수 있다.

이제는 세상이 나날이 발전하기 때문에 더 이상 한 사람이 여러 분야에서 전문가 행세를 할 수 없는 시대이다. 그럼에도 불구하고 '내 아니면 안 돼'라는 의식에 사로잡힌 사람들은 지역사회의 중요 행사마다 최고 상석의 대접을 바라고, 그런 기대에 어긋나면 '감히 내가 누군데 이런 푸대접을 하나, 어디 잘 되나 보자'는 식으로 생각하는 것 같다. 그리하여 자기이익과 직접적인 관계가 없을 경우는 방관자적인 태도를 취하고 간접적으로나마 이해관계가 걸린 사안에 대해서는 훼방을 놓으려는 경향이 있다.[8] 이런 의식구조 속에는 지역의 내생적 발전을 위한 혁신주체 간의 네트워크 구축과 파트너십 형성 같은 얘기가 비집고 들어갈 틈이 없는 것이다.

2) '못 먹어도 고' 의식구조

근대화와 산업화가 어느 정도 성공을 거둔 1990년대에 들어서면서,

8) '내 아니면 안 돼'라는 의식구조에 사로잡힌 사람은, 여러 이해관계를 조정하고 조율하는 능력이 부족할뿐더러 공동의 노력을 전개하는 팀웍(teamwork)에 대한 부정적인 태도를 노정하기 쉽다. 그래서 공동의 일을 건설적으로 이루어내는 능력을 발휘하기보다는 일이 되지 않도록 하기 위해 흠집 내는 데 능란한 셈이다.

우리 지역은 이른바 'TK 정서'가 생겨났다. 지역출신 정치인의 몰락과 지역 주력 기업체의 와해 등 정치·경제적 상황의 악화가 지역 표심을 통해 결집된 양상이 나타났던 것이다. 한때나마 과거의 업적과 성취를 바탕으로 독점적 위치를 차지하던 기득권층은 경쟁자들이 자기를 추월하는 꼴을 손 놓고 그냥 보고 있지 못한다. 기존의 입지 위에 무리한 투자 확장을 해서라도 자신의 기득권을 유지시키려는 성향을 드러내는 것이다. 이러한 성향을 이름 지어 '못 먹어도 고' 의식구조라 할 수 있다.

'못 먹어도 고' 의식구조는 자기 과시와 자기 과신이 혼합된 것으로, 다른 선택들을 의도적으로 배척하고 미래 지향적인 대안모색을 회피하려는 태도를 낳기 싶다. 성공확률이 결코 높지 않음에도 불구하고 자존심상 기왕에 내친걸음을 되돌릴 수 없어서 끝장나는 데까지 한 번 가보자는 심리적 경향이기도 하다. 그런데 '못 먹어도 고' 의식은 '벼랑 끝 심리'처럼 자포자기의 정신적 공황 상태는 아니다. 다시 말해서 '너 죽고 나 죽자'는 식으로 다른 상대방도 자신과 더불어 동반 퇴장할 것을 위협하는 것과는 다르다. 그보다는 자기 기반을 믿고 그것을 확대하려는 욕심이 강할 따름이다. 오히려 소신과 철학을 갖고 끈질기게 승부를 거는 근성을 엿보게 할 때에는 다른 사람들에게 막연하나마 어느 정도 기대감을 들게 하기 때문에, 이런 점에서 건설적인 면도 없지 않다. 다만 문제가 되는 것은 자기 성찰과 결단 없이 남들 따라서 끝까지 한 번 가보자는 경우인데 진정한 자기 책임성이 결여됨으로써 자신을 포함해서 관련 이해당사자 모두에게 결국 큰 손해를 입히기 때문이다.

아무튼 '못 먹어도 고' 의식으로는 새로운 변화를 인식하고 적응해 가는 일이 만만치 않다. 여태까지 쌓아온 것에 대한 믿음과 자기 성취에 대한 자부심이 너무 강하기 때문이다. 또한 명분을 중시하는 대신 실속을 챙기는 데에 소홀하게 되는 것이다. 이런 정체성은 배타적이고 폐쇄적인 성향으로 치달아 타 지역과 외지인들로부터 우리 자신을 서서히 고립시키는 누에고치화 현상을 낳을 수도 있다.

한 마디로, 우리 지역의 진보 진영이나 보수 진영이나 다 같이 과거의 찬란한 전통과 현재의 초라한 신세라는 '인지적 부조화(cognitive dissonance)'에다가, 다른 지역민들이 우리 지역의 국가적 기여를 폄하할 뿐만 아니라 과거사 자체를 왜곡하거나 부정한다는 '굴욕감(humiliation)'을 동시에 겪고 있는 상황이라고 진단할 수 있다. 그래서 어떻게 해서든지 중앙정치무대에서의 화려한 스포트라이트를 다시 받을 날을 학수고대하면서, 곧 '부활의 그날'을 위해 보수 진영은 보수 진영대로 진보 진영은 진보 진영대로 '따로국밥'을 차려 놓은 채 중앙정치인을 대접하려고 애쓰는 모양새이다.

4. 바람직한 지방화를 위해 필요한 정치사회의식

1) 바람직한 지방화의 의미

돌이켜 보면, 과연 '어떤 것이 바람직한 지방화인가'하는 문제 자체가 지역담론의 주요 의제로 일찍 주목받았어야 마땅하다. 그런데 우리 지역에서는 아직까지 '바람직한 지방화'에 관한 합의를 제대로 이루지 못한 상태인 것 같다. 그런즉 이러한 담론 형성에 조금이라도 보탬이 되었으면 하는 바람에서 여기서 간단하게나마 '바람직한 지방화가 무엇인가'하는 화두를 던지고자 한다.

바람직한 지방화의 핵심적인 내용은 크게 두 가지로 나누어 볼 수 있는데, 하나는 지역의 세계화(globalization of the local)이고 다른 하나는 주민의 세력화(empowerment of the inhabitant)이다.[9)]

지역의 세계화는 흔히 하는 얘기로 '가장 지방적인 것이 가장 세계적이다'라는 것과 의미상 연관성이 크다. 지역의 세계화란, 어느 지역이 일방적으로 세계화를 당하는 것이 아니라 그 지역의 고유성을 범세계적인 차원의 보편적 가치로 승화시킴을 의미한다. 흔히 문화적 차원에서 세계화라는 의미를 미국적 문화제국주의가 확산되는 것이라고 받아들이는데, 지역의 세계화 개념은 오히려 세계화가 진행될수록 하나의 문화로 통합되기보다는 문화적 다양성이 새로운 차원에서 전개되는 현상으로 이해하는 것이 타당하다는 입장을 내포한다. 이는 정보통신기술의 발달로 인해서 인터넷 사용이 보편화됨에 따라 온라인 사이버 상에서는 업로딩(uploading) 현상이 확산 추세에 있음을 주목한 것이다. 그런 만큼 지구 어느 편에 있든지 간에 그리고 잘사는 사람이든지 못사는 사람이든지 불문하고, 인터넷 접속자들은 문화를 일방적으로 수용하는 것이 아니라 누구라도 문화의 생산주체가 될 수 있는 상황이다. 달리 말하면, 업로딩 현상이 보편화되어간다는 것은 특수화(particularization)의 힘이 동질화(homogenization)의 힘 못지않게 증대해감을 의미한다.[10)] 바로 지역의 특수성과 지방의 고유성이 적어도 가상세계 속에서는 점점 더 확

9) 'the local'은 우리말로 지역 또는 지방으로 옮길 수 있다. 이글에서는 큰 구별 두지 않고 사용하고자 한다. 그리고 여기서 주민을 'the inhabitant'로 한 것은 단순하게 특정 지역에 주거하는 사람만을 지칭하는 것이 아니라 궁극적으로 한 지역에 거주하는 다른 토착 생명체(곧 동물과 식물까지)를 포괄하는 것으로 보아야 할 것이다. 사람만이 아닌, 특정지역에 거주하는 모든 생명체의 세력화라는 의미는 지속가능한 친환경적인 생태계를 획정(劃定)한다는 좀더 심오한 철학적 함의를 내포하고 있기 때문이다.

10) Thomas L. Friedman(2006) 참조.

산될 가능성이 높은 것이다. 사실 따지고 보면, 우리가 미국문화라고 지칭해온 것도 고유의 원조(元祖) 미국산(産)이라기보다는 미국의 자본과 기술에 의해서 가공된 문화라고 보는 것이 더 적절하다. 그런 만큼 미국문화라는 것은 상업성을 지닌 문화의 대명사로 받아들여야 옳다. 이를 미국 태생의 전통문화가 일방적으로 다른 문화를 배제하거나 지배하는 형태의 문화제국주의로 받아들이는 것은 일종의 자문화 중심주의적인 이해방식이다.

실제로 세계화는 개별적 작업과 지식과 여흥을 다양한 형태와 방식으로 공유하도록 하는 공동의 장을 확산시키고 있다. 이렇게 보면 바람직한 지방화는 문화의 순수성을 고집하면서 폐쇄적인 장벽을 쌓아올리는 것이 아니라, 좀더 적극적이고 진취적으로 자신의 고유한 문화를 세계로 향해 활짝 열어 제공하는 일이라고 할 것이다. 곧 다양한 문화의 장에서 자신의 문화가 참여권을 획득하도록 하는 일이다. 비유적으로 표현하면, 상업성이나 인류보편성이라는 코드(cord)를 통하되 문화적 기호(code)라고 하는 프로토콜을 자신의 신호체계에 맞춰 교류 가능하도록 하는 것이 지역의 세계화라고 할 것이다.[11)]

바람직한 지방화의 또 다른 내용은 주민의 세력화인데, 이는 그 지역에 거주하는 사람들이 자기의 운명과 해당 지역공동체의 진로에 대해 의사결정권을 갖는 것이다. 주민의 세력화는 좀더 구체적으로 주민의 혁신주체화를 의미한다고 본다. 혁신은 환경변화에 대해 끊임없이 적응해가는 조절기능이라고 뜻한다고 보며, 여기서 주체의 의미는 변화에 수동적으로 이끌려가는 것이 아니라 자기 자신(의 이해관계)에 무게중심을 두고

11) 앙코르와트에서 경주문화엑스포를 개최한 것은 이런 의미에서 재조명이 필요하다.

그 방향으로 변화를 능동적으로 추동해가는 측면을 가리킨다.

따라서 주민을 세력화한다거나 혁신주체로 자리매김한다는 것은, 자신의 삶이나 지역사회의 발전을 다른 지역의 사람이나 이해관계에 따라 일방적으로 때로는 강압적으로 영향을 받는 것이 아니라 자신의 문제와 지역의 현안을 스스로 진단하고 처방하는 역량을 갖추는 일이다. 주민의 세력화를 그저 단순하게 해당 지자체의 재정적인 자립도를 높이는 일이나 또는 인력과 투자자본 등 외부의 자원을 유인할 수 있는 매력을 많이 갖추는 일에 국한지어 받아들여서는 곤란하다고 본다. 왜냐하면 어느 정도의 자립도가 충분한 것인지 그리고 얼마만큼의 유인기제를 갖추어야 좋은 것인지에 대한 판단은 제각기 다르기 때문이다. 따라서 이러한 기능적 차원에서 지방화의 수준을 가늠하는 방식으로부터 이제는 탈피하는 것이 좋을 성싶다. 아무튼 주민의 세력화 현상이 지역 현실에서 구체적인 모습으로 드러낸 것을 학자에 따라서는 '지역 거버넌스(governance) 형성'이라는 명칭을 붙이기도 한다.

2) 요청되는 정치사회의식

마뉴엘 카스텔스(Manuel Castells)는 정체성을 세 가지로 범주화하여 규정한 바 있다. 정당화 정체성, 저항적 정체성, 기획적 정체성이 그것이다.[12] 정당화 정체성은 한 사회의 지배적인 위치에 있는 기구가 소속원들에게 자신의 지배를 확장하고 합리화하는 정체성을 말한다. 우리 지역사회에서는 과거 독재정권 유지와 이해관계를 같이 했던 지배층 대부분이 갖는 정체성이다. 반면에, 저항적 정체성은 지배논리에 의해 낙인

12) Manuel Castells(1995).

찍힌 상황을 경험했거나 가치박탈의 지위에 처해 있던 행위자들에 의해서 생겨난 것이다. 우리 지역사회에서는 과거 독재정권에 맞서 치열한 투쟁을 일삼은 운동권 세력이 갖는 정체성이 이에 해당한다.

이렇게 보면 정당화 정체성을 갖는 사람과 저항적 정체성을 갖는 사람들은 서로 보수 세력과 진보 진영으로 나뉘어져서 서로 반목하고 불신하기 마련이다. 한 지역사회의 정체성이 이처럼 대립해서는 문제를 해결하기가 어렵다.

그래서 요구되는 것이 제3의 정체성 바로 기획적 정체성이다. 이것은 탈현대사회의 참여시민들로부터 기대할 수 있는 정체성으로 '사용할 수 있는 어떤 문화적 재료라도 활용 하겠다'는 의지를 갖고 문제 해결을 위해 적극적으로 나서는 특징이 있다. 그래서 자신의 삶의 의미도 찾고 사회문제를 해결하겠다는 의지도 갖게 된다.

대구경북지역민들에게 요청되는 정치사회의식은 이러한 기획적 정체성에 가깝다고 할 수 있다. 이는 좀더 일상적인 표현을 빌리면, '우리가 남이가'라는 의식구조이다. 주지하듯이, 90년대 초 우리나라 정치사적 경험 때문에 이 말이 반드시 좋게 받아들여지지 않는 것도 사실이다. 그렇지만 '우리가 남이가' 의식구조를 냉정하게 해부해 보면, 서로의 기반을 인정하면서 이해 당사자들 각자에게 유리한 방향으로 밀고 당기는 태도를 담고 있다. 합리적인 투자를 하여 높은 효과를 거두어야 하는 시점에서는 적극 요청되는 '포용적 자주정신'이라고 할 수 있다.

우리는 무한 경쟁 시대에 살고 있음을 인식한 지 오래다. 이런 시대에서 살아남으려면 저비용 고효율의 시스템을 갖추어야 한다. 자칫 무리한 투자확충이나 과도한 출혈 경쟁을 하다가는 자멸을 초래할 수 있다. 그래서 기업체를 비롯한 많은 조직들이 구조조정을 통하여 내부 혁신을 할 뿐만 아니라 한 때 경쟁관계였던 조직체와의 파트너십을 형성하기 위해 전략적 제휴를 한다든지 아니면 더 적극적으로 합병·통합하는 일도 마다하지 않는 상황에 이르렀다. 무한경쟁의 파고를 헤쳐가야 하는 상황에서는, 한 때 적대시한 이들과도 협력하고 상생하지 않을 수 없기 때문에 자기중심을 지키되 상대방을 적절히 당겨주고 밀어주면서 함께 크려는 시도가 절실히 필요한 것이다. 이런 까닭에 오늘날 하이브리드(hybrid), 퓨전(fusion), 컨버전스(convergence)와 같은 용어가 분야를 막론하고 매력을 더하고 있는 실정이다.

이러한 배경 속에서 '우리가 남이가'라는 의식구조를 정치적 때가 묻었다 해서 내동댕이친다면, 이는 더러워진 목욕물을 버린다고 하면서 통속의 아이까지 내다버리는 우를 범하는 것과 다를 바 없다.[13)]

'우리가 남이가'라는 의식구조에 생명력을 불어넣기 위해서 다음과 같은 정치사회의식을 진작시켜갈 것을 제안해볼 수 있다.

첫째는 지역사회 안의 보수 세력과 진보 진영이 서로 남이 아님을 전제로 하고 파트너십을 형성하는 일이다. 따지고 보면, 한 두 다리만 건너면 친인척이고 동창관계인데도 중앙정치 구도에 따라 지역인물들의 편가름으로 인해 상호간에 소모적인 논쟁을 넘어 대립과 반목, 불신이 우리 지역에 자리 잡고 있는 실정이다. 힘을 합쳐도 모자라는 판에 이런 상황으로서는 지역혁신은 공염불이다. 이념적인 잣대나 맹목적인 이권

---

13) 대구경북사람들이 중시해온 '선비정신'에 집착하게 되면, 절개와 의리 때문에 한 때의 동지보다도 과거의 적과 더 가까이 친해진다는 것은 배신적 행위로써 금기시되는 것으로 이해할 수 있다. 하지만 '선비'로부터 배워야 할 또 다른 측면은 대의를 위해서 소의(少義)와 사리(私利)를 절제하는 미덕이다. 선비의 유학적 이상형인 군자(君子)는 이른바 '당파성'을 초월하는 '큰 그릇'이 되는 길이야말로 궁극적으로 백성을 위한 지름길임을 잊지 않았다고 할 것이다.

에 휘둘리기보다는 공생하는 지혜와 협력하는 자세가 요청된다. 지역사회의 지도층 사이에 노블레스 오블리쥬가 절실히 필요한 시점이다.

둘째는 대구와 경북이 문화권에서나 생활권에서 서로 남이 아님을 끊임없이 확인해가는 일이다. 다행히 대구경북경제통합에 관한 여론이 팽배하고 실현가능한 정책 개발과 시행을 위한 제도적 장치를 마련해가는 중이다. '경제 살리기'에만 국한되지 않고 하나의 생활문화권으로 통합해가는 노력이 필요하다. 그리하여 세계화시대에서 지역문화의 전통성과 고유성이 현대인에게 대안적인 삶의 양식을 제공할 수 있을 만큼 보편적인 가치와 규범을 형성해가기를 기대하는 것이다.

셋째는 대구경북과 부산경남이 서로 남이 아니라는 인식 아래 초광역권 지역발전에 힘을 쏟아야 할 것이다. 영남 또는 경상도라는 동일한 정체성 뿌리를 갖는 것도 바람직할 뿐만 아니라 세계시장을 상대로 하는 하나의 경제공동체로서 경쟁력을 확보하는 일은 국가 차원에서도 추구해야 할 정책 방향이다. 그리고 하나의 생활권으로서 생태환경적인 측면에서 공조체제를 구축하는 일도 소홀히 할 수 없을 것이다.

넷째는 영남과 호남이 서로 남이 아님을 투표행위로써 증명해가야 할 것이다. 만국적인 지역감정과 대립을 극복하지 못하고 선거철마다 특정 정당에게 쏠리는 현상은 국가 대계를 위해서 청산해야 할 문제이다. 이는 양 지역민들이 모두 중앙정치판도에 따라 지역의 발전과 자신의 운명이 달려 있다는 인식에서 벗어나지 못한 데에서 기인한다. 진정한 지방분권과 지방자치 그리고 균형발전을 실현하기 위해서는 양 지역의 혁신은 필수적이다. 상호 경쟁관계가 아니라 오히려 중앙권력집중화 및 수도권 비대화에 따른 공동 피해자로서 이 문제를 대응해갈 수 있는 유일한 협력자로서 인식하는 것은 당연한 일이다.

다섯째는 구시대적인 이데올로기를 극복하여 남한과 북한이 서로 남이 아닌 하나의 민족국가임을 만천하에 알리는 일이다. 현 단계에서는 극복하기 힘든 것이 사실이지만 지난 20년 전에 비해서 남북한 관계는 엄청 개선된 것임을 감안할 때, 앞으로 또 20년이 지나면 상황이 지금에서는 상상이 가지 않을 만큼 진전될 것으로 믿는다. 삼국통일을 이룩하였던 신라인들의 포용적 자주정신을 본받아서 우리 대구경북인들이 남북한 통합에 기여할 바가 크다고 할 것이다.

여섯째는 우리나라 사람과 외국인 근로자 및 결혼 이주 여성이 서로 남이 아니고 똑같은 인간임을 생활실천을 통해서 보여주는 일이다. 피부색과 말이 다르다고 해서 멸시하거나 천대하는 일은 세계화시대에서는 용인할 수 없는 미개한 짓임은 새삼 강조할 필요가 없다. 인종적 차이를 이해하고 문화적 다양성을 수용하는 태도를 길러가야 마땅하다.

마지막으로 우리 한국인과 세계 전역의 소외계층 밑 재난 피해자가 서로 남이 아님을 각종 봉사구호 활동에 적극 참여함으로써 민간외교를 선도해가는 일이다. 각종 자연적 재해뿐만 아니라 위험사회의 도래와 더불어 인류사회는 생태공동체로서의 유기적 연관성이 더 한층 강화된 특징을 지닌다. 시공간적 압축 현상으로 인해 지구촌 어느 한 곳에서 발생한 위기 징후는 결코 '강 건너 불구경'하듯이 넘길 수 있는 사안이 더 이상 아닌 것이다.

이와 같이 대구경북지역민들이 인류사회의 보편적 가치를 지키고 높이는 노력을 할 때 그것은 결과적으로 남을 위한 일만이 아니고 바로 우리 자신을 위하는 일이 될 줄 안다. 그러므로 포용적 자주정신은 세계화시대에서 지역생존을 위해 필수불가결한 시대정신이라 믿는다. 지역의 세계화, 주민의 세력화는 이러한 포용적 자주정신을 바탕으로 추진

가능한 것이다.

5. 전환을 위한 지역 거버넌스 형성 모색과 제안

위에서 제시한 바람직한 지방화를 실현시키기 위해 요청되는 정치사회의식은 세계화시대에서는 하나의 상식으로 받아들여질 수 있는 것이다. 하지만 현실은 이러한 상식이 통하지 않고 있다. 오히려 시대착오적인 정치사회의식에 현혹되어 있는 듯한 인상을 사회지도층의 도덕적 해이로부터 엿볼 수 있다. 이런 까닭에 우리 주민들의 혁신주체화를 통하여 지역사회의 거버넌스를 형성하는 일이 중차대하다고 할 것이며 또한 주민들로 하여금 혁신주체화하기 위해서는 우리 지역의 대학과 언론이 수행하여야 할 역할에 주목하지 않을 수 없는 것이다. 이는 의식혁신으로부터 지역혁신의 출발점을 삼는다는 얘기이며, 주민의 의식혁신을 통한 지역혁신은 결국 교육계와 언론계가 앞장서야 가능한 일이기 때문이다. 간단히 말해, 요청되는 정치사회의식을 학생들한테 학교에서 배우게 하고 언론은 일반인들에 그것을 알려주어야 한다는 것이다.

1) 지역 거버넌스 형성의 중요성

토마스 프리드만(Thomas L. Friedman)에 따르면, 세계화시대에서 개별 국가들은 각종 개혁 정책을 추진해왔는데 이들 개혁 정책의 내용을 크게 범주화하여 도매 개혁(reform wholesale)과 소매 개혁(reform retail)으로 나눌 수 있다.[14] 도매 개혁은 거시경제적 측면에서 시도하는 각종 개발

14) Thomas L. Friedman(2006).

정책이 해당된다. 외자를 유치하고 사회적 인프라를 확충하고 외환거래 규제 및 보호관세를 시행하는 것 등이다. 이러한 거시경제적 정책에 따른 도매 개혁은 후진국이 개발도상국가로 이행하는 과정에서 큰 효과를 보게 한 것이다. 그런데 선진국처럼 지식기반경제사회로의 진입은 이러한 도매 개혁만으로는 가능하지 않고 소매 개혁을 통해서 이루어진다고 본다. 소매 개혁은 좀더 미시경제정책에 가까운데 내부혁신을 통한 기술개발, 고급두뇌활동에 적합한 창의적인 인재 양성, 보상체계에 대한 합의 등과 같은 것이다. 사회학적인 용어로 표현하자면, 생활세계의 혁신이야말로 소매 개혁의 대표적인 예이다.

이런 분류를 차용하면, 지금까지 참여정부가 시도하려고 했던 지방분권과 지역혁신, 그리고 국가균형발전의 구체적 내용은 소매 급 수준의 개혁을 지향하고 있으나, 중앙관료의 경직성과 정책참모진의 아마추어리즘으로 인해서 추진방식과 형태는 도매 급 수준의 개혁처럼 행해진 것으로 분석할 수 있다. 진정 의도했던 바와 같은 소매 개혁을 지역사회에 구현해내는 일이 앞으로의 과제라고 할 것이다.

지역사회 차원에서 소매 개혁의 핵심이 바로 새로운 지역 거버넌스 형성이다. 이른바 지역혁신체제의 구축에서 새로운 지역 거버넌스가 형성되지 않으면, 지방분권과 지방자치는 오히려 기득권층인 토호세력의 권한 신장과 재원 확대를 통해 기존의 토착비리를 온존시키거나 더 강화시킬 개연성을 원천적으로 배제하지 못하는 것이다. 결국 지역혁신 자체가 공염불로 그치고 만다.

지역혁신협의회는 참여정부가 새로운 지역 거버넌스를 형성하기 위한 제도적 장치로서 설립된 것이다. 그런데 법제화하는 과정에서 지방자치단체장이 추천하는 인사들로 구성하도록 함으로써 결국 과거처럼 관변

인사 위주의 위원회와 크게 다르지 않은 모양새가 되어버린 것이다. 대구경북지역혁신협의회는 다른 지역에 비해 분권혁신운동에 참여한 인사들이 처음부터 다수 참여한 것이 다행한 사실이지만, 새로운 지역 거버넌스의 위상을 정립하는 데는 아직까지 미흡한 것도 현실이다.

2) 새로운 지역 거버넌스 형성을 위한 제안

문자 그대로 진정한 지방자치가 되려면, 제도적·재정적 독립보다도 더 중요한 것이 정신적·문화적 독립이라고 본다. 정신적·문화적 독립이 선행되어야 중앙종속적인 패러다임에서 벗어나서 지역 중심적이고 지방위주의 패러다임이 비로소 힘을 발휘할 수 있다.

따라서 참여정부의 실책은 정신적·문화적 독립을 위한 생활세계의 혁신보다는 새로운 제도적 장치 마련과 재정적 지원방식의 변화를 우선과제로 삼은 데서 비롯된 것임을 알 수 있다.

정신적·문화적 독립은 신성장동력산업 육성이라든지 신활력산업 지원과 같은 기술적 차원에서 새로운 투자를 많이 한다고 해서 자연발생적으로 이루어지는 것이 결코 아닌 줄 안다. 생활세계의 혁신을 위한 특별한 지적 활동의 소산으로서 등장할 수 있는 것이 바로 정신적·문화적 독립이기 때문이다. 지역사회에서 이러한 생활세계의 혁신을 위한 지적활동의 중추 집단을 든다면 대학과 언론과 NGO를 들 수 있다. 특히 대학과 언론은 지역사회 안에서 지식산업의 경쟁자처럼 구실하는 경우가 허다하기 때문에, 아래에서는 주로 이 두 집단의 자기성찰이 긴요하다는 데 논의의 초점을 맞추고자 한다. 요컨대 지방 대학과 지방 언론은 중앙중심적 패러다임을 재생산해온 주역이라는 자기반성이 필요하다는 것이며 앞으로 우리 지역사회의 생활세계 혁신을 위해서 상호간에 지적 활동의 파트너 관계라는 자기인식이 필요하다는 것이다.

안타깝게도 지방 언론종사자와 지방 대학교수 사이에는 상호 실력을 인정하고 신뢰하는 분위기가 조성되어 있지 않은 듯하다. 기자들은 대학교수들이란 이론에 매몰되어 현실을 모르는 얘기를 하는 집단으로 치부하고 반면에 대학교수들은 기자들이란 전체 맥락을 모르고 한건주의에 집착하여 지엽적인 문제를 침소봉대하는 성향이 강하다는 인식을 하는 편이다. 한 마디로 상호 지식전문가로서의 존중심이 아쉬운 실정이다. 함께 고민하고 더불어 역량을 키워가는 협력체제가 필요한 것이다.

지방 언론은 수도권 중심의 중앙 시각이 아닌 지역 중심의 시각에서 보도 기사를 작성해야 마땅함에도 현실에서는 그렇지 못한 경우가 비일비재하다. 이런 점에서 대표적인 잘못된 사례는 지역 고교생으로 하여금 수도권 소재 대학으로 진학할 것을 은근히 권장하는 보도를 들 수 있다. 우리 지역의 지자체들이 출연금을 내어 지역 소재 대학에다가 향토관(기숙사)을 건립한 일보다도 출향인사들과 지역기업체가 주도하여 서울에다가 학사를 건립한 일을 더 크게 그리고 더 자랑스럽게 보도하는 것이 그 구체적인 예이다. 예를 한 가지 더 든다면, 대학교수 집단의 인브리딩 문제를 거론하면서 중앙 언론에서 보도한 그대로 우리 지역의 특정 대학을 그 대표적인 사례로 비판한 것을 포함시킬 수 있다.

바람직한 보도 방향에 대해 한두 가지 제안을 해보면, 지방 언론의 톱뉴스는 지역현안에 초점을 맞추는 일이다. 예컨대 지역 신문의 제1면 기사에는 현안 문제와 관련된 지역 지도자들의 동태를 비중 있게 다루는 것이 필요하다. 따라서 중앙 정치인에 관한 보도는 2면이나 3면으로 옮기는 것이 좋을 성싶다. 적어도 지역 기초 의원들의 의정활동을 국회의원을 비롯한 중앙 정치인의 활동보다도 더 비중 있게 다루어 줄 때, 지역 정치인의 중앙 정치인에 대한 줄서기 현상을 누그러뜨릴 수 있는 길을 여는 것이다. 그리고 지방 언론은 해당 지역의 새로운 거버넌스 형성에 지대한 관심을 갖고서 NGO 활동과 대학문화의 혁신에 주목할 것을 주문하고 싶다. 개인적인 경험에서 지역 언론은 NGO 활동과 관련한 보도에 너무 인색한 감이 없지 않다고 감히 말할 수 있다. 여전히 우리 지역 언론은 NGO가 시민들과 동떨어져서 존재하는 하나의 섬처럼, 그것도 무인도인 양 외면하고 싶은 것은 아닌지 모르겠다는 의구심마저 드는 것이다.

마지막으로, 그렇지만 아주 중요한 것인데, 지방 대학의 역할에 대해서 자기 성찰적 고백이 필요하다고 본다. 우리나라 지방 대학들은 해당 지역사회의 문제에 대하여 연구와 교육 그리고 봉사를 소홀히 해왔다. 그 가운데 지방 대학의 역사가 비교적 긴 우리 대구경북지역의 대학들이 그 정도 면에서 심하다는 자평을 내려도 지나친 표현은 아닐 성싶다.

인문사회계열은 지역사회의 현안 문제에 대하여 많은 연구를 하지 않았고, 학생 교육에 있어서도 지역사회 관련 교과목 개발이나 교육내용이 빈약한 실태이다. 그리고 이공계열 역시 지역 기업의 눈높이에 맞춘 인력을 양성하는 데 소홀하였고 또한 교수 개인의 연구 실적을 위한 실험에 더 많은 관심을 쏟아온 경향이 강한 편이었다. 최근 들어 산학협동이 강조되면서 이러한 경향이 극복되어가는 추세인 것은 다행한 일이지만 그래도 내부 혁신을 통해서 공급자 중심의, 즉 교수 중심의 교과과정보다는 수요자 중심의 연구와 교육이 적극 도입될 필요가 있다.

대학에서 연구된 기술이나 배운 지식을 지역사회에 환원한다는 원칙 아래 대학을 재편하고 혁신하는 것이 우리 지역을 세계화하는 데 핵심 과제이다. 사실 미국이 세계 최고의 과학기술 대국으로 등장하면서 국부를 축적하게 된 것은 미국의 '지방' 대학들이 비약적으로 발전하기 시작한 시기와 맞물려 있다. 알란 파우(Alan Paau)[15]는 "사회에 환원하지 않는 대학의 지식은 진정한 의미에서 살아 있는 지식이라고 할 수 없다"면서, 미국의 유명한 공대들 대부분은 지역사회와 밀접한 관계를 맺으면서 성공했음을 강조한다. 스탠포드 대학이나 캘리포니아의 칼텍(Caltech), 메사추세츠의 MIT 등 미국의 유명한 공과 대학들이 모두 지역사회에 기반을 두고 있는 것이다. 결국 지방 대학의 특성화라는 것은 해당 지역사회에 필요한 연구기술개발과 인력양성교육임을 새삼 강조할 필요가 없을 것이다.

이공계열 못지않게 지역 대학의 인문사회계열 대학생들 역시 지역 문제로부터 학문의 시발점과 적실성을 찾아야 할 때이다. 지역 사회의 NGO 활동에 깊은 관심을 갖는 일은 이러한 문제의식을 형성하고 착근하는 지름길이라고 본다. 그리고 대학생의 문화를 주변 문화나 여러 하위문화의 하나로만 자리 매김하기보다는 지역 문화를 선도하는 창달 문화로 탈바꿈하는 데 노력을 기울여야 할 것이다. 이는 어려운 작업이라고 생각들 지 모르지만 대학축제를 각 전공 학문 활동의 연장선에서 만들어가면서 이러한 대학 축제가 점차 지역민과 함께 하는 지역 사회의 축제로 승화시켜갈 수 있는 일이라고 본다.

15) 미국 캘리포니아 샌디에고 대학의 기술이전센터소장.

지방 대학이 지역 대학답고, 지방 언론이 지역 언론답도록 대학과 언론은 상호 격려와 견제를 역동적으로 형성해가기를 기대한다. 이는 대학 집단과 언론 집단이 우리 지역의 거버넌스 형성에 중요한 주체인 만큼 그 역할 못지않게 그 사회적 책무도 엄청 크다는 점을 강조하는 것과 다름 아니다.

참고문헌

김규원. 2005. 「대구경북 지역정서의 대안적 이해」. 『대경포럼』 겨울호. 대구경북연구원.

문경현. 1993. 『경북의 얼』. 경상북도.

서수생. 1989. 『민족정기와 새마을정신』. 경상북도.

이수건. 2004. 「경상도감영의 성립과 직제」. 『경상감영의 종합적 연구』. 경상북도·경북대 영남문화연구원.

주보돈. 2004. 「경북여성사 정립을 위한 제언」. 『경북여성사: 경북여성의 삶의 원형을 찾아서』. 경북여성정책개발원.

홍철·김규원·석민·이상용·박경·박민규. 2006. 『진짜 대구를 말해줘』. 홍익포럼.

Castells, Manuel. 2003. The Power of Identity. *(The Information Age: Economy, Society and Culture, Volume II)*. Oxford: Blackwell.

Friedman, Thomas L. 2006. *The World Is Flat: A Brief History of the Twenty-First Century*. Updated and Expanded Edition. New York: Farrar, Straus, and Giroux.

'지역화'의 문화적 전망과 민속문화의 문화주권 인식

임 재 해

민속문화를 보기로 문화적 지역화의 길을 모색한다. 민중의 문화주권이 실현되었던 민속문화의 존재양식을 통해서 지역사회의 문화주권 상실현상을 재인식하고 그 대안을 구상한다. 그 동안의 지역분권운동은 수도권의 기득권을 가져오려는 유치운동이었기 때문에, 수도권의 반발이라는 장애에 부딪혀서 중앙과 지방이 새로운 지역갈등을 조성하였다. 그러나 문화적 지역화는 갈등이 조성되지 않는다. 경제와 정치는 공유가 불가능하지만 문화는 공유 가능하기 때문이다.

문화적 지역화의 가장 큰 장애는 지역공동체의 해체이다. 지역공동체를 유지하기 위해서는 교육환경과 문화 환경을 개선하는 운동을 벌여야 한다. 중요한 것은 문화운동의 제안이 아니라 실천활동이다. 문화적 지역화 방안을 열거하는 일보다 그것을 스스로 실천하는 일이 더 중요하다.

정치주권이 민주화되는 것과 반대로 민중의 문화주권은 더욱 상실되고 있다. 문화가 상품화되어 거래되는 까닭에 작가나 예술가들에게 문화생산 활동이 집중된 까닭이다. 자본주의의 진전에 의해 민중의 개인적 문화주권은 물론 지역의 문화주권도 상실되었다. 그러나 민속문화에서 보면 민중이 문화생산 주체였으며, 지역사회에 민속문화가 더 풍부하였다. 그러므로 마을문화의 창조력을 보기로 지역문화 주권을 회복해야 한다.

자본주의 체제에서는 도시에서 멀어질수록 문화주권을 잃게 된다. 그러나 자본주의에서 소외된 시골마을에 문화주권이 살아 있다. 마을문화를 중심으로 문화주권론을 펼치면서 자본주의 이전의 문화를 자본주의 시대의 문화로 만드는 작업을 자본주의 자체의 수정과 함께 시도해야 한다. 공동체적 자본주의 또는 생태자본주의의 대안을 마련하는 논의까지 나아가야 문제를 해결할 수 있다.

1. 지방화와 지방자치화, 지역화의 변별적 인식

지방화는 세 가지 서로 다른 의미를 지닌다. 하나는 지방을 중앙에 종속시키는 변방화의 의미를 담고 있다. 중앙정부에서 특정 지역을 지방화 한다는 것은 중앙의 수도를 중심에 두고 주변부화 한다는 의미이다. 둘은 지방의 개성을 살리는 지역특성화의 의미를 지닌다. 이때 지방화는 지방의 문화적 개성을 포착하여 다른 지역과 차별화하고 비교우위를 점유함으로써 지역사회를 특성화하는 것이다. 셋은 국가화에 대하여 지방화, 곧 중앙집권화에서 벗어난 지방자치의 실현을 뜻한다. 중앙정부 중심의 국가경영이 아니라 지방자치로 이루어지는 주체적 지방경영을 통해 지역의 문제와 국가의 문제를 효율적으로 해결하는 지방화이다.

첫째 지방화는 대도시의 중앙주의자들이 산업사회를 목표로 정부의 산업정책을 효과적으로 추진하기 위한 방편으로서 지방을 수도에 종속화 시키는 정책인데, 1970년대 이후 상당 수준 진행된 상태의 부정적 '변방화'라 할 수 있다. 둘째 지방화는 지방에서 거주하는 지역주의자들이 대도시 중심 정책에 맞서 자기 목소리를 내며 지역사회 발전을 추구하는 지방화이되, 그 성과가 잘 드러나지 않는 긍정적 '지역화'라 할 수 있다. 그리고 셋째 지방화는 중앙정부 중심의 행정에서 지방정부 중심의 자치를 실현하는 지방화로서 문민정부 이후 상당 수준 제도화되고 있는 행정적 '지방자치화'이다.

도시 중심의 부정적 변방화를 뜻하는 '지방화'에 대하여, 지역 중심의 긍정적 특성화를 뜻하는 지방화를 상대적으로 '지역화'라 일컫고자 한다. 왜냐하면 '지방'이라는 말은 중앙에 대하여 주변이나 변방이라는 가치 종속적 뜻이 어느 정도 전제되고 있는 반면에, '지역'이라는 말은 중앙과 지방이 대등하게 하나의 지역이라는 가치중립적 뜻이 갈무리되어 있기 때문이다. 대구나 안동이 하나의 지역이듯이 서울이나 인천도 하나의 지역이라는 것이다.

따라서 지역을 중앙의 변방으로 종속화 시키는 중앙중심의 부정적 '지방화'와, 지방정부의 자치행정을 정책적으로 제도화하는 '지방자치화'에 대하여, 지역해방 중심의 긍정적 '지역화'를 용어로써 분별할 필요가 있다. 실제 지역사회의 현실은 이 세 가지 틀 속에서 요동쳐 왔다. 그 요동의 중심에는 역시 중앙정부의 정책 방향이 놓여 있다. 오랫동안 중앙집권화를 지속하던 중앙정부가 문민정부 이후 지방자치를 점진적으로 시작하면서, 지역정책이 중요한 과제로 떠오른 것이다.

그 동안 중앙정부의 정책은 중앙 중심의 지방화 논리에 따라 지방자치를 거부하고 대도시 중심의 중앙집권적 형태를 지속해 왔다. 정부의 주요정책은 값싼 노동력 확보를 위해 은근히 이농현상을 조장하고, 수도권 발전을 위해 정부기관을 모두 수도권에 집중함으로써 지방의 공동화(空洞化)와 수도권의 비대화를 조장했던 것이다. 그 결과 수도권은 인구집중과 교통문제, 공해문제, 문화적 독점, 경제적 비효율성 등이 문제되는 반면에, 지역은 인구감소와 농촌공동체의 해체, 경제규모의 축소, 문화적 소외, 대학 미달 사태 등 여러 가지 사회문제가 빚어졌다. 한 마디로 도시는 사람이 너무 많아서 문제인데, 지방에는 사람이 너무 적어서 문제이다. 지금 시골마을은 거대한 경로당으로 전락해 버린 상태이다. 이른바 산업화 세력을 자처하는 군부정권의 주체들이 비민주적인 집권을 통해 중앙과 지방 사이의 모순을 심화시킨 결과라 할 수 있다.

정권교체와 더불어 국민의 정부에 의해 정치적 민주화가 진전되고 지역주민들의 '지역운동'으로 지방자치제가 상당 수준 정착하는 단계에 이르렀다. 지방자치단체장 선출은 물론 지방의회까지 구성하게 된 것이다. 참여정부에서는 중앙정부의 정책도 수도권 중심에서 지방 중심으로 이동하게 되면서 국가균형발전과 지역분권이 중요한 정책이 되었다. 참여정부의 지역분권 정책은 대구사회연구소의 정책제안이[1] 학술적 논의에 그치지 않고 중앙정부의 정책기조로 채택되는 실질적 성과를 거둔 셈이다.

지역분권 정책에 따라 지역분권협의회가 지역사회에 제각기 구성되고 지역에 다양한 정책 지원을 하는 가운데 행정수도 이전과 수도권의 정부기관을 지방으로 옮기는 정책을 펼쳤다. 하지만, 아직 지역사회에

---

1) 김형기. 2002. 「지방분권과 지역혁신: 지역발전의 새로운 비전」. 『지방분권과 정책대안』. 도서출판 한울. 11-21쪽.

가시적인 성과가 나타나지 않고 있다. 어느 공공기관도 확실하게 지역으로 옮겨간 것이 없다. 게다가 행정수도 이전이 위헌시비에 휘말리면서 국가균형발전 정책 자체가 흔들리게 되었다. 지방의 공동화 현상은 여전히 심각한데, 분권정책은 오히려 수도권에서 주장하는 대수도론의 장벽에 부닥치게 되었다.

그러나 이 논의는 국가의 균형발전 정책이나 행정자치와 같은 제도 문제에서 '지방자치화'를 주목하는 것이 아니라, 지역주민들이 지역사회를 중심으로 지역모순 없이 인간다운 삶을 바람직하게 누리는 것을 목표로 하는 문화적 '지역화'를 겨냥한다. 따라서 중앙중심의 종속적 지방화 논리에 맞서면서, 행정적 '지방자치화'의 제도 발전 논의에서 벗어나 지역해방의 관점에서 주체적 '지역화'를 문제 삼는다. 종속적 지방화는 지역을 더욱 소외시키고, 지방자치화는 지역의 행정 관료와 지방정치인들의 참여는 보장하지만, 지역주민들이 주체가 되는 문화적 지역화를 이끌어내는 데는 일정한 한계가 있기 때문이다.

문화의 세기는 정치주권의 시대에서 경제주권의 시대를 거쳐 문화주권의 시대를 겨냥한다.[2] 정치적 민주화와 경제적 균등분배를 넘어서 문화자치 및 문화민주화를 더 바람직한 가치로 추구하는 시대다. 세계 지성들이 우리 시대를 문화의 세기로 규정하고 또 문화가 정치나 경제보다 더 중요하다는 사실을 인식하기 시작하였다. 새뮤얼 헌팅턴(Samuel Huntington) 같은 정치학자들조차 '문화가 정말 중요하다'고 주장한다.[3]

2) 임재해. 2004.「민속문화의 공유가치와 민중의 문화주권」.『韓國民俗學』40. 119쪽. 다음 각주부터 임재해의 글과 책을 전거로 들 때에는 이름을 밝히지 않는다.

3) 새뮤얼 헌팅턴. 2001.「문화는 정말 중요하다」. 새뮤얼 P. 헌팅턴 · 로렌스 E. 해리슨 공편. 이종인 옮김.『문화가 중요하다』. 김영사. 8-13쪽.

문화적 가치가 인류발전을 결정한다는 시각이다. 그러므로 인간다운 삶을 실현하는 데, 문화민주화가 정치 및 경제의 민주화보다 더 중요한 구실을 한다고 여기지 않을 수 없다. 문화는 목적가치이므로 문화주권을 누리면, 사실상 교환가치인 경제주권이나 위임가치인 정치주권을 다 누린다고 할 수 있다.

특히 민속학적 시각에서 포착되는 문화적 '지역화'는 지역의 문화적 특성을 살리는 데 머물지 않는다. 지역공동체 속에서 공동체 성원들이 누렸던 지역문화주권과 문화창조력를 회복하는 데 관심이 집중된다.[4] 이 논의의 목표도 지역주민들의 문화창조력을 중심으로 문화주권을 민주적으로 누리는 데 두고 있다. 그런데 이러한 방향으로 가는 데에는 여러 가지 장애와 가능성이 맞물려 있다. 그리고 최근에 우리 지역사회를 중심으로 전개된 지방분권운동의 문제도 역기능 구실을 하고 있다.

따라서 지역분권운동의 문제를 비판적으로 검토하고 왜 문화적 지역화가 중요한 대안이자 과제인가 하는 것을 논의한다. 그리고 문화적 지역화를 추구할 때 걸림돌은 무엇이고 디딤돌은 무엇인가 하는, 지역화 전망의 명암도 점검할 필요가 있다. 그래야 지역분권운동의 정치적 성공과 제도적 진전에도 지역화 문제가 쉽게 풀리지 않는 사실을 포착하여 그 한계를 극복할 수 있고, 문화적 지역화의 전망도 공연한 청사진

---

4) 2004. 「문화주권의 회복과 문화 창조력」. 『지방문화분권과 문화주권의 확립』. 제16회 향토문화연구 심포지엄. 목포 초원관광호텔. 9월 3일. 7-42쪽에서 이 문제를 다각적으로 다루었다. '1. 왜 지금 여기서 문화주권인가? II. 왜 문화운동이 아닌 문화주권 운동인가? III. 왜 문화산업이 아니고 문화주권인가? IV. 왜 정치주권이 아니고 문화주권인가. V. 왜 삼권분립이 아닌 문화주권 독립인가? VI. 왜 문화분권이 아리나 문화주권 회복인가? VII. 왜 문화수용이 아니라 문화창조력인가? VIII. 왜 민속문화를 보기로 한 문화창조력인가?' 등이 중요한 논의의 내용이었다.

이 아니라 현실성 있는 구상으로 제시할 수 있다.

더 중요한 것은 문화적 지역화의 가능성과 보기를 찾는 일이다. 그러한 보기는 미래에 대한 추론이나 외국의 사례가 아니라 지역사회의 역사적 경험과 문화적 전통에서 찾을 때, 더 설득력이 있고 한층 실현 가능성이 높다. 민속문화도 대안문화의 하나로서 주목한다. 문화적 지역화의 보기를 민속문화의 체계 속에서 찾을 수 있고, 민속문화의 전형을 통해서 현대 지역사회의 문화주권 운동화의 대안을 구상할 수 있기 때문이다. 그러므로 이 논의의 마지막 목표는 문화적 지역화의 보기로서 민속문화를 재조명하고 재인식하는 것이다. 먼저 지방분권운동의 현실 문제부터 살펴보기로 한다.

2. 지방분권운동의 문제와 지역화의 한계

지방 또는 지방화는 전근대적 지역 차별화를 전제로 한 개념이다. 사회적으로 사람들의 계층이 있듯이, 지리적으로 지역의 계층이 있다고 여기는 개념이 중앙과 지방이다. 민주화가 진전된 사회에 지방분권과 국민들의 참여정책까지 마련하는 정부정책의 현실을 고려하면, 중앙중심주의 또는 지방의 종속주의는 극복된 상황처럼 보인다. 게다가 참여정부 정책의 주요 지표가 국가균형발전과 지역분권이기 때문이다. 지역분권운동은 집권초기에 상당히 드세게 전개되었지만 그 성과는 잠적되어 있고 가시적으로 드러나지 않는 데다, 이제는 더 이상 정책적 동력으로 작동하지 않고 있다. 정치적으로 표를 얻는 데 도움이 되지 않는 까닭이다. 그러므로 지방분권을 주장하던 사람들도 이제는 표를 모으는 데 도움이 될 것이라는 짐작 때문에 지역연대에 더 솔깃해 있다.

지방분권의 가시적 정책이었던 행정수도 이전은 위헌판결에 의해 큰 좌절을 겪었을 뿐 아니라, 오히려 수도권의 반발에 의해 정치적 지형을 바꾸어 놓게 되었다. 서울 경기지역 주민들이 행정수도 이전과 정부기관의 지역 이전에 대하여 반기를 들고 나선 것이다. 수도권 지역 단체장들은 전에 없이 '대수도론'을 펼치며, 오히려 수도권의 기득권 확대를 중요 정책으로 내세우는 상황이 새로 조성되었다. 결국 수도권 주민들은 지역균형발전보다 대수도론을 지향하여 정치적 선택을 한 결과, 지방분권론은 더 이상 발붙이기 어렵게 되었다. 지역이기주의에 영합하는 수도권 주민들의 선택으로 수도권 정치인들은 지방분권이나 균형발전에 맞서 오히려 대수도론을 주장하게 된 것이다.

대수도론의 관점에서 보면 지방화는 곧 주변화이자 종속화이다. 왜냐하면 대수도론은 수도권의 도시들이 연대하여 각종 규제를 풀고 성장동력을 보탬으로써 국가경쟁력을 높이게 되면, 수도권에 종속되어 있는 지방도 따라서 발전한다는 논리이기 때문이다. 중앙과 지방, 수도권과 지역사회를 대등하게 보는 것이 아니라 종속적으로 차등화 하여 보는 시각이 전제된다. 따라서 대수도론에 관한 비판에 대하여, 수도권의 기득권 세력들은 국가를 대표하는 공간이기 때문에 지방에서 수도권 이기주의로 몰아붙여서는 안 된다는 반론을 편다. 수도로서 기득권과 중앙으로서 지역적 특권을 인정해 주어야 한다는 것이다.

이러한 특권의식에 따라, 수도는 국가의 얼굴이자 세계화의 전진기지이므로 수도권이 우선적으로 발전해야 국가적 체면도 서고 지역도 덩달아 발전한다는 것이 대수도론이자, 수도권에서 보는 지방화 논리이다. 물론 지역사회에서 받아들이기 어려운 논리이다. 따라서 지역의 광역단체장들은 대수도론에 발끈하여 '지역균형발전협의체'를 결성하고 수도권과 지방 사이의 격차를 더욱 심화시키는 논리라고 목소리를 높이며 맞서는 움직임을 시작하였다. 영호남 지역갈등이 아니라 중앙과 지방 사이의 갈등이 새로 조성되고 있다. 영호남 지역갈등은 정치적으로 조성된 것이지만, 중앙과 지방의 지역갈등은 경제적 이해관계에 의한 것이다. 그러므로 정치적 이해관계가 같은 한나라당 단체장들끼리 대수도론과 지역균형발전론을 두고 중앙과 지방이 삿대질을 하는 상황이 벌어진 것이다.

남녀차별이나 신분차별처럼, 중앙과 지방을 지역적으로 차별하는 구조를 지역모순이라 일컫는다. 정치권에서 지역모순을 해결하기 위해 지방자치화에 이어 지역분권화까지 추진했지만, 지역모순은 여전히 심화되고 있다. 중앙의 권력을 지방으로 가지고 와서 균형발전을 이루겠다고 하는 것은 필연적으로 중앙의 반발을 사게 마련이다. 그 결과 대수도론과 지방분권론이 대립하게 되었다. 수도권의 공공기관을 빼앗긴다고 생각하는 수도권 주민들의 지역 이기주의가 새로 형성되는 역기능을 낳았다. 그것은 김대중 정부가 자유로운 정권교체에 의한 민주정권이 아니라 호남정권이라는 인식 때문에 영남지역 사람들이 똘똘 뭉쳐 지역정당에 표를 몰아주는 현상과 마찬가지이다. 민주화나 분권화의 바람직한 국가 설계나 균형발전의 전망과 상관없이 오랫동안 누려온 기득권을 빼앗긴다는 박탈감에 매몰되어 지역이기주의가 준동하게 된 것이다.

수도권 주민들의 지역이기주의를 자극하는 가장 큰 요인은 분권운동이 수도권의 경제적 기반을 지방으로 이동시킨다고 판단한 까닭이다. 북한에 대한 정부의 인도적 지원을 북한 퍼주기로 인식하여 비판하는 것이나 다름없다. 공공기관을 지방으로 이전해 가는 만큼 수도권에는 손실이 따른다는 생각에 지금 정권은 지방 퍼주기를 한다고 여기는 것이다. 그 동안 수도권 사람들은 정권을 두고 영호남이 다툴 때에는 오히려 정치적 이성을 발휘하여 민주적인 호남지역 정당을 지지했다. 더 중요한 것은 서울정권을 내세워 세력화하지도 않았고 영호남 지역갈등에 끼어들지도 않았다는 사실이다. 그런 까닭에 수도권 주민들에 의해 자유로운 정권교체가 이루어진 것이다.

그런데, 지방분권 문제와 더불어 경제적 이해관계에 얽히자 수도권 주민들은 이성적 분별력을 잃고 말았다. 오히려 영호남 지역을 비롯한 모든 지역과 맞서 대수도론을 은근히 지지하고 있다. 수도권 사람들은 정치적 지분보다 경제적 지분에 더 민감하다는 사실을 드러내는 대목이다. 따라서 지역화 정책의 화두는 경제적 분권에서 벗어나지 않을 수 없다. 공연히 수도권의 저항만 불러일으킬 가능성이 높기 때문이다. 경제적으로 민감한 사람들은 주는 만큼 잃는다고 생각하는 까닭에 쉽게 자기 것을 나누어 주려들지 않기 일쑤이다. 오히려 대수도론을 들고 나와 수도권의 이익을 더 챙기려 할 따름이다.

현재의 지방분권화 정책이 그러한 국면을 맞이했다. 결국 지역사람들은 수도권을 향해서 나누어 달라고 삿대질하고, 수도권에서는 못 내주겠다고 발목을 잡는 것이 오늘 우리의 현실이자, 지역분권 정책이 겪고 있는 함정이다. 지방분권은 곧 수도권의 손실이라는 인식이 팽배해 있는 한 더 이상 어쩔 도리가 없다. 분권이 이득이라고 여기거나 정권교체처럼 최소한 손해나는 일은 없다고 여겨야 이성적 판단력을 회복할 수 있다. 그러므로 지역화 논의도 수도권에 경제적 손해를 끼치지 않는 방향으로 나아가야 순조롭게 이루어질 수 있다.

지금의 정책처럼 수도권의 공공기관을 지역으로 순조롭게 이전한다고 하여 지역모순의 문제가 해결되는 것은 아니다. 대부분의 공공기관은 지역의 광역도시 중심으로 이전된다. 따라서 시군 단위나 면 단위의 시골지역은 정작 아무런 경제적 혜택을 기대하기 어렵다. 수도권도 불만이고 시골도 불만이다. 왜냐하면 지역 광역도시의 배만 불리는 꼴이기 때문이다. 대구나 광주에서 생각하는 지역모순이나 지역분권과 안동이나 부여에서 겪는 지역모순은 또 다르다. 물론 그 이하 읍면 단위에서도 마찬가지이다. 상대적으로 도시와 시골, 중심부와 주변부는 경제적 발전과 낙후 인식이 다른 틀거리 속에 놓여 있다.

결국 지역모순을 어떤 수준에서 인식하는가 하는 것이 문제이다. 중앙정부와 시도정부 또는 중앙과 지방광역도시 중심으로 인식하는가, 아니면 대도시와 시골, 중앙정부와 기초자치단체 중심으로 인식하는가, 논의하는 사람이 속해 있는 처지에 따라 다르다. 대구와 광주 등 지역 대도시에 거주하는 사람들은 광역자치단체 중심의 지방분권운동을 펴는 데 비하여, 안동과 장성 등 시 군 지역에 거주하는 사람들은 기초자치단체 중심의 지방분권운동을 기대한다. 모두 지역 중심적인 논의에 매몰되어 있지만, 객관적으로 보면 수도권의 권력이 광역자치단체가 있는 지역으로 이동된다고 하여 지역모순이 해결되는 것은 아니다. 지역모순의 피해는 기초자치단체가 있는 지역에서 더 심각하게 겪고 있는 까닭이다.

대구와 광주 지역 지식인들은 서울을 향해 분권을 주장하지만, 안동과 장성 지역주민들은 대구와 광주를 향해 분권을 주장한다. 서울과 대구의 격차 못지않게 대구와 안동의 격차가 더 심각하다. 안동에서 볼 때 서울의 공공기관을 대구에 옮기는 것은 광역도시 대구를 더 거대하게 만들 따름이다. 따라서 공공기관 이전도 대구가 아닌 안동으로 이전해야 진정한 지역분권 또는 바람직한 지역화 정책이라 생각한다.

부익부 빈익빈의 지역모순을 해결하려면, 수도권의 공공기관을 시군 단위 이하의 지역사회로 이전해야 효과적이다. 다시 말하면 빈부의 양극화를 해소하기 위해 균등분배를 실현하려면 부유층이 빈곤층에게 재화를 나누어주어야지 중산층에게 나누어주어서는 효과가 없는 것과 마찬가지이다.

그런데 지역분권운동의 발상지라 할 수 있는 대구는 어떤가. 그런 생각이 조금도 없다. 분권운동의 출발은 서울의 권력과 공공기관을 대구로 이전하는 것이 목표였기 때문이다. 사실 그것은 분권운동이 아니라 중앙권력의 지역 유치운동이자 확보운동이다. 분권운동의 본질은 자기의 권력을 남에게 나누어주는 성찰적 실천운동이어야 한다. 다시 말하면 진정한 분권운동은 나눔 운동을 말한다. 자기 지역이 가진 권력을 상대적으로 과도하다고 성찰하며 더 작은 지역에 권력을 최대한 나누어주어야 한다. 그래서 풀뿌리 지방자치를 튼실하게 만드는 운동을 벌이는 것이 분권운동의 목표여야 한다.

나눔 운동으로서 분권운동은 실천하기도 쉽다. 자기만 결단을 내리면 되는 까닭이다. 자기 주머니 것을 나누어주는 분권운동에 장애 세력은 없다. 오직 박수 받을 일만 있다. 실천의 주체가 자기 자신일 뿐 아니라 이타적인 행위이기 때문이다. 진정으로 지역을 살리는 '살림' 운동이다. 그러나 상대를 향해 내놓으라고 하면, 그가 아무리 많이 가져도 쉽게 내놓지 않는다. 오히려 내놓으라고 삿대질하는 쪽을 수상쩍게 볼 따름이다. 자기 것을 앗아가려는 의도를 노골적으로 드러내고 있으니 적대감이 생겨날 수밖에 없다. 따라서 수도권 주민들도 분권화에 맞서 대수도론의 기치 아래 상당히 뭉치고 있는 것이다. 그러므로 자기 지역보다 작은 지역에 자기가 가진 것을 나누어줄 생각이 없는 분권운동은 사실상 분권운동이라 할 수 없으며[5] 효과도 기대하기 어렵다.

자기 권력을 나누어 줄 생각은 전혀 없이 더 많이 가진 자를 향해 나누어 달라고 삿대질하는 것은 자기 주머니를 채우겠다는 뜻이나 다름없다. 따라서 시군 단위의 지역에서 보면, 시도 단위의 광역도시에서 수도권을 향해 주장하는 분권운동은 나눔 운동이라 할 수 없다. 수도권의 권력을 광역도시에서 차지하겠다는 유치운동이다. 스스로 실천할 수도 없으며 상대방의 동의도 얻기 어려운 실현 불가능한 지역이기주의이자 또 다른 중앙주의로서 이른바 소중앙주의에 지나지 않는다.[6] 따라서 대구시 지도층 인사들 가운데에는 경북도청 이전을 반대하고 오히려 대구경북의 재통합까지 주장하는 이들이 적지 않다. 이른바 경제적 통합도 같은 논리 속에 있다. 그러므로 경북도청을 대구광역시가 아닌 다른 지역으로 이전하는 것은 여러 모로 손실이라고 여긴다는 점에서, 대구지역 주민들의 생각도 사실상 대수도론의 이기주의나 다름없다.

경북도청과 같은 다른 행정구역의 청사까지 대구에서 이전해 가는 것을 못마땅하게 여기는 대구지역 주민들이 중앙을 향해서 중앙부처에 속해 있는 공공기관을 대구로 이전해 달라고 삿대질하는 것은 자체 모순이다. 마땅히 해당지역에 돌려주어야 할 남의 것조차 돌려주려 들지 않고 자기 것으로 삼으려 들면서, 무리하게 남의 것을 넘보며 내놓으라고 하는 현상을 두고 어떻게 지역분권운동이라 할 수 있겠는가. 이처럼 나눔 운동의 본질에서 벗어난 분권운동은 사실상 지역모순을 해결하는

5) 2003. 「문화주권 수준에서 보는 지역문화 현실읽기와 일거리 찾기」. 『국가균형발전을 위한 교육 · 문화적 과제』. 대통령자문정책기회위원회 주최 정책간담회(전북대학교 9월 26일). 111-157쪽에서 지역분권론을 비판하며 지역문화 주권론을 펼쳤다.

6) 위의 글(130-132쪽)에 지역 지식인들의 소중앙주의 문제를 자세하게 비판했다.

민주적이고 균형적인 분권운동이 아니라, 결국 지역이기주의에 입각한 권력 확보운동이자 중앙의 공공기관 유치운동에 지나지 않는다는 사실을 인정하고 성찰해야 한다. 그러므로 분권운동은 명분과 이치에도 맞지 않고 실천력도 없으며 중앙과 지방 사이의 새로운 갈등을 조성했을 뿐 아니라, 수도권 주민들이 정치적 오판을 하게 만드는 역기능을 빚게 되었다고 하지 않을 수 없다.

특히 공공기관 이전 중심의 분권운동은 경북도청 이전에 반대하는 대구광역시처럼 자체모순만 드러낼 따름이다. 수도권 주민들이 본디부터 자기 지역에 있었던 정부기관을 내놓는데 쉽게 동의할 까닭이 없다. 정부의 공공기관은 한정되어 있는 까닭에, 이미 있는 기관을 옮겨서 경제적 이득을 취하고자 하면 기존 지역에 상대적 박탈감을 주는 까닭에, 끊임없는 지역갈등을 증폭시키게 마련이다. 따라서 정부기관을 옮길 때마다 지역끼리 경쟁하고 서로 다투며 때로는 비생산적 음모론을 펼치기도 하는 것이다. 분권운동이 나눔운동이 아니라 사실상 '차지운동'이기 때문에 순조롭게 가져올 수도 없고 새로운 갈등을 야기 시키며 오히려 지역사회에 등을 돌리게 만든다. 그러므로 새로운 공공기관을 세울 때 수도권이 아닌 지역에다 세우는 것이 상대적으로 순조로운 일이다.

공공기관이나 공단, 기업 등을 수도권에서 지역으로 옮긴다고 하여 당장 국가적으로 이득이 되는 것도 아니다. 직원들 일부만 지방으로 가고 직원의 가족들은 여전히 수도권에서 생활하기 때문이다. 막대한 이전 비용을 생각한다면 때로는 국가적으로 손실이 되는 일이기도 하다. 따라서 수도 이전의 막대한 비용으로 지역대학을 발전시키는 것이 더 효과적이라는 대안도 제시되었다.[7] 수도권에 이미 설립되어 있는 공공기관을 옮기는 일은 비용도 문제려니와 수도권의 반발 또한 만만치 않다. 다른 지역으로 내주기는커녕 규제를 풀어서 공단을 더 만들고 공장을 더 유치하겠다는 억지까지 나오는 판이다. 그러므로 지역분권을 명분으로 중앙을 향해서 내놓으라고 하는 주장은 중앙과 지방, 지역과 지역의 새로운 갈등만 증폭시킬 따름이다.

3. '권력'과 '경제'가 아닌 문화적 지역화의 가능성

정치권력과 경제적 이윤은 공유와 나눔이 불가능하다. 그러나 문화는 원래 공동체 성원들이 공유하던 것이다. 따라서 권력과 경제를 나누는 데에는 늘 갈등이 따른다. 스스로 내 주거나 나누어주지 않으면 피를 튀기는 다툼과 치열한 투쟁이 함께 간다. 민주화를 위한 권력투쟁과 재산의 공유를 위한 계급투쟁의 역사가 생생하게 입증해준다. 하지만 문화는 다르다. 처음부터 공동체가 문화창조력을 발휘하여 생산하고 무상으로 공유하던 것이었다. 그러므로 권력과 경제의 지역화를 추구하는 것이 레드 오션(red ocean)이라면, 문화의 지역화는 블루 오션(blue ocean)이라 할 수 있다.

정치권력은 구조적으로 독점하는 것이다. 주권을 공유 가능한 '상호주권'과 공유 불가능한 '배타주권'으로 분별한다면,[8] 정치권력은 독점적 '배타주권'에 해당된다. 실제로 대통령제에서 정권교체는 있어도 정

---

7) 『문화일보』. 2003년 11월 24일. 조동일. 「그 돈으로 지방대 키우자」. 김형국 · 최상철 편. 2004. 『천도 반대운동의 사회학』. 나남출판. 재수록 글 참조.

8) 주권을 '배타주권'과 '상호주권'으로 분별한 것은, '세계화시대의 지역학' 주제의 발표회(계명대학교 한국학연구원. 2006년 11월 17일)에서 조동일 교수가 이 발표를 듣고 제시한 견해에 따른 것이다.

권공유는 없다. 하나의 권력을 두고 정당 후보끼리 다투다가 어느 한 쪽이 차지하는 것이다. 따라서 권력은 차지하거나 남의 것을 빼앗을 수밖에 없다. 구조적으로 균등분배가 불가능하다. 민주적인 교체가 바람직할 따름이다. 영호남의 정치적 지역갈등도 이 때문에 생긴 것이다. 그러므로 공유와 나눔이 불가능한 독점적 배타주권의 정치권력은 오직 집권만이 성공의 길이다.

경제권력은 체제에 따라 공유 가능하나 사유재산제에 입각한 자본주의 체제에서는 공유가 불가능하다. 상대적 배타주권이 경제권력이다. 나눔을 통한 균등분배가 필요하지만, 실제로 나누어주기 어렵다. 나누어주면 나누어주는 만큼 자기 것이 줄어드는 까닭이다. 재화는 한정되어 있기 때문이다. 따라서 경제적 이유로 중앙을 향해 분권을 주장하는 것은 갈등을 불러일으키게 마련이다. 왜냐하면 중앙은 중앙대로 경제적 결핍을 느끼기 때문이다. 경제적으로 만족하는 집단은 없다. 그러므로 지역분권이 경제문제와 맞물리면 중앙에서 양보하지 않게 된다. 분권정책을 수행한 정부여당이 수도권 선거에서 참패하고 대수도론이 세를 얻기 시작한 것도 이러한 사정 때문이다.

그러나 문화는 사정이 다르다. 본디부터 공동체가 생산하여 무상으로 공유하던 것이었다. 문화는 정권처럼 이미 있는 것을 차지하거나 경제적 재화처럼 남의 것을 가져오는 것이 아니라 필요에 따라 스스로 창조하고 전승하는 것이다. 누구나 창조력을 발휘하여 누릴 수 있는 것이 문화이다. 따라서 문화는 공유와 나눔이 가능하다. 본디 문화는 공유한다고 빼앗기는 것도 아니고 나누어준다고 줄어드는 것도 아니다. 그러므로 문화권력이라는 말도 문화가 자본과 영합하면서 최근에 형성된 말이다.

문화권력은 무상으로 공유 가능한 '상호주권'이다. 유형문화재는 공유하면 원형이 훼손되고 빼앗아 가면 없어지지만, 문화는 무형이기 때문에 그럴 수 없다. 오히려 외부사람들과 문화를 공유할수록 더욱 세련되고 다듬어지며 더 풍부하게 발전한다. 자기고장 문화를 다른 지역사람들에게 나누어줄수록 본디 문화가 더 커지고 수준이 높아진다.

하회탈춤의 해외공연은 상당히 빈번하다. 외국 사람들이 찾아와서 하회탈춤을 배워가고 익혀 가면 더욱 좋다. 그럴수록 하회탈춤이 축소되는 것이 아니라 확대 재생산되는 것이다. 우리 문화의 해외진출이자 지역문화의 세계화이다. 우리 문화가 해외로 진출하면 좁은 나라도 커진다. 정권은 남에게 줄 수 없고 경제적 재화도 남 주기 아까운 것이지만, 문화는 남을 줄수록 발전한다. 문화는 주는 것이 곧 얻는 것이기 때문이다. 문화의 나눔은 정권을 빼앗기고 경제력의 손실을 초래하는 것과 달리, 문화적 창조력을 더욱 활성화하고 문화적 수준을 한층 높이는 것이기 때문이다.

더 중요한 것은 문화의 공유에 대해서는 아무도 문제 삼지 않는다는 것이다. 왜냐하면 문화를 나누어주는 주체나 배워 가는 주체 어느 쪽도 손실이 없어 모두 득이 되는 까닭이다. 지방에서 중앙의 권력을 나누어 달라 하고 공공기관을 유치하는 데에는 중앙의 기득권 집단들이 반대하지만, 중앙의 문화를 지역에서 익히고 공유하려는 활동에 대해서는 아무런 반발이 없다. 오히려 지역문화의 해에 중앙의 문화전문가들이 지역문화계를 상대로 문화컨설팅을 하겠다고 나서기도 했다.

실제로 안동에서 하회탈춤을 토대로 국제탈춤페스티벌을 열었지만, 왜 남의 탈춤축제를 가져가느냐고 맞서는 지역도 사람도 없었다. 부산에서 국제영화제를 개최하지만, 아무도 왜 서울에서 해야 할 영화제를 부산에서 가져갔느냐고 문제 삼지 않는다. 광주에서 비엔날레를 여러 해 동안 해 오고 있는데도, 다른 지역에서 광주비엔날레를 탓하고 나서지 않는다. 경주세계문화엑스포도 마찬가지이다. 문화도시 조성처럼 지역분권 정책의 일환으로 중앙정부에 의해 선정된 특혜가 아니라, 지역사회의 독창적 구상과 주체적 역량으로 기획된 문화행사이기 때문이다.

광주비엔날레는 서울에서도 거두지 못한 성공을 누리고 있다. 한국 비엔날레의 원조라 해도 지나치지 않다. 부산국제영화제는 서울의 여러 국제영화제를 누르고 우리나라 대표적인 영화제로 자리 잡았다. 경주세계문화엑스포는 국제사회에서 문화엑스포의 종주국으로 인정을 받고 미국 특허청에 명칭과 로고를 등록까지 하였다.[9] 안동국제탈춤페스티벌은 전국 지역축제 평가에서 5년 연속 최우수상을 받았다. 문화의 지역화를 일정하게 이룬 보기이다.

그러므로 중앙의 기관이나 특별 재정을 끌어오려는 분권운동으로 지역갈등의 역기능을 빚을 것이 아니라, 지역사회의 주체적 역량으로 지역문화를 중앙문화와 대등하게 창조해내는 것이 문화의 세기에 걸맞은 생산적 지역화라 할 수 있다. 왜냐하면 문화적 지역화는 중앙정부에 의존하지 않고 지역주민들 스스로 창조력을 발휘할 뿐 아니라 이웃지역과 나눔이 가능한 진정한 지역분권운동과 만나는 까닭이다.

문화적 지역화는 안동탈춤페스티벌, 부산영화제, 광주비엔날레, 경주문화엑스포처럼 다른 지역의 문화와 충돌하지 않는다. 다른 지역의 것

9) 『대구신문』. 2003년 10월 24일. 김성용. '한국 문화브랜드 세계로 수출'. 2003년 10월 "미국 워싱턴에서 가진 세계무역센터협회(WTCA)에서 한국이 세계문화엑스포의 종주국임을 인정받고 각국의 문화엑스포 개최지지 선언문을 채택"하였으며, "미국 특허청에 세계문화엑스포의 명칭과 로고를 등록"하였다.

을 끌어오는 것도 아니고, 한정된 대상을 독점하는 것도 아니기 때문이다. 실제로 국제영화제 하나만 하더라도 10여 개나 되지만, 제각기 다른 성격을 표방하는 까닭에 그리 문제되지 않는다. 게다가 문화의 세계는 수많은 문화 갈래와 전통적인 문화자산이 다양하게 존재한다. 따라서 자기 지역의 역사적 전통과 문화적 역량에 따라 개성 있는 문화 분야를 상대적으로 선택할 수 있는 폭이 열려 있을 뿐 아니라, 같은 분야라도 얼마든지 창조력을 발휘하여 충돌을 극복할 수 있다. 그러므로 지역문화의 전통과 현실에 입각한 적절한 대상의 포착과 창조적 구상이 문제이다.

대구는 전통적으로 씨름이 강했다. 한때 영신고등학교와 영남대학교의 씨름부에서 각각 고등부와 일반부 씨름을 석권한 적이 있다. 그런데 씨름이 인기종목으로 승승장구하다가 최근에는 다른 경기에 밀려 제자리를 잡지 못한 채 점차 잦아들고 있다. 격투기로 종목전환까지 하는 선수가 있다. 이런 상황이야말로 기회이다. 기회는 접어두고 청도에서 잘 나가는 소싸움대회를 달구벌축제에서 벌여 빈축을 살 것이 아니라, 잦아드는 씨름문화의 불씨를 살려내는 것이 보람 있는 일이다.

씨름은 일본의 '스모'처럼 우리 민족경기이자 우리가 세계의 종주국이 될 만하다. 일본의 스모처럼 대구가 중심이 되어 씨름을 민족경기로 살려내면, 대구야말로 세계적인 씨름 중심지가 될 수 있다. 어려운 상황의 씨름을 살릴 생각은 하지 않고 다른 지역에서 잘 하는 종목을 손쉽게 가져와서 무임승차하려는 것은 반문화적일 뿐 아니라 경제논리로도 받아들이기 어렵다. 오랫동안 투자하지 않고 단숨에 이득을 얻으려는 욕심 탓에, 잘 되는 장사가 있으면 너도나도 뛰어들어 함께 망하는 것이나 다름없는 까닭이다.

4. 지역공동체의 해체와 문화적 지역화의 한계

문화적 지역화의 목표는 국제적 축제나 엑스포와 같은 거대한 문화행사의 개최가 아니다. 지방정부가 주관하는 문화행사들은 화려한 겉치레와 달리 문화적 실속이 없는데다가 대다수 시민들의 일상적인 삶과 무관하게 진행되기 일쑤여서 오히려 비판적 진단이 필요하다. 전문가에 의해 기획된 문화행사가 지역문화의 실상을 담보할 수 없고 과시적으로 보여주는 문화이벤트가 지역주민들의 문화생활을 충족시킬 수 없기 때문이다. 게다가 문화행사도 때로는 지역 사이의 갈등을 유발할 수 있다. 따라서 지역 자치단체 중심의 문화행사보다 지역주민들의 일상적인 문화의 내용을 스스로 풍요롭게 만들어가는 데 초점을 두어야 한다. 그러므로 문화적 지역화는 지역주민들이 주체가 되어 일상적인 문화생활의 수준을 높이고 내용을 창조적으로 발전시키도록 하는 것이 구체적인 목표라 할 수 있다.

문화의 가장 바람직한 지역화는 지역주민들이 자기문화를 스스로 만들어내는 일 곧 스스로 문화생산의 주체가 되어 문화창조력을 발휘하는 일이다. 달리 말하면 지역 공동체의 문화주권을 회복하고 문화적 창조력을 주체적으로 발휘하는 것이다. 사람은 누구나 정치적 주권을 민주적으로 타고났듯이 문화생산 주권도 민주적으로 타고났다. 경제적으로 생존권이 보장되어야 하듯이, 문화적으로도 인간다운 삶을 누릴 수 있는 기본적인 문화 향유권이 보장되어야 한다.

그런데 정치주권은 민주적으로 보장되는 쪽으로 발전했지만, 문화주권은 소수 지식인 집단이나 문예작가들이 독점하게 되었다. 정치적 민주화 진행과 역행하여 문화적으로는 반민주적으로 가고 있는 셈이다.

문화의 주체로서 생산주권을 누리지 못하고 모두 문화 소비자로 전락하여 문화의 객체로 밀려나 있게 되었다. 대중매체에서 일방적으로 전달하는 대중문화를 소비하거나, 문화상품으로 진열된 문화를 구매하여 누릴 뿐 스스로 자기 문화를 생산하고 공동체 성원들과 더불어 즐기는 기회는 사라지고 있다.

시인만 시를 쓰고 가수만 노래를 부르며, 음악가만 음악을 연주하고 춤꾼만 춤을 출 것이 아니다. 우리 모두 춤꾼이 될 수 있고 광대가 될 수 있으며 가수가 될 수 있어야 한다. 민속문화의 체계 속에서는 모두 가능한 일이었다. 자기 소리를 민요로 부르고 자기 신명을 풍물 가락과 춤사위로 풀어내며, 자기 이야기를 전설과 민담으로 구수하게 들려주고, 마음에서 우러나는 자연과 신령에 대한 믿음의 마음을 자유롭게 나타낼 수 있었다. 경제적으로 빈곤하고 정치적으로 소외되어 있어도 공동체 성원들이 저마다 문화주권을 자유롭게 누릴 수 있었던 것이다.

그런데 지금은 적극적인 문예활동은커녕 놀이문화조차 주체적으로 창출하지 못한다. 놀이감과 놀이수단, 놀이양식, 놀이공간, 놀이시설 등이 모두 상품으로 개발되어 있어 특별히 시간과 돈을 투입하지 않으면 즐기기 어렵다. 놀이산업이라는 이름으로 상품화되어서 판매되는 까닭이다. 따라서 예전에는 지역공동체 성원들끼리 더불어 즐기던 무상의 놀이가 이제는 건전한 스포츠시설에서 퇴폐적인 유흥장에 이르기까지 모두 구매해야 가능한 놀이로 바뀌었다. 자연히 경제력에 따라 놀이까지 여러 층위로 차별될 뿐 아니라, 시골사람들은 아예 도시공간의 값비싼 놀이시설에는 접근조차 할 수 없다. 마을공동체에서 민주적으로 공유하던 놀이문화까지 차별되고 있는 까닭에, 문화생활 일반의 차이는 물론 예술적 창조활동은 거의 기대하기 어렵다.

지역주민들이 문화적으로 소외되고 문화주권을 상실하게 된 원인은 크게 두 가지로 나누어 인식할 수 있다. 하나는 문화적 창조력을 지닌 지역공동체의 해체이고, 둘은 무상으로 공유하던 문화를 매매 가능한 상품으로 만들어 유통하게 된 것이다. 먼저 문화의 상품화 문제부터 보기로 하자.

문화를 하나의 상품으로 생산하고 이윤을 추구하기 위해 거래하는 까닭에, 유통업자들이 상품으로서 부가가치가 높고 이윤이 많이 남는 문화상품만 공급하게 되었다. 따라서 자급자족 체계의 문화생산은 진작 무너지고 상품으로서 질이 떨어지는 예사 사람들의 문화는 도태되는 대신에, 소수의 전문가들이나 유명 작가들에 의해 상품으로 생산된 문화만 살아남게 된 것이다. 한때는 대중문화만 상품화되었는데, 지금은 고급문화나 민속문화마저 상품화되어서 전문가들의 문화만 거래되고 유통된다. 그러므로 대부분의 주민들은 문화생산 주체가 되지 못한다. 소비자로서 선택권만 누릴 따름이다.

지역주민들은 더욱 불리하다. 대중매체나 문화산업을 주도하는 상업자본가에 의해 문화가 상품화되는 까닭에 이러한 거대한 시설과 기업이 집중되어 있는 대도시의 문화전문가들이나 유명 예술가들만 문화생산 주권을 누릴 수 있다. 따라서 지역사회에서 어느 정도 재능 있는 인재들은 모두 수도권 도시로 몰려간다. 상대적으로 지역화의 핵심 주체인 시군 단위 지역사회에는 대중문화를 생산하는 주체는 아예 없고, 고급문화의 생산주체도 매우 희귀하다.

따라서 과거에는 음악·연극·미술·춤·문학 등 각종 문예활동이 지역마다 독특한 개성을 가지고 창조력을 발휘하여 지역음악·지역연극·지역미술·지역춤·지역문학 등이 존재하였다. 지역음악만 하더라도 작게는 마을마다 민요의 소리문화와 풍물의 가락이 다르고 크게는 영호남의 그것이 다르게 존재했다. 저마다 주체적으로 창조력을 발휘한 까닭에 민족문화로서 공통성과 지역문화로서 개성을 통해 문화다양성을 지닐 뿐 아니라 그 질적 수준도 상당히 높았다. 그러므로 진도아리랑과 임실의 필봉풍물이 서울아리랑과 서울풍물보다 수준이 낮다고 할 아무런 근거가 없다.

마찬가지로 송파를 비롯한 서울지역 산대놀이가 하회탈놀이와 고성오광대에 견주어 보아 연극 예술로서 형상성이 특별히 더 뛰어났다고 평가할 수 없다. 서울 선비들이 영남 선비보다 더 우월하거나 서울 문인들이 호남 문인들보다 더 글을 잘 썼다고 하기 어렵다. 출판활동도 지역사회에서 더 많이 이루어졌다. 마을마다 목판을 이용하여 자체 출판을 했다. 문예활동이나 학문연구만 그런 것이 아니다. 일상적인 문화생활도 지역문화와 중앙문화가 대등했다.

유교문화의 전통은 안동이 유명하고 불교문화의 전통은 경주가 유명하다. 냉면은 평양냉면이 유명하며, 비빔밥은 전주비빔밥이 유명하다. 모시는 한산모시가 유명하고 삼베는 안동포와 곡성의 돌실나이가 유명하다. 소리는 전주사람들이 잘 부르고 그림은 광주사람들이 잘 그린다. 서울사람들이 더 잘 하는 것을 드러내기 어려울 정도이다. 그런데 지금은 어떤 문화든 우월한 것은 모두 서울에 집중되어 있다. 지역문화는 서울문화의 수용이나 이식으로 존재한다. 문화생활에서 가장 비중이 큰 대중문화가 서울에서 일방적으로 공급되는 까닭이다.

문화를 상품화하는 문화산업이 서울에 집중되어 있고 대중매체가 모두 서울에 자리 잡고 있다. 지역문화도 지역주민들끼리 무상으로 공유하기는커녕 서울의 대중매체와 문화산업을 통해서 지역사회에 전달되는 상황이다. 그러므로 문화상품화가 지금처럼 가속화되는 한 지역문화는 점점 설 자리가 좁아지게 되고 예사 민중들은 문화생산의 주체로서 창조력을 발휘할 수 없으며 타고난 문화주권을 민주적으로 누릴 수 없게 된다.

문화상품화 못지않게 문화민주화를 위협하고 지역문화 기반을 취약하게 만드는 것이 지역공동체의 해체이다. 공동체가 형성되지 않는 곳에서 문화가 창조될 리 없다. 이미 있는 문화의 전승도 불가능하다. 문화는 개인이 혼자서 창조하거나 전승하는 것이 아니다. 공동체가 형성되어 공동체생활을 할 때 문화가 자연스레 창조되고 역사적으로 전승된다. 따라서 지역문화의 창조적 기반을 이루는 것은 지역공동체이다.

지역공동체를 이루고 있는 사회는 도시사회가 아니라 시골사회이다. 도시는 수도권에 있든 지방에 있든 이미 공동체의 면모를 잃고 있다. 일찍이 앨빈 토플러가 지적한 것처럼 도시사회는 표준화되고 국제화된 까닭에 공동체로서 문화적 개성을 상실해 가고 있으며, 문화적 창조력을 발휘하지 못한다. 세계 어느 공항이나 비슷한 체계를 이루고 있는 것처럼, 어느 호텔이나 같은 양식의 잠자리를 제공한다. 도시의 생활양식도 마찬가지이다. 뉴욕이나 파리나 서울이나 북경이나 도시의 문화적 얼굴은 크게 다르지 않다. 도시화가 진전될수록 더욱 획일화되어 가고 있다.

실제로 학자들은 도시사회를 지역공동체로 인정하지 않는다. 지역공동체의 보기는 소규모의 시골사회이자 민속사회이다. 도시의 거대한 흐름 속에서 도시 주민들이 공동체의 주체가 되어 자기 지역문화를 만들어 가는 능력을 상실했기 때문이다. 도시가 국제화와 표준화로 가고 있다고 하지만, 사실은 서구화되고 있는 것이다. 서구화와 표준화를 겨냥해 가고 있는 획일화 사회를 두고 문화적 지역화를 기대할 수 없다. 그러므로 지역공동체의 구체적 보기는 농촌마을에서 찾아야 할 것이다.

전통적인 농촌마을이 지역공동체의 전형이다. 그런데 농촌마을이 급격하게 쪼그라들고 농촌문화의 전통이 자취를 감추고 있다. 달리 말하면 지역공동체의 해체가 급격하게 이루어지고 있다는 것이다. 그러한 원인의 하나는 인구의 감소이며 둘은 공동체생활의 약화이다. 지역공동체 해체의 가장 기본적인 요인은 인구의 지속적인 감소이다. 산업화와 도시화의 전개에 따라 지역사회의 인구가 계속 대도시로 이동하는 반면에 태어나는 인구는 없다. 따라서 지역사회의 인구는 크게 감소되는데 비하여 수도권 인구는 계속 늘어나서 공룡화되고 있다. 더 극단적으로 말하면 시골에는 사람이 없어서 문제인데, 대도시에는 사람이 너무 많아서 골칫거리이다.

그런데도 수도권에서는 계속해서 신도시 건설을 발표하고 있다. 수도권 신도시가 늘어날수록 지역의 인구감소는 더욱 줄어들게 마련이다. 인구만 적은 것이 문제가 아니라 고령화되고 있는 것도 문제이다. 따라서 시골은 지금 거대한 경로당으로 변해가고 있는데 도시 유흥가에는 젊은이들이 차고 넘치는 것이다. 도시와 농촌 사이의 양극화 현상이 더욱 깊어지는 데 따라 농촌 인구의 양적 감소는 물론, 질적 노령화도 큰 문제이다. 노인들이 문화적 창조력을 발휘하기 어려운 까닭이다.

기본적으로 문화는 사람과 더불어 존재한다. 사람이 없는 곳에서 문화는 창조되지 않는다. 창조는커녕 이미 있는 전통문화조차 전승될 수 없다. 사람이 모여 살게 되면 그 공간이 어떠한 상황이든 문화가 싹트게 마련이다. 그런데 사람이 없는 지역사회에서 문화적 지역화를 꿈꾸는 것은 공허한 일이다. 그것은 문화뿐만 아니다. 사람 없는 사회를 두고,

또는 사람이 떠나는 사회를 두고 그 사회의 발전을 논의하는 것은 사실상 죽은 자식 불알 만지기나 다름없다.

사람이 적으면 정치적 힘도 약화된다. 농촌사회가 정치적으로 소외되는 것도 인구가 적어서 정치적 힘, 곧 선거에 영향을 미치는 힘이 적기 때문이다. 같은 시골마을이라도 인구가 적으면 행정적 지원에서 소외되기 일쑤이다. 시장이나 군수 선거에 표가 되지 않는 마을보다 표가 되는 마을에 우선 지원하기 마련이다. 그러한 사실은 시골 어른들이 더 잘 안다. 그러므로 마을로 들어오는 버스길의 도로포장조차 인구가 적은 마을은 뒤로 밀리게 마련이다.

인구가 적으면 경제적으로도 소외된다. 경제적으로 소비력이 적기 때문에 소비 능력이 없는 사람을 대상으로 상품이 개발되지도 않을 뿐더러, 소수자를 위한 경제정책도 우선순위에서 밀리게 된다. 농촌 중심의 경제정책은 항상 대기업 중심의 경제정책에 밀리게 마련이다. 정치권에서는 양극화 현상이 대단히 문제인 것처럼 의제화하면서도, 실제로는 부익부 빈익빈을 조장하는 경제정책을 밀고 나간다. 더러 양극화 해소 대책을 내놓아도 도시사회의 문제로 한정되어 농촌사회는 제외된다. 한미 FTA의 무리한 추진도 대기업 위주, 수도권 위주의 경제적 이득을 추구하는 것이다. 그러므로 인구가 계속 감소하는 지역사회에서 문화적 지역화를 꿈꾸는 것은 어떤 발상으로도 극복하기 어렵다는 점에서 어두운 전망을 내리지 않을 수 없다.

다음 문제로는 인구가 상당히 많은 도시사회라 하더라도 이미 공동체가 해체되었다는 것이다. 인구의 다수는 공동체를 구성하는 기본 요건일 뿐, 여러 사람들이 모여 있다고 해서 곧 공동체가 되는 것은 아니다. 도시사회는 개별화된 다수의 군중적 사회일 뿐, 농촌사회처럼 집단화된

다수의 민중적 공동체가 아니다. 공동체는 마치 한 가족처럼 사회적 유대와 교류가 긴밀한 집단을 말한다. 그러자면 일정한 지리적 공간을 공유하며 소규모의 모듬살이를 이루고 살아야 한다.

도시사회에서는 벽 하나를 사이에 두고 사는 아파트생활처럼 시골보다 아주 가까운 거리에서 더 밀착된 주거생활을 하지만, 사회생활은 물론 일상생활조차 제각각이다. 더불어 일하기는커녕 서로 모르는 일터에서 제각기 자기 일을 하며, 다투어 제 살림살이를 챙기느라 이웃 살림살이에 관심이 없고, 여가생활조차 이웃을 떠나 제각기 즐긴다. 따라서 지역사회의 주민은 많아도 공동체가 형성되지 않으며, 자연히 공동체문화를 누릴 수도 없다. 그러므로 공동체를 기반으로 하는 문화적 지역화는 사실상 불가능하다고 해도 지나치지 않다.

5. 도시지역의 공동체 회복과 문화공동체 만들기

지역사회의 기본적인 문제가 두 가지 포착되었다. 문화적 지역화의 현실적 과제는 이 두 가지 문제를 극복하는 일과 만난다. 하나는 지역사회에 사람들이 모여 살도록 하는 일이며, 둘은 지역사회를 공동체다운 모듬살이로 만들어가는 일이다.

우선 지역사회에 사람들이 모여 살도록 하려면, 먼저 지역사회 주민들이 지역을 떠나지 않고 살도록 해야 하며, 다음은 진작 지역을 떠나 객지살이를 하는 사람들이 지역으로 돌아오도록 하는 일이다. 더 적극적으로는 대도시나 다른 지역에 사는 사람들이 지역사회를 거주지로 선택하도록 하는 일이다. 그러나 지역에 살고 있는 사람들조차 지역에서 뼈를 묻으려는 생각을 하지 않고 지역을 떠나려 하는데, 객지살이를 하거나 다른 고장 출신의 사람들이 지역에 몰려올 까닭이 없다.

왜 사람들이 다른 고장으로 떠나는가 하는 문제를 알아야 한다. 철새처럼 더 살기 좋은 환경을 찾아가는 것은 자연스러운 일이다. 자연히 지역화를 위해서 살기 좋은 환경을 만드는 지역사회의 여러 노력이 다각적으로 필요하다. 각계각층이 자기 처지에서 문제를 진단하고 대안을 마련하여 주체적인 실천 활동을 전개해야 한다. 그러한 노력 없이 분권운동처럼 중앙의 무엇을 가지고 와봐야 일시적인 인구의 흡입에서 머문다.

특히 교육환경이 인구이동의 중요한 원인 구실을 한다. 교육환경 가운데도 초중등 교육보다 고등교육이 결정적으로 문제이다. 명문대학이 출세를 보장하는 사회구조 속에서는 명문대학으로 이동하는 젊은 인구를 막을 수 없다. 명문대학 진학을 위해 외국유학은 물론 아예 이민까지 가는 상황이다. 기러기 아빠 구실도 마다하지 않는다. 그러므로 지역대학을 명문대학으로 만들지 않고서는 이 문제를 해결할 길이 없다.

해결의 길은 대학사회의 주체적인 노력과 지역사회가 협력하는 것이다. 이 문제를 스스로 해결할 수 있는 주체가 대학의 주요 구성원인 교수들이다. 스스로 노력해서 해결할 수 있는 길을 두고 다른 데서 방안을 찾고, 다른 집단에게 문제해결을 요구하는 논의를 아무리 해봐야 도움이 되지 않는다. 논문을 읽고 실천에 응할 집단은 거의 없기 때문이다. 자기 문제는 논문으로 주장하기 전에 직접 실천하는 일이 더 중요하다.[10] 그러지 않으면 자기 책임을 남에게 전가하는 것이나 다름없다.

10) 이러한 주장을 하는 연구자는 소속 대학을 발전시키기 위해 여러 모로 노력을 해왔다. 국학부의 특성화와 학문활동을 통해 안동대학을 국학 중심지로 주목받도록 노력을 하였으며, 또 대학원 민속학과를 특성화하여 BK21에 선정되도록 함으로써 안동대학을 민속학의 중심지로 자리매김하는 데 힘을 보태고 있다. 명문대학에서도 인문학문의 경우 대학원생 기근을 겪고 있는데, 안동대학 민속

교육에 대한 인식도 바꾸어야 한다. 모든 교육은 지역교육에서부터 시작해야 한다. 교육이 지역화 되지 않고서는 지역의 학생들을 지역사회에 잡아둘 수도 없고 지역문화를 가르칠 수도 없으며, 결국 문화의 지역화도 실현하기 어려운 까닭이다. 지역의 학생들이 지역문화와 지역사회를 배우지 않고 지역주민들이 지역문화와 지역의 역사를 알지 못하는 데, 문화의 지역화가 가능할 수 없다.

유치원 아이들부터 자기 골목과 마을을 공부하기 시작하여 고등학생이 되면 자기 고장을 넘어서 국가와 민족, 그리고 이웃나라와 세계를 공부하도록 하는 것이다. 중요한 것은 단계별 교육의 범주 확대과정이 아니라 교육의 첫 단계부터 자기 마을과 고장을 공부의 출발점으로 삼는다는 점이다. 지금처럼 안동 아이들이 안동을 모른 체 경주를 배우고 경주 아이들은 경주를 모른 체 부여를 공부하니, 어느 고장 문화도 제대로 알지 못한다. 자기 고장을 잘 모르는 데 남의 고장을 잘 알 턱이 없다.[11] 지역문화 공부가 곧 세계문화 공부로 나아가는 길이다.

지역화 교육은 곧 세계화 교육이다. 각자 자기 지역문화에 전문가가 되면, 사실상 세계문화의 전문가가 되는 것이나 다름없다. 모두 자기 지역문화를 잘 알고 있으면, 답사나 여행을 떠나도 전문가의 도움이나 관광안내자의 소개가 없어도 각자 자기 능력으로 현지문화를 쉽게 공부할 수 있다. 현지에서 사는 사람들이 곧 그 지역문화의 전문가이기 때문에 현지 주민들을 통해서 충분히 문화공부가 가능하기 때문이다. 따라

학과는 해마다 10여 명 이상 많은 학생들이 지원하여 상대적으로 학생 자원이 풍부하다.

11) 2002.「농촌공동체 문화의 활성화 방향 구상과 과제」.『지역문화, 그 진단과 처방』. 지식산업사. 218쪽 참조.

서 지역지식은 곧 세계지식이라 할 수 있는 것이다.[12] 그러므로 교육의 지역화는 문화적 지역화로 가는 가장 중요한 방법 가운데 하나이다.

문화적 지역화를 모색하는 관점에서 보면 교육환경 못지않게 문화환경이 중요하다. 살기 좋은 환경이 좋은 교육환경이나 좋은 일자리에 의해 보장되는 것처럼 보이지만, 사실은 좋은 문화환경에 의해 보장된다는 인식이 중요하다. 실제로 시골사람들이 일자리를 찾아서 대도시로 떠나기보다 뜻밖에 더 나은 문화생활을 위해서 대도시로 떠나는 경향도 적지 않다.

대도시에는 그만큼 누릴 수 있는 문화가 다양하고 풍부할 뿐 아니라 새로운 문화가 끊임없이 창조되는 것이 사실이다. 시골사람들이 볼 때에는 도시는 환상적인 삶터이다. 따라서 시골에 눌러 사는 것이 편하긴 해도 문화적으로 뒤떨어진다고 생각될 뿐 아니라, 적어도 자기 자식들에게는 그러한 문화로부터 소외되는 것을 원하지 않는 까닭에 무리를 해서라도 도시로 이주하려드는 것이다. 한 마디로 도시생활을 해야 인간다운 삶을 누릴 수 있다고 판단하는 것이 현실적인 추세이다. 그러므로 더 살기 좋은 문화환경을 만들지 않고서는 객지 사람들을 불러들이기는커녕 떠나는 사람들조차 막을 수 없다.

지역공동체를 유지하는 것과 문화적 지역화를 이루는 일은 사실상 맞물려 있다. 어느 것이 먼저라 할 수 없다. 문화복지가 잘 이루어지고 문화민주화가 실현되어야 지역공동체가 유지되고, 지역공동체가 유지되어야 문화적 지역화를 실현할 수 있다. 대구도 일정한 문화적 전통을 만들어가야 한다. 전주라고 하면 소리문화가 떠오르고 광주라고 하면

12) 위의 글(216-219쪽에서 이 문제를 자세하게 다루었다).

민주화 운동이 떠오르듯이, 대구라고 하면 무엇인가 독특한 문화적 상징이 그려져야 한다. 그런데 적절한 그림이 떠오르지도 않고 마땅한 대안도 제시되지 않고 있다.

최근에 대구를 '학문의 고장'으로 만들자는 제안이 설득력을 지니는 것은 그만한 문화사적 배경이 있기 때문이다. 지역 인물인 '원효와 일연·이황·최제우 등이 각 시대의 주역이 되어 우리 학문을 높은 수준으로 발전시키고 혁신한 전통을 고려할 때, 우리 지역사회에서 이룩한 학문의 수준과 성과는 서울을 비롯한 어느 고장에서도 따르지 못할 정도로 우뚝하다.'[13] 이 제안이 대구의 학문 수도론으로 발전하여 공론화된 사실도[14] 주목된다.

계명대학의 '목요철학세미나'는 이러한 학문의 전통을 새로 만들어 가면서 지역대학의 고급문화 양식으로 터 잡기 시작했다.[15] 20여 년 동안 장기적으로 지속하여 시민사회와 함께 가는 철학담론의 장으로 정착되면, 지역주민들까지 철학을 자기 삶의 문제로 끌어안고 가는 단계로 성장하게 될 것이며, '철학의 대중화, 대중의 철학화'라는 기획목표가 실현되는 것은 물론, 학문의 고장으로서 틀을 잡아가는 데 중요한 불씨 구실을 할 것이다.

---

13) 조동일. 2004.『세계·지방화 시대의 한국학 1 ―길을 찾으면서』. 계명대학교출판부. 239쪽.

14) '21C 낙동포럼' 2004년 정기포럼(2004년 12월 15일 인터불고호텔)에서 '대구는 학문의 수도여야 한다'라는 조동일 교수의 기조연설 이후 공적인 발표회와 정책토론이 이어졌다.

15) 계명대학교 철학과에서 주관하는 '목요철학 세미나'는 1980년 10월 이래 철학의 대중화와 대중의 철학화를 겨냥하면서 20여 년 동안 매주 지속되어 2006년 말까지 270여 회에 이르게 되어, 도저한 학문적 흐름으로 자리 잡게 되었다.

전체적인 문화 상징과 더불어 부문별 개성도 드러나야 한다. 음식의 특징처럼 시장의 특징도 하나의 지역문화이다. 부산 자갈치시장, 광주 벼룩시장처럼 대구 서문시장도 독특한 개성을 창출해야 한다. 지역주민들이 가고 싶은 시장골목과 문화공간, 그리고 시민들이 손꼽아 기다리는 연중행사와 세시풍속이 제각기 마련되어 있어야 한다. 특정 공간과 행사에 익숙하고 추억으로 간직하며 지역사회에 정이 들어야 한다. 지역사회가 '정든 고향'으로 인식되면, 일터를 따라 객지에 나가 살아도 지역이 구심점 구실을 하게 된다.

살고 싶은 도시로서 수준 높은 지역문화가 단숨에 이루어지기는 어렵다. 문화는 오랜 공동체생활 속에 형성되고 점진적으로 발전되는 현상이어서 주식 시세처럼 곧장 오르내리는 것이 아니다. 문화지식인들의 주체적인 문화운동과 지역주민들을 위한 문화봉사활동이 장기 지속적으로 이루어져야 조금씩 그 성과가 나타나기 시작한다. 따라서 민주화운동 못지않은 지역문화운동이 다양하게 펼쳐져야 한다. 문화지식인들에 의해 지역문화의 전통을 지속적으로 조사하고 정리하는 바탕 위에서 오늘에 맞는 새로운 문화적 전통을 만들어 가는 일이 긴요하다. 그래야 익숙하되 진부하지 않고 새롭되 낯설지 않은 지역문화에 정을 붙이게 된다.

그러나 대구와 같은 광역시만 하더라도 인구 감소가 문제되지 않는다. 적정 도시 인구를 넘어서 오히려 인구가 과밀한 것이 문제라 할 수 있다. 따라서 인구 이동을 막고 인구 유입을 조장하기보다 지역주민들끼리 공동체의식을 가지도록 하는 것이 긴요하다. 사람들이 아무리 많이 모여 살아도 공동체생활을 하지 않으면 전통문화가 이어지지도 않고 동시대의 새로운 문화창조력을 발휘할 수도 없다. 지역문화의 전형이 곧 공동체문화인 것도 이 때문이다. 그러므로 제각기 개별화된 도시지역 군중들을 어떻게 공동체 성원으로 만드는가 하는 것이 지역문화의 중요한 과제이다.

공동체는 소규모 지역사회에서 형성된다. 농촌마을이 지역공동체의 보기가 되는 것도 소규모 사회를 이루며 서로 긴밀하게 소통하고 같은 일을 협업으로 하고 있기 때문이다. 같은 모듬살이 속에서 함께 일하고 함께 놀고 함께 빌며 생활하는 까닭에 마치 한 가족처럼 살아간다. 같은 동신을 섬기는 제의공동체이자, 더불어 대동놀이를 즐기는 놀이공동체이며, 두레와 품앗이로 협업을 하는 노동공동체이다. 들일을 함께 할 때에는 밥상공동체라 해도 지나치지 않을 정도로 한솥밥을 나누어 먹는다. 그런 까닭에 지역사회는 공간적으로 '정든 마을'이자 시간적으로 '추억의 시절'이며, 사람들은 서로 따뜻한 인정을 나누던 반가운 이웃들로 자리 잡게 되는 것이다.

그러나 도시사회는 가족끼리도 서로 생활터전이 다르고 출입도 다를 뿐 아니라 이웃과 유대를 맺으며 살지 않는 까닭에 서로 낯선 관계 속에서 개별적으로 생활한다. 따라서 도시에 맞는 새로운 공동체를 구상해야 한다. 모듬살이 터전과 일터 공간이 대부분 분리되어 있으므로 생활공동체와 직장공동체로 분별하여 공동체생활과 공동체문화를 의도적으로 기획하지 않을 수 없다. 아파트 단위와 골목 단위로 생활공동체를 구성하고 직장과 일터 단위로 문화공동체를 만들 필요가 있다.

아파트 단위로 문화동아리 활동을 정기적으로 하고 세시풍속에 따른 나눔 행사를 하며 반상회와 다른 문화모임과 문화행사를 기획한다. 취미생활과 문예활동, 탁아활동, 독서모임, 문화행사 참여 등을 소모임별로 하며, 아파트 미화활동은 전체 성원들이 정기적으로 한다. 주민들의 합의에 따라 초청공연과 초청강연 프로그램도 마련한다. 그런 가운데 서로 얼굴을 익히고 취미를 공유하는 가운데 상부상조의 공동체로 간다. 아파트 내의 일상생활은 물론 아파트 환경도 한층 문화적으로 가꾸어 간다. 소모임이나 봉사활동에 참여하지 못하는 맞벌이 부부는 별도의 모임을 꾸리고 공동체를 위한 다른 봉사 기회를 찾는다. 아파트 공동체 만들기 조사연구가 활성화될 필요가 있다.

도시에서 생활공동체의 단위로 적절한 것이 골목이다. 골목의 역사와 전통을 찾고 특색 있는 골목을 만들어 골목이 일정한 성격과 이름을 가지도록 한다. 도시에는 거주자가 자주 바뀌어 골목의 역사와 전통을 잃어버린 것 같으나 관심을 가지고 찾아 나서면 상당히 중요한 자료들을 확보할 수 있다. 골목을 지키고 사는 토박이나 다른 곳으로 이사간 토박이들의 기억 속에 골목의 역사와 문화가 어느 정도 남아 있다. 골목사람들이 골목의 문화를 공유하며 아파트 입주자들처럼 새로운 공동체를 만들어갈 수 있도록 주선해야 한다. '거리는 살아 있다'고 표방하는 대구거리문화시민연대는[16] 그러한 실천의 보기를 보이고 있다.

대구에는 약전골목과 고서점골목, 남산동 인쇄골목 등 전통적인 골목이 있는가 하면, 최근에 만들어진 봉산문화거리, 야시골목, 귀금속골목, 오토바이골목 등이 있다. 자연스럽게 같은 업체끼리 모여서 특정 시장을 형성하는 경우도 있지만, 화랑을 중심으로 형성된 봉산문화거리는 대구문화의 자존심이라 할 수 있다. 화랑 골목이 문화의 거리로 발전한 좋은 보기이다. 문화의 거리에는 다양한 문화공동체들의 모임과 전시회, 발표회, 문화강좌가 이루어지고 있어 기대를 모은다.

---

16) 대구거리문화시민연대 홈페이지(http://www.streetcat.or.kr/) 참조.

직장별 문화공동체 운동도 필요하다. 직장 동료들은 하루 종일 서로 얼굴을 맞대고 함께 일하는 까닭에 일터공동체를 형성하고 있다. 따라서 아이의 돌잔치나 자신의 생일에 이웃사람들은 초대하지 않아도 직장 동료들은 초대하기 일쑤이다. 그러나 대부분 일터를 중심으로 생활공동체에 머물고 문화공동체로 나아가지 않는다. 아파트 입주자들처럼 취미생활과 문예활동, 문화답사 등 소모임 중심으로 문화활동을 하여 사내 발표회 및 전시회 등을 통해 문화공동체를 이루도록 한다. 그러한 매개구실을 하기 위해 문화전문가들의 참여가 필요하다.

6. 지역문화 운동 논의의 주체와 실천 사례

지역문화 운동을 이끌어나갈 주체는 문화지식인으로서 역량과 문화만들기의 능력을 갖춘 전문가들이어야 한다. 그런데 문화전문가 또는 문화지식인들이 문제이다. 주장은 그럴듯하게 하는데 스스로 주장하는 대로 실천하려 들지 않는 까닭이다. 자신은 논의의 주체 구실만 하고 실천의 주체 역할은 다른 사람들에게 떠넘기고 있는 것이다.

지역분권운동 주체들이 자기 지역의 권력을 더 소외된 지역에 나누어 줄 생각 없이 수도권을 향해 나누어 달라는 주장을 펼치는 것이 문제이듯이, 지역문화운동도 이렇게 저렇게 되어야 한다는 주장만 하고 스스로 실천하려들지 않는 것이 문제이다. 살기 좋은 지역이 되기 위해서는 문화적으로 매력적인 고장을 만들어야 한다는 사실을 잘 알고 있는 사람조차 말만 하고 실천은 하지 않는 데, 이러한 사정을 잘 모르는 사람들이 나서서 적극적으로 실천할 까닭이 없다.

따라서 중요한 것은 주장이 아니라 실천이다. 지역인구가 다른 곳으로 빠져나간다고 하면서 제 자녀와 가족은 대도시에 보내둔 채 혼자 남아서 지역사회를 살 만한 곳으로 만들어야 한다고 주장하는 만큼 당착도 없다. 지역화를 주장하는 논의를 무성하게 하면서 실제로는 중앙권력에 줄을 서고, 마침내 기회가 닿으면 지역사회를 떠나는 지식인들이 문제이다. 지역사회에서 지역운동을 하던 지식인들 가운데 지금 보이지 않는 사람들이 더러 있다. 더러 중앙권력에 끈이 닿아서 지역을 떠나고, 또 거기서 얻은 권력으로 다시 수도권의 다른 일자리를 찾아간 사람들이다.

그런 사람들이 이제 중요한 정책 결정의 자리에 갔으니 지역문제를 정책적으로 잘 해결해 주리라 기대할 수 있다. 뜻밖에 그러한 기대를 충족시켜 주는 사람을 찾아보기 어렵다. 지역사회에서 노력한 행적으로 보아 지역을 떠나서도 그때처럼 지역운동에 관심을 기울일 것으로 믿을 수 있다. 헛된 믿음을 가지게 되면 배신감을 느낄 수 있다. 여전히 지역문제에 관심을 보이고 열성으로 참여하는 이를 만나기 힘들다. 지역문제는 까맣게 잊어버리고 수도권의 새로운 생활에 적응하느라 분주한 생활을 보내라 짐작하는 것이 편하다.

따라서 지식인들의 논의와 연구가 부족하거나 해결방법을 모르는 것이 문제가 아니라 스스로 실천하려 들지 않는 것이 문제이다. 이러한 논의 이전부터 문제는 있고 또 해결 방법도 알고 있지만, 정작 실천해야 할 주체들이 실천하지 않는 것이 문제이다. 실천주체인 지식인들의 성찰이 필요한 대목이다.

지역문화운동 주체로서 전문적인 역량을 갖추고 가장 성과를 올릴 만한 지식인은 지역대학 교수들이다. 교수들이 자기 전공을 살려서 지역문화운동을 한 가지씩 맡아서 전개하면 지역문화가 크게 달라질 수 있다. 따라서 나는 오래 전부터 그런 주장을 펼쳤다. "가장 기능적인 연구는 지역문화를 위한 실천운동에 동력을 제공하는 것이며, 나아가 연구자 스스로 지역문화 지키기와 계승운동에 적극 참여하는 것이다."[17] 안동만 하더라도 교수들이 5백 명 가까이 된다. 5백 명의 교수들이 자기 전공분야별로 한 가지씩 지역사회에 문화봉사활동을 하면 안동의 문화가 확 뒤집어질 만큼 비약적인 변화를 할 것이다.

대구는 그러한 조건을 더 잘 갖추고 있다. 역량 있는 인적 자원과 물적 자원이 모두 풍부하다. 문제는 논의와 조건이 아니라 실천이다. 지역화 과제를 그럴듯하게 제시하고 자세하게 늘어놓는 것은 쉬운 일이다. 과제에 대한 논의를 자랑삼아 하는 데 만족할 것이 아니라, 자신이 할 수 있는 과제를 하나라도 실천하는 것이 중요하다. 그래야 지역화 논의와 지역 변혁운동이 겉돌지 않고 함께 갈 수 있다. 지역문화 운동의 방법과 능력을 갖추고 있는 주체들이 앞서서 실천하는 것이 절실한 대안이다.

안동에서는 지역대학 교수들과 지역 지식인들이 1984년 '안동문화연구회'를 조직하여 지금까지 문화답사와 연구 활동을 벌여서 조사보고서와 연구회지 『안동문화연구』를 간행하였다. 안동문화강좌를 무료로 열어 시민들에게 지역문화 이해력을 높이고 안동문화에 관한 교양단행본도 출판하여, 전국향토사협의회를 태동시키는 구심점 노릇을 담당했다. 그러나 연구회는 문화지식인들 중심의 연구 활동으로 제한되는 까닭에 다시 보다 대중적인 문화조직으로 '문화모임 안동'을 만들었다. 이 모임에서는 1988년부터 잡지 계간 『안동』을 발간하여 시민들에게 무료로

17) 위의 책(178쪽).

배포하고 다양한 문화행사를 벌였다. 뒤에 격월간으로 바뀐 『안동』은 지금까지 105호가 간행되었다. 그러나 여기에 참여하는 주체들도 글을 쓸 줄 아는 지식인들이 중심이며 문화현장과 밀접하게 만나는 실천운동과 거리가 있다.

따라서 이러한 한계를 극복하기 위해 어린이에서부터 어른들에 이르기까지 누구나 참여하는 예사 시민 중심의 실천적 문화활동 조직이 새로 꾸려졌다. 1999년에 조직된 '안동문화지킴이'가 그 보기이다. 문화지킴이 활동은 유치원 어린이부터 노인들까지 시민들이 자유롭게 참여하되, 가족 단위 회원들이 주체가 되어 정기적으로 지역문화 현장을 찾아가서 문화재 주위를 청소하고 설명을 들으며 문화재답사와 보존 활동을 함께 하는 것이다. 기관지인 『사람과 문화』도 다달이 간행하여 현장에서 배포한다. 나아가 '한 가족 한 문화재 가꾸기' 운동도 벌이고 지역주민들을 대상으로 문화유산 해설사 현장교육을 하는 것 외에, 올해부터 초중등 학교에 문화유산 방문교육까지 실시하고 있다. 그러므로 학교교육과 현장답사, 문화유산 해설 교육 등 다양한 프로그램을 통해서 여러 세대들의 시민들이 남녀노소 분별없이 지역문화를 공유하게 되었다.

이 운동은 위에서 아래로, 관에서 민으로, 중앙에서 지방으로 누르는 방식으로 진행되는 종래의 관변 측 운동과 달리, 아래에서 위로, 민에서 관으로, 지역에서 중앙으로 나아가는 운동을 지향한다. 지역에서 싹을 틔어 중앙으로 줄기를 뻗치고 아래에서 위로 치받치는 새로운 형태의 문화자치 운동이자, 시민이 주체가 되어 관의 문화행정을 움직이는 시민참여 운동이다. 한 마디로 아래를 튼실하게 다져서 위를 우뚝하게 만들어 세우는 민주적 문화시민 활동으로 자리매김 되고 있다. 시군 단위의 문화지킴이 운동을 도 단위로 결성하여 활성화시키고, 이 운동

을 횡적으로 확산시켜 마침내 전국적인 문화운동이 될 수 있도록 하는 것이 목표였다.[18)]

그 결과 의도대로 전국적인 문화활동으로 확산되었을 뿐 아니라, 중앙의 문화재청까지 이 운동을 표방하여 1문화재 1지킴이 운동을 정책적으로 전개하기에 이르렀다. 2004년에는 문화재청에서 참여하여, 안동문화지킴이가 출정식을 한 안동 태사묘(太師廟)에서 전국적인 문화지킴이 활동 출정식이 이루어졌다. 따라서 안동은 시민들의 자원봉사 활동으로 이루어지는 문화재 보존활동과 문화재 공부활동의 보기로 평가받고 있으며,[19)] 지금은 기업체까지 문화지킴이 활동에 나서고 있다. 앞으로 국제사회에도 영향을 미쳐 세계적인 문화운동으로 확산되기를 기대한다.

시민들이 문화재를 지키는 운동 같지만 사실은 문화재가 가족을 지키고 시민들의 건강한 문화생활을 지켜준다. 지역사회에 이미 있는 문화재를 지키는 활동이면서, 사실은 새로운 지역문화를 만들어 가는 활동이다. 가족끼리 문화재를 사랑하고 문화재를 공부하며, 여가시간을 이용하여 문화재 관리활동을 하는 것은 새로운 가족문화를 만들기 때문이다. 시민들끼리 문화재를 중심으로 새로운 공동체를 이루고 문화적으로 성숙하게 하는 일도 새로운 시민문화의 조성이다. 처음에 30명으로 출발했는데, 7년 만에 600여 명으로 확대되었다. 문화지킴이 활동이 안동의 새로운 지역문화 전통으로 자리 잡아 가고 있는 것이다.

---

18) 2002. 「문화지킴이 운동의 확산과 지역연대를 겨냥하며」. 『사람과 문화』 37. 안동문화지킴이. 7월호. 9쪽.

19) 안동문화지킴이는 지역문화재를 지키는 봉사활동을 인정받아 2004년에 문화재청장상, 2005년에 영가문화상, 2006년에 대통령상을 받게 되었다.

7. 민속문화의 재조명과 문화주권 인식

민속문화의 인식은 민중적 인식과 민족적 인식에서 나아가 생태학적 인식으로까지 나아갔다. 따라서 민속문화의 생태학적 인식을 제3의 인식 또는 제3의 민속학이라 일컫는다.[20] 민속학이 계급모순과 민족모순을 해결하는 변혁의 학문으로서 성장하고 최근에는 생명모순을 극복하는 생명운동과 만나면서, 더 큰 변혁운동을 지향하게 되었다. 민속문화 논의가 여기까지 진전되는 과정에서 상대적으로 상업화로 유통되고 있는 현실문화의 비판적 인식과 대안적 논의에는 소홀했다.

그런 까닭에 문화의 공간적 바탕을 이루며 역사적 뿌리로서 존재했던 민속문화의 가장 기본적인 존재양식 문제는 상대적으로 무디게 포착되었다. 그 동안 계급적 시각과 민족적 시각에 매몰되어 산업사회와 더불어 조성된 지역모순이나 개인의 문화주권 상실 문제에는 제대로 눈을 돌리지 못한 셈이다. 문화가 상품화되어 거래되고 소수 전문가들이 문화주권을 독점하며 중앙에서 일방적으로 전달되는 까닭에 문화차별이 점점 심각해지고 있다는 현실문화의 모순을 절감하지 못했던 것은 문화 지식인들의 한계이다. 정치적 독재와 경제적 독점에 관해서는 비판적 목소리를 높였을 뿐 정작 자기 문제와 연관되어 있는 문화권력들의 문화주권 독점에 관해서는 입을 다물고 있었던 것이다.

성찰적 문화인식에서, 민속문화는 모든 문화양식의 뿌리이자 바탕이라는 시각에서 재인식이 필요하다. 다시 말하면 현실문화의 새로운 모순들을 해결하는 가장 바람직한 양식으로서 민속문화의 존재양식을 주목하고 새로운 문화주권 이론의 준거를 마련하는 논의로 나아가야 한다

---

20) 2002.『민속문화의 생태학적 인식』. 도서출판 당대. 9쪽, 23쪽, 309쪽 참조.

는 말이다. 그러므로 가혹한 신분체제 속에서도 민중들이 자기 문화를 스스로 창조하고 주체적으로 누렸던 민속문화의 민주적 기능을 재인식하지 않을 수 없다.

민속문화는 공간적으로 지역문화이며 사회적으로 공동체문화이고 역사적으로 전통문화며, 계급적으로 민중문화이다. 지역문화인 까닭에 다양성의 문화이고, 전통문화인 까닭에 민족문화의 정체성을 지니며, 공동체문화인 까닭에 주체적인 창조문화이며, 민중문화인 까닭에 무상으로 공유하는 문화이다. 물론 이 8 가지 요소들은 서로 얽혀 있다. 따라서 지역공동체 민중들이 주체적으로 창조하여 전승해온 무상공유의 민족문화로서 정체성을 지닌 문화를 민속문화라 할 수 있다. 그러므로 민속문화의 주체인 민중은 문화창조력을 발휘하며 스스로 문화주권을 누렸던 것이다.

우리 시대에 가장 결핍된 것은 정치주권이 아니라 문화주권이라 할 수 있다. 본디부터 민중들 스스로 누리던 문화주권은 점차 문화전문가나 문화지식인들에게 위임되어버렸다는 것이다. 중앙집권적인 정치주권은 지배집단에서 지역 민중들이 자유롭게 행사하는 쪽으로 발전해온 반면에, 문화주권은 도리어 지역 민중들로부터 알게 모르게 박탈되어 지배집단의 소유로 귀속되었다는 사실이다. 따라서 정치적 민주화는 진전된 것이 사실이지만, 정작 인간다운 삶과 더 밀접한 연관성을 지니고 있는 문화주권은 퇴보되었으며, 문화향유권도 철저하게 차별화된 상황이다. 그러므로 민속문화의 평등한 향유양상을 다시 조명하지 않을 수 없다.

민속문화가 전승되는 마을공동체에서는 일하고 놀고 비는 일상의 활동이 모두 평등하게 이루어졌다. 놀이공동체이자 제의공동체이며 노동

공동체인 까닭이다. 혼례와 장례와 같은 의식도 마찬가지이다. 마을에서 공동으로 준비해 둔 같은 혼례복을 입고 같은 가마를 타고 시집장가를 가는가 하면, 죽어서 저승을 갈 때도 같은 영여와 상여를 타고 같은 상두꾼이 메고 묘지까지 운구를 한다. 혼례 잔치나 상례 이바지도 거의 같은 수준이다. 마을의 부조 총량이 일정하기 때문에 들어온 음식부조를 나누어 먹는 잔치 규모는 크게 차이나지 않는다. 잔치음식을 담아내는 그릇과 밥상조차 동기(洞器)로 마련되어 있기 때문에 살림살이의 빈부와 상관없이 같은 집기를 사용하게 된다.

놀이문화도 마찬가지이다. 민속문화의 체계 속에서는 빈부 차에 따라 놀이공간이 다르고 놀이감이 다르거나 놀이 종류가 다르지 않다. 같은 놀이터에서 같은 놀이감으로 같은 놀이를 즐기는 것이다. 동채싸움을 하거나 줄당기기를 하거나 마을 사람들이 더불어 공동으로 할 따름이다. 오히려 부자들은 대동놀이를 위한 경제적 부담을 크게 떠안게 된다. 아이들의 놀이도 같은 놀이터에서 같은 놀이를 함께 즐긴다. 경제적 빈부에 따라 부자들의 놀이와 가난한 이들의 놀이가 분별되어 있지 않다. 왜냐하면 놀이가 상품화되어 거래되는 것이 아니라 공동체 성원끼리 무상으로 공유하는 것이기 때문이다. 이처럼 민속문화는 무상공유의 공동체문화인 까닭에 민중들이 민주적으로 평등한 문화를 누릴 수밖에 없다.

그런데 민주화된 평등사회라고 하는 현대생활에서는 모든 것이 더 철저하게 차별화되어 있다. 따라서 반민주적으로 차별화된 문화현실을 극복하는 문화이론을 민속문화의 존재양식에서 찾지 않을 수 없다. 그것은 곧 문화자치를 이루고 문화민주화를 실현하는 것이 목표이다. 문화민주화 문제를 겨냥할 때 새삼스레 주목되는 것이 민속문화를 누리는 민중들의 문화주권과 문화창조력이다. 문화주권은 적극적으로 문화생산 주권을 말한다. 자신이 필요한 문화를 저마다 생산하여 향유하는 기본권을 누리는 것이다.

가수만 노래하고 화가만 그림을 그리고 춤꾼만 춤을 추며 배우만 연극하는 것이 아니라, 사람이면 누구나 자기 노래를 부르고 자기 그림을 그리며 자기 춤을 추고 자기 연극을 하는 주체가 될 수 있어야 문화민주화가 실현된다는 것이다. 그것이 바로 문화생산 주권을 민주적으로 누리고 저마다 문화창조력을 발휘하는 일이다. 이러한 민주적 문화생산 주권과 문화창조력의 향유를 두루 일컬어 문화주권이라 하는 것이다. 결국 문화민주화가 이루어지고 문화주권이 실현되면 지역문화도 살아나게 된다.

그런데 이러한 문화주권은 개인이 누리는 것으로 만족할 수 없다. 지역사회도 지역문화주권을 누려야 하고 민족이나 국가도 민족문화주권 또는 국가문화주권을 누릴 수 있어야 한다. 따라서 문화주권은 개인적으로도 보장되어야 할 뿐 아니라 지역적으로 또는 국가적으로도 보장되어야 한다. 그러므로 개인적 문화주권, 지역적 문화주권, 국가 또는 민족적 문화주권이 함께 보장되어야 민주적이고 평화로운 문화의 세기가 열리는 것이다.

국가적 문화주권이 선진국과 후진국 사이의 문제라면, 지역적 문화주권은 중앙과 지방 사이의 문제이다. 앞에서 다룬 것처럼 전통사회에서는 중앙과 지방이 문화적으로 대등한 관계였다. 그런데 민주화가 진전되고 평등사회가 이루어졌다고 하는데, 사실 문화의 경우는 거꾸로 더욱 불평등하게 된 것이다. 대표적인 것이 중앙과 지방의 불평등에 의해 조성된 지역모순이다. 지역모순의 심화에 따라 중앙이 문화생산 주권을 독점하고 지방은 문화 소비자로 객체화되어, 그야말로 지역사회는 문화적 변방으로 밀려나게 되었다.

시골사람들은 쉬지 않고 뼈빠지게 일하면서도 과거에 누렸던 문화주권조차 알게 모르게 도시사람들에게 빼앗겨 버리고 경제적으로는 더욱 빈곤하게 살아간다. 그런 반면에, 대도시사람들은 여유 있게 즐기면서도 새로운 문화 흐름을 주도하여 시골까지 유행시킬 만큼 문화주권을 누리는가 하면, 경제적으로도 더욱 풍요로운 삶을 누리는 것이 현실이다. 대중문화의 유행이 수도권 중심으로 형성되어 지방으로 파급되고, 집값의 폭등에 의한 경제적 이익조차 수도권주민들의 몫이 되고 있는 것이 한 보기이다.

따라서 지역의 본디 문화창조력을 회복하고 문화주권을 자유롭게 발휘하는 것이 지역문화 주권을 누리는 것이다. 지역문화 주권이 보장되면 인구의 서울 집중도 막을 수 있고 국토의 균형발전도 실현하게 되며, 더욱 심화되고 있는 지역모순도 해결할 수 있다. 이러한 문화주권에 대한 이론적 자각을 가능하게 하는 것이 민속문화의 존재양식이다. 그러므로 민속문화의 존재양식을 통해서 문화주권에 대한 문제의식과 문화 민주화의 논리를 가다듬을 수 있게 된 것이다.

민속문화는 공동체에 의해서 주체적으로 생산되고 공동으로 전승되는 가운데 무상으로 공유하는 문화이다. 따라서 문화적 재능이 뛰어난 사람만 문화생산 주권을 향유한 것도 아니며, 경제적으로 부유층 사람만 공동체문화를 독점적으로 누린 것도 아니다. 개인적인 문화 생산권과 향유권을 상당히 자유롭게 누리면서 지배집단의 기득권 문화에 대하여 맞서는 가운데 자신들의 세계관을 유감없이 표현해 왔던 것이다. 민속문화 가운데서도 설화와 민요, 판소리, 탈춤이 특히 그러한 구실을 감당했던 것이다.

중앙과 지방의 문화적 모순도 전에 없던 것이다. 서울선비라고 하여 안동선비보다 더 학문적으로 뛰어났다고 할 수 없듯이, 서울소리꾼이라 하여 전주소리꾼보다 노래를 더 잘 불렀다고 할 수 없다. 오히려 민속문화는 상층의 고급문화와 달리 중앙보다 지역이 더 우세하다. 민요와 판소리는 호남지역이 우세하고 설화는 영남지역이 풍부하다. 호남지역의 민요와 판소리가 특별히 뛰어나다고 하는 것은 진작 인정된 사실이지만, 영남지역의 설화는 1980년대에 실시한 전국적인 구비문학 조사를 통해서 드러났다. 구비문학 조사 경험에 의하면, 경주와 안동처럼 문화적 뿌리가 깊은 곳에서 설화가 특히 풍부하게 수집되었다.

> 우리나라의 대표적인 민요인 아리랑만 하더라도 경기아리랑, 강원도아리랑, 경상도아리랑처럼 8도 아리랑이 제각기 있는가 하면, 군 단위로 내려가면 진도아리랑, 밀양아리랑, 정선아라리, 영월아리랑, 예천아리랑처럼 다시 여러 아리랑들이 고장마다 있어, 그 유형과 각편이 참으로 다양하다. 오늘날 대중가요가 모두 서울에서 획일적으로 공급되는 것과 달리 아리랑은 지역에서 더 다양하고 풍부하게 창조되어 전승되고 있다.[21)]

민속문화가 지역문화로서 다양성을 가지고 있는 것은 지역공동체가 문화창조력을 발휘하며 문화주권을 누렸기 때문이다. 이러한 지역사회는 마을 단위까지 내려간다. 마을에는 마을신화가 있고 마을역사가 있

21) 2004. 「민속학의 지역주의 인식과 공동체문화의 지역해방 기능」. 한림대학교 인문과학학연구소 편. 『한국 지역주의의 현실과 문화적 맥락』. 민속원. 169-170쪽.

으며 마을신앙도 있다. 입향시조의 마을 개척사와 동신신앙, 그에 따른 당신화들이 널리 전승된다. 당신화와 마을전설은 마을문학으로서 독창성을 지닌다. 마을의 농요와 풍물은 마을음악으로서 음악문화 주권을 보장한다. 다른 문화영역도 마찬가지이다. 그러므로 민속문화를 조사해 보면, 마을문학과 마을음악, 마을조각, 마을연극, 마을신앙, 마을놀이 등 다양한 마을문화를 민중들이 주체적으로 창조하고 전승해 왔다는 사실을 알 수 있다. 마을문화의 창조력이 바로 가장 기본적인 지역문화 주권의 실현을 보장하는 것이다.

8. 민속문화에 의한 문화적 지역화의 실현

최소 단위의 지역공동체인 마을의 모듬살이가 지역문화 주권을 누렸다는 사실은 더 규모가 큰 단위의 지역문화 주권 또한 마을 못지않게 잘 보장되었다는 것을 말한다. 작은 모듬살이를 이루는 한 마을이 문화 주권을 누렸는데, 시군 단위의 고장이나 고을의 문화주권이 실현되지 않을 리 없다. 그런데 지금은 마을 단위는커녕 면 단위 또는 시군 단위만 하더라도 지역문학이나 지역음악, 지역연극의 창조력을 발휘하지 못하고 있는 곳이 적지 않다.

문화도 경제처럼 자본주의 시장체제에 따라 생존경쟁의 논리에 의해 존재하기 때문이다. 잘 팔리는 대중문화는 시장을 석권한다. 시청률 높은 드라마는 본디 계획과 상관없이 길게 늘여나가고,[22] 관객 동원수가 많은 영화는 전국의 대형극장을 석권하는 바람에 다른 영화는 극장조차

22) 현재 인기리에 방영되고 있는 MBC 드라마 『주몽』은 시청률이 높자 작가를 바꾸어 가면서 작품을 늘려 연장 방영할 계획이다.

잡기 어려운 상황이다. 한 마디로 상품화에 성공한 문예작품이 시장을 독점하는 까닭에 정작 예술적 가치를 지닌 문예작품들은 상품화에 밀려서 기를 펴지 못하게 된다. 따라서 국제사회에서 작품성을 인정받고 있는 영화감독 김기덕은 자기 작품을 아예 국내 극장에 내걸지 않겠다고 선언할 정도로,[23] 문화시장은 정글의 상황 못지않게 약육강식의 법칙이 관철되고 있다.

중앙의 일부 문화생산자들에 의해 독점되는 문화생산활동에 의해, 문화는 중앙에서 지방으로, 위에서 아래로, 지식인에서 민중으로 일방적으로 공급된 것이다. 대중문화는 처음부터 그렇게 상품으로서 공급되고 소비되었다. 그러기에 대중문화를 통해서 문화주권을 제대로 포착하기 어렵다. 그러나 민속문화를 보면, 현실문화의 모순을 여러 가닥으로 인식할 수 있다. 개인적으로 문화주권을 상실한 것은 물론, 지역적으로도 공동체의 문화주권을 상실하고 있는 것이며, 제국주의 대중문화에 아무런 가리개 없이 완전히 노출되어 있는 제3세계는 민족문화 주권까지 잠식되고 있는 상황이다.

중앙과 지방의 정치적·경제적 차별화는 물론 문화적 차별화가 더 심각하게 조성되고 있다는 사실을 민속문화의 존재양식을 통해서 비판적으로 진단한다고 해서 문제해결의 길이 열리는 것은 아니다. 진단에 따른 처방은 별도로 필요하다. 공동체의 해체를 복원한다고 해도 문화가 상품으로 유통되는 질서에 편입되어 있는 한, 예사사람들의 문화주

23) 베를린 영화제와 베니스 영화제에서 감독상을 받을 만큼 국제 영화계에서 인정받고 있는 김기덕 감독은 앞으로 자기 영화를 국내에서 상영하지 않겠다고 선언을 하여 영화계에 충격을 주었다. 관객으로부터 자기 영화의 작품성을 인정받지 못할 뿐 아니라 단관 상영조차 1주일을 넘기지 못할 정도로 극장에서 푸대접을 받았기 때문이다.

권은 물론 지역문화 주권도 누리기 어렵다. 특히 대중문화는 중앙과 지방의 차이가 더욱 극심하다. 대중문화 생산자와 문화지식인들이 모두 서울에 집중되어 활동하는 까닭이다.

문화교육의 혜택을 전혀 받지 못한 민중들은 지역문화의 중심성을 확보하고 문화주권을 누리며 지역문화를 풍요롭게 창조하고 전승해왔는데, 오늘날 지역사회 문화지식인들은 오히려 문화교육을 충분히 받고 창작능력도 갖추고 있으면서도 중앙문화에 종속되어 있는 것이 현실이다. 구조적 탓으로 보면 상업주의 체제로 돌릴 수 있고, 의식으로 보면 지역문화인들의 소중앙주의를 들 수 있다. 시장문화 체제를 바꾸는 노력과 더불어 지역 지식인들 스스로 소중앙주의 의식에서 해방되는 성찰이 필요하다. 지역사회 문화지식인들의 토박이 의식이 확고해야 문화의 지역화가 가능한 까닭이다.

지역의식에 의한 지식인들의 성찰도 쉽지 않지만, 문화상품화 문제를 해결하는 길도 아득하다. 문화와 지식이 상품으로 유통되는 체제로 가는 한 지역문화의 앞길도 암울하다. 공동체문화의 꿈도 이룰 수 없다. 왜냐하면 공동체문화는 무상공유의 문화이기 때문이다. 문화적 지역화의 소망은 민속문화에서 대안을 찾아야 한다. 자본주의 체제에서는 문화를 무상으로 공유하는 것이 불가능한가. 그렇지 않다. 문화의 상품화 경향은 후기 산업사회에 비로소 나타난 현상이다.

경제는 자본주의 체제를 유지하더라도 문화는 무상으로 공유 가능하다. 민속문화가 무상공유의 공동체문화라고 해서 공동체의 경제도 그렇게 공유하지 않았던 것이 좋은 보기이다. 민속문화에서도 사유재산제를 인정하고 생산물을 상품으로 거래하여 이윤을 추구하게 마련이다. 자연히 경제적 빈부가 문제될 수밖에 없다. 다만 공동체 성원들의 문화생활이 공유될 뿐이다. 구체적인 보기로 두레문화를 들기로 하자.

> 두레노동은 사유재산을 부정하는 것은 아니다. 토지의 사유화를 인정하고 생산물의 사유화도 인정한다. 다만 토지에 농작물을 경작하는 생산 활동을 시장경제 논리와 같은 살벌한 자유경쟁 체제에 맡겨두지 않고 노동력을 공유하는 가운데 노동활동을 공동으로 하여 노동을 놀이로 전환시키며 노동효과를 극대화하는 공동체문화를 실현했던 것이다. 두레노동을 통해서 노동현장에서 일노래를 널리 전승하고 두레풍물을 즐기는 등 일터문화와 노동예술을 다양하게 생산했던 것이다. 따라서 두레문화는 사유재산을 인정하고 시장경제 체제를 거부하지 않으면서도 얼마든지 공동체문화를 창출할 수 있는 좋은 보기가 될 뿐 아니라, 생업현장에서 직접 일을 하는 노동자들이 생산 활동까지 문화화 할 수 있고 또 문화화해야 삶의 질을 높일 수 있다는 대안을 제시하는 긴요한 근거가 되는 것이다.[24)]

모내기나 논매기 활동은 상당히 힘들고 격렬한 노동 상황이다. 그런데도 모내기 노래나 논매기 소리를 부르고 풍물을 치며 때로는 논바닥에서 덩실덩실 춤을 추기도 했다. 일터문화이자 노동예술로서 두레풍물이 창출되고 노동요가 다양하게 생산되었다. 그리고 여기서 생산된 음악문화와 노래문화는 마을의 마당놀이에서도 재현된다. 노동활동 못지 않게 소중한 노동예술이 일의 고통과 고된 일과로부터 탈출시켜 주는 구실을 한다.

일을 놀이화하고 경제적 생산 활동을 문화 활동으로 전환하는 두레문

---

24) 2005. 「마을민속, 무엇을 어떻게 연구할 것인가」. 『마을 민속연구 어떻게 할 것인가』. 민속원. 45-46쪽.

화의 보기는 오늘날의 일터에서도 창조적으로 이어받을 필요가 있다. 일꾼들이 논바닥에서 힘든 노동을 하면서도 현장문화를 즐기며 예술 활동이 가능했는데, 문화교육을 받은 사람들이 정보지식사회의 산업현장에서 머리를 굴리는 일을 하면서도 예술 활동이 불가능하다고 하는 것은 납득하기 어렵다. 일터 동료들끼리 문화 활동을 통해 문화공동체로 거듭 나는 길을 얼마든지 모색할 수 있다. 직장 문화 활동 프로그램이 생산 활동과 함께 유기적으로 기획되기 위해서, 필요하다면 기업별, 직장별 문화 활동 전문가들의 문화 봉사 활동도 기대된다. 대기업에서는 홍보실과 더불어 문화기획실 운영이 필요하다. 그러면 문화지식인의 일자리 창출 기회도 늘어날 것이다.

민속문화에서는 경제활동과 생산 활동만 놀이화하고 문화화한 것이 아니다. 정치도 문화화했다. 마을지도자를 뽑는 동장 선출이나 마을자치활동은 일종의 마을정치 활동이다. 마을의 문제를 논의하는 대동회는 직접 참여정치이다. 그런데 이런 정치활동은 모두 동제 또는 마을 굿과 더불어 이루어졌다. 마을에서 대동회를 열어 일 년 계획을 세우고 재정을 심의하며 동장을 뽑는 등 다양한 정치적 의사결정을 하는데, 그 자체로 한 것이 아니라 마을 굿이나 동제를 마친 파젯날 음복을 하면서 했던 것이다. 따라서 마을정치가 마을 굿이나 동제라고 하는 마을의 제의문화에 귀속되어 이루어지는 것이다.

동장이 대동회를 소집하여 의사결정을 하는 것이 아니라, 제관이 주관하는 동제의 일환으로 대동회가 열린다. 대동회에서도 먼저 동장이 나서는 것이 아니라 제관들에 대한 인사와 대접이 끝나고 동제에 대한 논의가 끝난 뒤에 비로소 동장이 나선다. 동장의 마을문제 논의도 반장 중심으로 이루어지는 것이 아니라 대동회에 참여한 제관을 비롯한 마을 주민들의 직접 참여에 의해 진행되었다. 제의문화가 주류인 민속문화에서 정치는 동제에 종속되어 있을 뿐 아니라 직접 민주주의 형식을 띠었다. 자연히 정치활동을 두고 치열한 갈등이 조성되지도 않는다. 그야말로 문화활동의 일환일 따름이다. 그러므로 경제활동도 문화화해야 할 뿐 아니라 정치활동도 문화화해야 더 민주적인 의사결정을 하고 파당정치의 극심한 대립과 갈등도 조화롭게 해결할 수 있다.

정치인들이 그러한 문화활동을 주체적으로 하기를 기대하기 어렵다. 문화지식인들이 문화봉사활동을 해야 한다. 정치활동에 문화프로그램을 함께 할 수 있도록 끌어들이고 마침내 문화활동의 범주 속에서 정치활동이 이루어지도록 끌어안는 것이다. 지역문화 강연과 예술공연 현장에서 정치적 집회와 선거운동과 같은 정치활동들이 이루어지도록 하는 것이다. 그러면 정치인들이 문화활동의 현장에서 문화인들과 더불어 문화활동을 하는 가운데 정치활동도 하게 된다. 한 마디로 문화 없는 정치는 없게 되는 셈이다.

그러면, 문화에 무관심하고 문화적 역량이 없는 정치인들도 문화에 관심을 가지게 될 뿐 아니라 자신의 문화적 역량도 강화하게 마련이다. 주민들도 정치집회가 아니라 문화행사를 겨냥해서 정치에 관심을 가지고 직접 참여활동을 하게 되며, 마침내 문화적 수준이 높은 사람들이 문화활동을 하는 가운데 정치적 지도자로 인정받게 되는 단계까지 발전하게 될 것이다. 문화지식인이 곧 최고의 정치인으로 추대되는 상황까지 기대할 수 있다. 자연히 정치의 문화화는 물론 정치인의 문화적 자질도 상당히 성숙될 것이다. 그러므로 문화의 지역화는 결국 경제활동의 문화화를 넘어서 정치활동의 문화화까지 겨냥한다.

자본주의의 한계를 극복하는 대안으로 제시한 생태주의 체제처럼,[25)]

경제와 정치의 문화화도 실현 불가능한 이상론 같으나, 민속문화 속에서는 오랫동안 이루어졌던 문화적 전통이라는 점에서 실현 가능성이 있다. 요즘 들어 정당인 출신이 아니라 문화예술인들이나 학자들 가운데 정치인으로 진출하여 성공하는 사람들을 보기로 삼을 만하다. 문화인들이 정계에 많이 입문할수록 정치문화의 수준도 높아지게 될 것이다. 문화의 세기가 문화의 세기답게 갈수록 그럴 가능성이 높고, 또 경제든 정치든 문화의 큰 테두리 안에 귀속되어야 진정한 문화의 세기가 실현된다고 할 수 있다. 그러므로 문화의 지역화는 문화가 중심을 이루는 지역사회를 겨냥하는 가운데 문화민주화를 넘어서 지역사회 정치문화의 민주화, 그리고 경제문화의 민주화까지 추구해야 할 것이다.

슈마허(E. F. Schumacher)는 『작은 것이 아름답다』에서 지구환경을 살리기 위해 '전지구적으로 생각하고 지역적으로 실천하라'고 했다. 민속학은 민중의 문화주권을 살리고 문화민주화를 실현하기 위해, '마을민속 조사연구로 이론적 근거를 마련하고 인류문화의 성장에 기여하는 인간해방의 문화학으로 나아가라'고 떠밀고 있다. 그러므로 민속학에서 지역문화와[26] 민족문화에서[27] 한참 비켜나 다시 마을민속을 주목한다.[28] 그것은 마을민속이 곧 바람직한 지역문화이자 민족문화의 존재양

---

25) 2002.「농촌 민속문화의 생태학적 성격과 문화종 다양성 가치」.『농업 그 다양성의 재발견』. 2002경북세계농업한마당 국제학술심포지움(경주현대호텔. 10월 16일에서 18일). 423-28쪽에서 자본주의 체제의 한계를 극복하는 대안체제로서 생태주의 체제를 제시했다.

26) 2000.『지역문화와 문화산업』. 지식산업사 및 2002.『지역문화, 그 진단과 처방』. 지식산업사. 등이 있다.

27) 1992.『민족설화의 논리와 의식』. 지식산업사 및 1995.『민족신화와 건국영웅들』. 천재교육(민속원. 2006년 재판 간행) 등이 있다.

28) 민족문화와 지역문화를 표방하는 일련의 민속연구에서 최근에는 마을민속을

식이고, 마을민속학이 곧 마을문화학이자 민족문화학이며 세계문화학의 이론적 바탕을 이룬다고 여기는 까닭이다.

9. 문화적 지역화로서 지역문화 주권론29)

마을문화는 전통적으로 지역문화 주권을 마음껏 누렸다. 그런데 지금은 마을문화가 주권을 누리기는커녕 아예 사라지고 있다. 고을문화를 비롯한 더 큰 단위의 지역문화, 그래서 마을보다 더 나을 것 같은 공동체의 지역문화라고 해서 문화주권을 누리는 것은 아니다. 시군 단위의 소재지는 사라지지 않되 축소되고, 시도 단위 소재지는 축소되지 않되 상대적으로 위축되고 있는 현상이다. 규모의 축소나 위축보다 더 문제는 어느 곳이나 지역사회에서는 문화주권을 점점 잃어가고 있다는 사실이다.

누가 제도적으로 문화주권을 억압한 것도 아니고 법적으로 공권력을 내세워 앗아간 것도 아니다. 마치 자연스레 그렇게 되고 있는 것처럼 인식되는 까닭에 대부분 아무런 문제의식이 없다. 합법적이고 합리적인 것처럼 자연스런 현상으로 인식되는 것이 문제이다. 그래서 문화주권이 중앙 중심으로 재편되는 것이 당연한 변화인 것으로 모두들 편안하게 받아들인다. 지역문화 주권의 상실에 대해 아무런 문제의식조차 하지 못하고 있는 사람들도 많다. 자본이 주인이고 자본이 권력인 체제에

표방하는 현지조사 연구를 지속하고 있다. 그 성과는 『마을민속 조사연구 방법』. 민속원. 2007년 1월에 간행 예정이다.

29) 계명대학교 한국학연구원에서 논문을 발표한 뒤에, 기조발표자로 참여한 조동일 교수가 '문화주권'에 관한 이론적 연구 문제를 제기한 글을 보내와서 이 장의 논의를 덧붙이게 되었다.

익숙해진 까닭에, 문화지식인들조차 문화산업에 눈을 돌리고 문화상품 만들기에 골몰하고 있다. 이미 체제에 영합하고 있는 셈이다.

자본주의 체제는 무엇이든 산업화하고 교환가치로 환원하는 까닭이다. 따라서 문화산업도 문화를 생산하고 창조하는 개념이 아니라 문화를 상품으로 만들어 이윤을 추구하는 개념으로 변질되었다. 공동체 성원들끼리 무상으로 공유하던 문화마저 자본주의 시장체제 속에 편입된 것이다. 따라서 상품으로서 포장되지 않은 문화는 더 이상 설 자리가 없어지게 되었다. 그러므로 자본의 논리에 복속하여 문화마저 시장경제 체제의 교환가치로 환원하는 데 여념이 없는 터에, 문화주권이 제대로 포착될 수 없다. 결국 문화상품화가 개인은 물론 지역과 민족 단위의 문화주권마저 앗아간 셈이다.

자본주의는 문화주권을 파괴한다. 문화를 스스로 창조해 향유하는 천부의 인권을 파괴하고 상품화된 문화의 소비자가 되라고 강요한다. 자본주의가 제국주의로 바뀌면서 파괴의 범위를 전 지구의 범위로 확대하고 그 양상을 더욱 악화시킨다. 지역문화에 등을 돌리고 도시문화에 빠져들도록 끊임없이 유인한다. 나아가 고유문화를 폄하하고 외래문화를 숭상하도록 하는 허위의식을 보태고 열등감을 심어주기까지 한다. 교환가치나 수단적 가치가 있는 문화만 득세하고 문화의 본디 기능인 의미가치나 목적가치를 지닌 문화는 돌아보지 않아서 점차 밀려난다.

문화상품화의 피해자는 피해를 재생산해 변방으로 보낸다. 중앙에서 지방으로 멀리 갈수록 문화상품의 질이 더 나빠진다. 지역사회는 문화 전달의 매체가 부족하고, 구매력이 낮기 때문에 선택의 폭이 더 좁아진다. 서울보다 대구가, 대구보다 안동이, 안동시내보다 안동 시골의 상황이 한층 악화된 것이 이 때문이다. 그러나 문화주권이 보장되었던 전통사회의 안동은 문화의 중심지였으며 학문의 중심지였다. 각 시기별 문화가 잘 전승되고 있으며, 학문의 전통은 최근까지 이어져 교육도시의 위상을 지녔다. 하지만 최근 반세기만에 안동은 문화의 변방이자 학문의 주변부로 밀려났다. 어느 지역이나 안동과 다르지 않다는 것이 문제이다.

그렇다고 해서 사태가 절망적인 것은 아니다. 후진이 선진이라는 원리에 입각해 역전이 가능하다.[30] 제국주의 중심지에서 아주 먼 곳에는 자본주의 이전의 문화형태가 남아 있다. 문화주권이 온전한 과거가 현존하고 있다. 제3세계의 오지마을이 좋은 보기이다. 간디도 인도의 시골마을을 근거로 '마을자치 운동'을 벌였다.[31] 안동 시골도 이런 곳의 하나이다. 그런 까닭에 안동이 세계역사도시로 지정을 받았고, 영국 여왕이 한국문화를 보기 위해 안동으로 찾아오기까지 했다.

문화주권이 온전한 현장으로 들어가자. 그러한 현장이 전통적인 마을문화이다. 마을에서는 문화를 스스로 창조해 향유하는 행위를 집단으로 한다. 문화는 물론 생업까지 공동으로 하는 까닭에 집단이 모든 생산활동을 함께 하는 공동체이다. 생산을 자연의 변화에 순응해서 하며 자급자족 체제를 어느 정도 갖추고 있어서 사실상 국가라는 조직이 불필요하다. "마을공동체는 거의 자족적이고 외부에 대해 거의 독립적인 작은 공화국이다."[32] 그러므로 문화주권도 살아 있다.

---

30) '선진이 후진이고 후진이 선진'이라고 하는 것은 '생성이 극복이고 극복이 생성'이라고 하는 생극론에 의한 것이다. 조동일. 1996. 「生克論의 역사철학 정립을 위한 기본구상」. 『한국의 문학사와 철학사』. 지식산업사. 514-517쪽 및 조동일. 2002. 『세계문학사의 전개』. 지식산업사. 21쪽 참조.

31) 마하트마 간디. 2006. 『마을이 세계를 구한다』. 김태언 옮김. 녹색평론사.

32) 위의 책(12쪽. 1830년 영국의 인토총독 찰스 메트 칼프의 진술이다).

"제대로 작동되는 마을 자치는 세상 사람들이 따를 수 있는 모범을 제공할 것"이며, "자치적 마을 단위들은 높은 문화를 가진 지적으로 활기찬 남녀들의 살아 있는 우애의 장이 될 것"이다.[33] 간디는 마을이 인도의 희망이자 세계의 희망이라 생각한다. 마을을 통해서 진정한 자유를 얻고 세계도 평화를 누려야 한다고 확신한다. 도시는 외국의 지배에 의해 생겨났으며 마을을 지배하고 고갈시키고 있는 까닭에 마을들이 붕괴되고 있다고 본다. 따라서 마을이 망하면 인도도 망하고 세계에 대한 인도의 사명도 사라질 것으로 전망한다. 마을이 세계를 구한다고 믿는 것이다.[34] 문화적 제국이나 국가경쟁력이 살길이라 생각하는 사람에게는 납득하기 어려운 대안이다.

그러나 문화주권이 온전하게 발휘되는 현장이 있다는 사실이 모든 반론의 출발점이 된다. 문화주권도 문화의 층위에 따라 셋으로 존재한다. 하나는 일상생활로서 문화주권이다. 일과 놀이를 비롯한 의식주생활이 자급자족될 때 일상생활 수준의 문화주권이 보장된다. 둘은 교양생활로서 문화주권이다. 마을사와 마을사회에 관한 일정한 지식을 공유하며 마을의 평화와 발전에 이바지하고 마을의 명예와 공동선을 존중하게 여길 때, 교양 수준의 문화주권이 확보된다. 셋은 예술활동으로서 문화주권이다. 공동체 성원들이 문예창작 활동을 적극적으로 할 수 있을 때 예술활동으로서 문화주권이 획득된다.

그런데 도시에서는 일상생활 수준의 문화주권이 어느 정도 보장되는 외에 다른 문화주권은 제대로 보장된다고 하기 어렵다. 하지만 전통적인 마을문화에서는 이 세 가지 문화주권이 모두 보장되고 자연스레 실

---

33) 위의 책(H. M 비야스. 「책머리에」. 마하트마 간디. 김태언 옮김. 20쪽).
34) 같은 책(59-60쪽).

현된다. 마을문화에 직접 동참해서 경험한 사람만이 포착할 수 있고 진전된 논의를 전개할 수 있다. 직접 경험한 마을문화의 사례를, 보고서를 통해 알게 된 다른 곳들의 사례와 국내외의 범위에서 비교연구를 하는 것이 또한 필요하다. 문화주권의 특징이 유형에 따라 달라지는 양상도 논할 필요가 있다.

이러한 마을문화는 과거의 잔존형태로 여기고 바람직한 연구대상에서 제외시키려들기 예사이다. 이른바 잔존문화론이 그런 보기이다. 농촌문화를 잔존문화로 간주하여 도시민속을 주목해야 한다는 당위론을 펴며 농촌민속에 대하여 등 돌리기를 시도하는 것이다.[35] 마을문화는 곧 없어지리라 예상되므로 과거를 과거로 이해하는 자료로서나 소중한 의의가 있다고 여길 수 없다. 마을문화를 온전하게 지속시켜야 한다. 나아가서 새로운 시대의 문화로 계승해야 한다. 자본주의 이전의 문화를 자본주의 시대의 문화로 만드는 작업을 자본주의 자체의 수정과 함께 시도해야 한다.

따라서 노르베르그 호지는 『오래된 미래』로[36] 마을문화를 주목한다. 그리고 마하트마 간디는 『마을이 세계를 구한다』고 마을문화를 자본주의 체제의 폭력적인 도시문화에 맞서는 대안문화로 비폭력의 마을자치문화를 제기하는 것이다. "미래세계의 희망은, 아무런 강제와 무력이 없고 모든 활동은 자발적인 협력으로 이루어지는 작고 평화롭고 협력적인 마을에 있다"고 주장한다. 그러므로 시골의 마을문화를 잔존문화로

35) 2005. 「20세기 민속학을 보는 현재학 논의의 비판적 인식」. 『南道民俗硏究』 11. 南道民俗學會. 11-260쪽에서 민속학계의 잔존문화 논의를 비판적으로 다루었다.

36) 헬레나 노르베리-호지. 2003. 『오래된 미래 - 라다크로부터 배운다』. 김태언 역. 녹색평론사.

취급하여 더 이상 민속학의 대상으로 다루는 것을 경계하며 일방적으로 도시민속론을 펴는 것은 학문적 단견이자, 도시사회에 영합하는 추수주의라는 것을 알 수 있다.

그럼 문화주권을 찾는 일은 누가 해야 하는가. 우선 학문이 해결해야 할 과제이다. 학문에서 문화주권의 내용과 가치를 조사 가능한 사례에 바탕을 두고 체계적으로 해명하고 그 결과를 널리 알려야 한다. 마을문화를 대상으로 문화주권론을 펴는 일에는 특히 민속학이 크게 기여할 수 있다. 마을문화의 지속 가능성을 진단하고 이어받는 방법을 찾아야 한다. 나아가 자본주의 자체의 수정 방안을 마련하는 데까지 이르러야 한다. 민속학을 넘어서서 학문 전반의 문제의식과 작업방법을 갖추어야 한다.

문화주권을 이어받는 방법을 발견하면 다음 단계로 문화운동을 통해 실현해야 한다. 문화운동은 자발적으로 일으켜서 확대해야 하지만, 지방자치단체나 국가의 지원을 받는 것도 필요하다. 문화주권을 되찾는 것은 개인의 일만이 아니고 마을 단위로 추진해야 할 과업에 그치지 않으며, 지방의 소망이고 국가의 위신에 관한 일임을 밝혀 논해야 정부도 관심을 기울일 것이다. 국가의 주권에서 문화주권이 커다란 비중을 차지한다는 사실을 명확하게 해야 설득력을 지닌다. 21세기에는 더 이상 남의 나라의 정치주권을 유린하기 어렵다. 그만큼 세계사는 발전했다. 그러나 문화주권에 관한 자각은 아직 미흡하다. 이제는 문화주권을 누리는 것이 정치주권을 누리는 것 이상으로 소중하다는 각성이 필요하다. 문화의 세기에 문화주권은 경제주권과 더불어 정치주권까지 보장하는 까닭이다.

주권문제는 어느 것이든 체제 문제와 연관되어 있다. 현재로선 자본주의를 거부할 수 없다. 그러나 자본주의 체제가 지속되는 한 문화주권은 자본에 종속될 수밖에 없다. 대안을 찾아야 한다. 사회주의가 대안인 것은 아니다. 생태주의 체제를 대안으로 제시했지만, 그 자체로 실현되기 어렵다. 생태주의 체제로 가기 위해서도 자본주의를 수정하는 쪽으로 논의를 진전시켜서 더 나은 사회를 만들어야 한다. 공동체적 자본주의, 복지자본주의, 생태자본주의 등 가운데 어느 것이 적합하고 실현 가능성이 있는지 심각한 논의와 철저한 연구가 있어야 할 것이다.

마을문화에서 공동체적 자본주의의 보기를 찾을 수 있다. 두레문화가 좋은 보기이다. 농지는 각기 소유하면서도 노동은 공동체 단위로 더불어 했다. 공동체 노동으로 노동 능률도 높이고 일자리가 없어서 생계가 문제되는 사람은 없었다. 토지의 소유주는 별도로 있되 일자리는 공유했기 때문이다. 소유주와 상관없이 모든 토지는 사실상 공동체 성원들 모두의 일터 구실을 하였다. 오늘날의 기업경영에서도 본받을 만하다. 기업을 개인 소유로 인정하되, 노동은 공동으로 하는 문제를 생각해 볼 수 있다. 기업과 달리 기업의 일자리는 사실상 공동소유나 다름없게 만드는 것이다. 그러면 적어도 일자리가 없어서 생존에 심각한 위협을 받는 사람들은 크게 줄일 수 있다.

복지자본주의와 생태자본주의도 마을문화에서 적용 가능한 사례를 얼마든지 찾아낼 수 있다. 이미 생태문제는 『민속문화의 생태학적 인식』에서 자세하게 다루었다. 마을문화 속에서 자원을 절약하고 생태계를 훼손하지 않으며, 자연을 오염시키지 않는 다양한 사례들을 제시했다. 자연과 인간이 공생하는 이치는 물론, 모든 것은 순환되고 재생되는 구조를 문화적 전통으로 되살리는 것이다. 당연히 일회용품은 추방되어야 한다. 마을 숲을 보기로 녹색마을을 만들고, 마을우물의 전통에 따라

마을마다 생수로 마실 수 있는 샘물을 공유한다. 마을민속에서 생태자본주의의 보기를 찾을 수 있다.

복지문제도 마을문화 속에서 다양하게 자리 잡고 있다. 기본적인 의식주생활이 보장된다. 도시에서는 집 없는 사람이 특히 문제이다. 떠돌이 홈리스가 적지 않다. 마을에서는 거처가 없는 사람이 없다. 곁방살이가 불가능하면 주민들이 공동으로 '도둑집'을[37] 지어주었다. 일생의례에는 많은 전문적인 의례와 목돈의 경비가 필요하다. 지금은 경제력에 따라 모든 것을 구매하는 관계로 천차만별이다. 그러나 마을에서는 모든 것이 갖추어져 있다. 마을에는 각종 의례에 해박한 원로 어른들이 있어서 아무런 장애가 없다. 예복을 비롯한 의례용 집기들은 물론 잔치를 즐기도록 풍물까지 공동으로 갖추어 두었다. 놀이에서 신앙생활, 예술활동까지 문화복지도 다양하다. 마을사회에서 복지자본주의의 문화적 전통을 현대에 맞게 계승할 수 있다.

문화주권에는 여러 층위가 있지만 지금까지 마을의 문화주권을 특히 주목했다. 하지만 개인과 마을, 지역 공동체, 민족, 국가의 문화주권이 모두 소중하다. 더 나아가서 동아시아의 문화주권, 제3세계의 문화주권까지 말해야 일반화가 가능한 문화주권론을 펼칠 수 있다. 그러나 모든 문화주권론의 출발점은 마을 단위의 문화주권에서 시작한다. 마을이 가장 온전한 문화주권을 유지하고 있는 현장이어서 구체적인 논의를 설득력 있게 펼치는 대상일 뿐 아니라, 개인의 문화주권은 물론 지역문화주권과 국가문화주권까지 담보할 수 있는 문화현장이기 때문이다.

---

37) 마을 사람들이 공동으로 힘을 모아 집 없는 사람에게 며칠만에 지어 주는 집인데, 주로 담틀을 이용한 토담집이다. '도둑집'이라는 말은 마치 도둑이 들 듯 새 집이 마을에 순식간에 들어선 것을 빗대어 일컫는 것이다.

더 중요한 것은 마을문화 중심의 문화주권은 문화다양성은 물론 경제다양성, 정치다양성, 생태다양성까지 보장하는 길이다.

문화주권 논의는 우리 고장의 지역주권이나 우리 민족의 문화주권을 위한 지역주의 또는 민족주의에 한정된 것이 아니다. 세계의 모든 지역과 민족이 제각기 문화주권을 누리는 것을 겨냥하는 까닭에 자연히 문화다양성을 이루게 마련이다. 따라서 문화주권은 정치주권 이전의 천부적 주권이라는 점이 국제사회에서 재인식되어야 한다. 국내에서는 농촌사회의 마을문화 주권이 관심사이듯이, 국제사회에서는 동아시아 또는 제3세계의 문화주권이 최대의 관심사이다. 문화주권 찾기는 반제국주의 운동이다. 그러므로 제3세계의 여러 나라에서 하는 문화주권 되찾기 사례가 있다면, 널리 조사해서 비교 연구하는 것이 긴요한 과제이다. 그리고 문화주권론을 인류의 보편적인 문화학으로 세계화할 수 있도록 제3세계 학자들과 연대하는 노력도 필요할 것이다.

김성용. 「한국 문화브랜드 세계로 수출」. 『대구신문』. 2003. 10. 24.

김형국·최상철 편. 2004. 『천도 반대운동의 사회학』. 나남출판.

김형기. 2002. 「지방분권과 지역혁신: 지역발전의 새로운 비전」. 『지방분권과 정책대안』. 도서출판 한울. 11-21쪽.

임재해. 2000. 『지역문화와 문화산업』. 지식산업사.

______. 2002a. 『지역문화. 그 진단과 처방』. 지식산업사.

______. 2002b. 「농촌공동체 문화의 활성화 방향 구상과 과제」. 『지역문화, 그 진단과 처방』. 지식산업사. 218쪽.

______. 2002c. 「농촌 민속문화의 생태학적 성격과 문화종 다양성 가치」. 『농업 그 다양성의 재발견』. 2002 경북세계농업한마당 국제학술심포지엄 (경주현대호텔. 10월 16일에서 18일). 423-28쪽.

______. 2002d. 『민속문화의 생태학적 인식』. 도서출판 당대. 9쪽, 23쪽, 309쪽.

______. 2002e. 「지역문예 활동의 자기 성찰과 정체성 되찾기」. 『지역문화, 그 진단과 처방』. 136 및 144 쪽.

______. 2003. 「문화주권 수준에서 보는 지역문화 현실읽기와 일거리 찾기」. 『국가균형발전을 위한 교육·문화적 과제』. 대통령자문정책기회위원회 주최 정책간담회(전북대학교. 9월 26일). 111-157쪽.

______. 2004a. 「문화주권의 회복과 문화 창조력」. 『지방문화분권과 문화주권의 확립』. 제16회 향토문화연구 심포지엄(목포 초원관광호텔. 9월 3

일). 7-42쪽.
______. 2004b. 「민속문화의 공유가치와 민중의 문화주권」. 『韓國民俗學』 40: 한국민속학회. 152-153쪽.
______. 2004c. 「민속학의 지역주의 인식과 공동체문화의 지역해방 기능」. 한림대학교 인문과학연구소 편. 『한국 지역주의의 현실과 문화적 맥락』. 민속원. 169-170쪽.
______. 2005a. 「마을민속. 무엇을 어떻게 연구할 것인가」. 『마을 민속연구 어떻게 할 것인가』. 민속원. 45-46쪽.
______. 2005b. 「20세기 민속학을 보는 현재학 논의의 비판적 인식」. 『南道民俗研究』 11: 南道民俗學會. 211-260쪽.
조동일. 1996. 「生克論의 역사철학 정립을 위한 기본구상」. 『한국의 문학사와 철학사』. 지식산업사. 514-517쪽.
______. 2002. 『세계문학사의 전개』. 지식산업사. 21쪽.
______. 『문화일보』. 2003. 11. 24. 「그 돈으로 지방대 키우자」. 김형국 · 최상철 편. 2004. 『천도 반대운동의 사회학』. 나남출판. 재수록 글 참조.
______. 2004. 『세계 · 지방화 시대의 한국학 1 -길을 찾으면서』. 계명대학교출판부. 239쪽.
최세호. 「문화도시조성 영호남 지방의회 충돌」. 내일신문. 2006. 10. 31.
홍철 · 김규원 외. 2006. 『진짜 대구를 말해줘』. 홍익포럼.
마하트마 간디. 2006. 『마을이 세계를 구한다』. 김태언 옮김. 녹색평론사.
새뮤얼 헌팅턴. 2001. 「문화는 정말 중요하다」. 새뮤얼 P. 헌팅턴 · 로렌스 E. 해리슨 공편. 이종인 옮김. 『문화가 중요하다』. 김영사. 8-13쪽.
헬레나 노르베리-호지. 2003. 『오래된 미래 -라다크로부터 배운다』. 김태언 역. 녹색평론사.

지방화와 풀뿌리 민주주의의 가능성 모색

이 재 성

1. 문제설정

오늘날 한국 사회는 민주화, 세계화, 정보화 등 전 지구적 수준에서 전개되는 거대한 전환의 사회변동 과정 속에서 그 어느 때보다도 급속하고 전면적인 변화를 거듭하고 있다. 정치와 시장, 시민사회가 변화하고 일상적 삶의 영역에서도 새로운 변화를 맞고 있다. 더욱이 바로 이 변화의 과정에서 우리 사회의 지배적 가치관이었던 권위주의, 지역주의, 폐쇄적 민족주의는 일정정도 가시적인 해체의 절차를 밟고 있다.

사실 1987년 민주화 체재 이전만 하더라도 한국 사회는 남·북 분단이 고착화되고 장기화되면서 남·북간에 체제우위 경쟁이 벌어졌고, 이에 따라 국가권력을 절대화하는 '권위주의' 체재가 정당화되기도 했다. 낡은 권위주의 체재 하에서 모든 것은 중앙 혹은 중앙정부의 일방적 지시 또는 명령에 의해서 이루어졌고, 거기서 지방 혹은 지방정부는 어떤 존재론적 의미도 갖지 못했다. 그리고 이러한 권위주의 체재 하에서 첨예하게 대립된 남·북간의 분단 상황 역시 남한 내부에 그대로 투영되면서 동·서 분단이라는 망국적 '지역주의'를 낳기도 했다. 이러한 동·서 분단의 공간적-지역적 분열은 한편에서 압축적 산업화를 위한 집적·집중전략에 따른 지역 간의 불균등한 산업화로, 다른 한편에서는 정치적 민주화 과정에서 정치인들의 지역감정 동원으로 인해 더욱 강고하게 심화되고 강화되면서 여전히 한국 사회의 정치적 민주화의 발목을 잡고 있다. 그 외에도 우리 사회는 폐쇄적 '민족주의'의 틀을 벗어나지 못한 채 국내시장은 개방하지 않으면서 해외시장을 공격적으로 공략하였고, 국내시장에서는 공정한 경쟁규칙과 규범을 수용하지 않으면서도 세계시장으로 진출하여 세계경영을 도모하는 일방적인 경제적 세계화를 추구해 왔다.[1)]

그러나 이러한 한국 사회의 지형은 1987년 민주화운동 이후 새로운 전환기를 맞는다. 바로 이 시기는 한국 사회가 권위주의, 지역주의, 폐쇄적 민족주의 체재에서 탈권위주의, 다원주의,[2)] 개방적 민족주의로 이행하는 큰 역사적 전환점이기도 하다. 권위주의적 국가권력에 대항하는 정치적 민주화 과정은 이후 국가권력(정치)의 민주화와 시민사회의 민

1) 한국에서 '세계화'가 사회적 이슈로 부상한 시기는 1990년대 초반이다. 정확히 말하면 그 시점은 김영삼 대통령이 동남아 순방길에 호주를 방문하던 중 소위 '시드니구상'이라는 것을 발표한 1994년 11월이다. 이 당시 김영삼 정부의 국정 기조는 개방화, 정보화, 지방화를 지향하는 세계화였고, 이에 따라 한국사회는 전면적으로 세계경제 체제로 편입되기 시작했다. 철저하게 시장주도적·경제주의적 원리에 근거하고 있는 이러한 세계화는 무역과 투자의 투명성, 생산과 분배의 효율성, 인본주의적 요인들에 막대한 침해를 가하는 신자유주의적 사고방식에 의해 구현되고 있다(이재성. 2003. 「지방분권과 민주주의」. 사회와 철학 연구회 편. 『한국 사회와 다원주의』. 서울: 이학사).

2) 다원주의에 대한 다양한 정치철학적 논의에 대해서는 김선욱(2003. 7-38쪽); 선우현(2003. 39-84쪽); 김석수(2003. 157-187쪽) 참조.

주화를 지향하는 새로운 형태의 운동(신사회운동)으로 활성화되기도 했다. 그러한 맥락에서 오늘날 한국 사회에서는 1987년 민주화 운동 체재 이후 전개되고 있는 '정치적 민주화'를 더욱 공고히 하면서 동시에 신자유주의적 글로벌 자본주의에 저항하는 '경제적 민주화'를 실현할 수 있는 '새로운 민주주의' 패러다임이 필요하다고 할 수 있다. 그럼에도 오늘날 우리가 경험하고 있는 민주주의는[3] 시장주도적인 세계화와 더불어 전 지구적으로 강화되기보다는 역설적으로 쇠퇴하고 있는 경향이 짙다.[4]

따라서 개방화, 지방화, 세계화[5] 시대로의 급속한 이행의 시대에 한국 사회에 요청되는 새로운 민주주의 패러다임을 충분히 만족시킬 수 있는 가치들은 아마도 탈권위주의, 다원주의 그리고 개방적 민족주의와 같은 것이 되어야 할 것이다. 만일 이러한 가치들이 21세기 우리 사회에

3) 기본적으로 여기서 말하는 민주주의는 적어도 서구식 자유민주주의 모델에 기반 한 세 가지 원칙에 근거하고 있다. 첫째는 모든 권력이 국민으로부터 나온다는 '국민 주권의 원칙', 둘째 헌법에 명시된 기본권 보장을 통해 국가권력의 한계를 정하는 '권력 제한의 원칙' 그리고 셋째 선거를 통해 당선된 국민의 정치적 대표자는 국민들의 요구를 결집하고 전달하며 정책으로 표출할 의무가 있는 '대표성의 원칙'이다.

4) 이러한 한국의 민주주의에 대해서 이진경 · 고병권(2006. 243-244쪽)은 다음과 같이 진단하고 있다. 그들의 진단에 따르면 "현재 한국의 민주주의, 즉 데모크라시(democracy)는 사실상 테크노크라시(technocracy)로 전환되고 있다. 테크노크라트, 즉 기술관료들에 의해 민중(demos)의 추방이 이루어지고 있다. 테크노라트는 이런저런 이유로 '예외상태(state of exception)'를 설정함으로써 민중적 통제에서 벗어나 자기들의 구상을 밀어붙이고 있다."

5) 개방화, 지방화, 세계화는 폐쇄적이고 권위주의적인 사회에서 개방되고 민주주의적인 사회로의 이행을 뜻한다. 그런 점에서 폐쇄적이고 권위주의적인 사회의 중요한 실천수단이 일방적인 '지시' 혹은 '명령'이었다면, 개방적이고 민주주의적인 사회의 실천수단은 상호간의 '대화'라고 할 수 있다.

요구되는 민주주의적 가치들이라면, 그것은 근본적으로 인간의 자유와 평등이라는 '인권의 존중'과 '인간적-사회적 삶'으로의 가치전환을 뜻해야 할 것이다. 그렇다면 우리는 왜 이러한 가치전환을 요구하는가? 다른 형태의 가치전환은 왜 안 되는가? 이러한 가치전환이 실현될 수 있는 민주주의는 도대체 어떤 민주주의인가? 혹은 왜 아직도 민주주의 타령인가? 기존의 대의민주주의는 진정 위기인가? 이러한 물음들과 관련해서 필자는 본 연구에 걸맞는 적절한 논의 진행을 위해서 다음과 같은 문제를 설정하고자 한다. 만일 우리가 '지방화'를 인권의 존중(자유)과 인간적-사회적 삶(평등)으로의 가치전환을 가능하게 하는 자율공간으로 받아들일 수 있다면 그 지방화의 의미는 도대체 무엇인지, 그리고 그것이 세계화와 어떻게 공존할 수 있는지를 살펴 볼 것이다(2). 그런 후에 지방화가 제도화되는 과정에서 지역풀뿌리들이 스스로의 힘으로 지역의 일을 선택하고 결정하는 풀뿌리[6] 자치운동이 왜 인간의 자유와 평등에 기반한 새로운 삶의 대안적 패러다임이 되어야 하는지를 고찰할 것이다(3). 그리고 풀뿌리들의 인간적-사회적 삶, 즉 풀뿌리 자치의 구체적인 실천 장으로서의 풀뿌리 민주주의는 궁극적으로 어떻게 가능한지를 모색하면서(4), 이 글을 마무리할 것이다(5).

---

6) 일반적으로 주민을 "토지에 근거를 둔 특유의 토착적 · 유대적 · 특수적" 존재형태로 시민을 "비토착적 · 연대적 · 보편적" 의식형태로 표현한다면(박호성 · 양기호 · 이동선(2002. 278쪽)) 필자는 이하 글에서 표현되고 있는 '풀뿌리'(grassroots)라는 용어를 -물론 논란의 여지가 많지만- 민주주의의 어원인 '민중의 지배'와 관련해서 "잡초처럼 쉽게 짓밟히고 뿌리 뽑힐 듯하지만 끈질기게 생명을 이어가는 억셈을 가진 평범한 사람들", 즉 민초라는 의미에서 주민과 시민 개념을 포괄하는 의미로 사용할 것이다(하승우. 2006. 209쪽).

2. 세계화시대에 지방화 혹은 지방자치는 유의미한가?

오늘날의 세계는 급격히 변화하는 사회경제적 환경에 둘러싸인 '불투명성' 혹은 '불확실성'의 시대로 표현된다. 다양한 기업 활동이 국가의 경계를 초월하여 이루어지고 있으며, 전 지구가 하나의 유기적인 관계망 속에서 실시간대의 동일생활권으로 변화하고 있다. 이미 걸프전에서 경험한 바와 같이, 한 국민국가에서 발생된 사건은 더 이상 그 국민국가에 국한된 일이 아니라, 실시간으로 전 지구적인 의미를 가지면서 다가오고 있다. 물론 이러한 변화는 교통, 정보통신 기술의 변화와 발전에 의해 가능하게 된 것이다. 초고속 정보통신망이 구축되고 인터넷 망 등을 통한 신속한 정보의 전달로 인간 활동의 지리적-공간적 범주가 전 지구로 확대되고 있으며, 일상의 생활세계와 음악, 미술 및 음식문화에서조차 국경을 초월한 지구촌 문화가 등장하고 있다. 이와 같은 과정은 정형화된 '근대성'으로부터 기존의 가치가 부인되는 새로운 '탈근대성'에로의 전환으로 인식되고 있으며, 그것은 소위 '세계화' 혹은 '지구화'(globalization, Globalisierung)라는 이름으로 통용되고 있다.[7)]

또한 동・서 냉전 이후의 국제경제질서가 관세무역일반협정(GATT)에서 세계무역기구(WTO)를 중심으로 한 경제체재로 재편되면서 경제적 성장과 효율성 및 자유경쟁에 기반을 둔 국제경제질서를 구축하려는 '세계주의'(globalism)와 지역경제공동체를 구성하여 역내의 경제적 이익을 보호하고 역외 국가들의 역내시장 진출에 공동으로 대응하려는

7) 사전적 의미로 '세계적' 혹은 '지구적'(global)이란 용어는 세계적 규모(the scale of the world), 또는 전체성(totality), 종합적(comprehensive), 포섭적(all inclusive), 통일적(unified) 등의 의미를 가진다면, 상대적으로 '지방적'(local)이란 말은 구체성(particularity), 독특성(discreteness), 내용성(contextuality)의 의미를 가진다.

'지역주의'(regionalism)가 동시에 진행되는 이중적 현상을 보이고 있다. 실제로 문제해결에 있어서도 '세계적으로 사고하고, 지역적으로 행동하라'(think globally, act locally)는 원칙이 강조되는 등 '세계화'와 '지방화'란 용어는 이제 보편적으로 받아들여지고 있다.[8] 이러한 상황에서 이미 많은 사람들은 21세기를 '세계화의 시대인 동시에 지방화의 시대'라고 진단하는 데 주저하지 않는다. 그럼에도 이처럼 세계화와 지방화가 동시 추진되고 있는 것은 일견 모순처럼 보이기도 한다. 사실 전혀 다른 이질적인 성격을 지닌 두 사태가 동시에 진행되고 있다는 그 자체가 아이러니한 현상이다.

그러나 우리 사회가 이미 이러한 세계질서를 일반적으로 받아들여 용인하고 있다면, 이러한 세계화의 시대는 세계화와 지방화가 동시에 진행되는 '세방화'(glocalization)의 시대라고도 할 수 있을 것이다. 세계화와 지방의 동시진행으로서의 사건인 세방화는 한편으로 정치와 경제의 현지화를 촉진시키는 긍정적 기능을 하기도 하지만, 다른 한편 수많은 부작용을 불러일으키기도 한다.[9] 그럼에도 우리가 살고 있는 세계화

---

8) 세계화와 지방화는 포스트모던 시대 공간과정을 특징짓는 가장 중요한 공간적 메커니즘이다. 포스트모던 지역발전은 세계화와 지방화가 동시에 진행되는 지역단위에서 유연적 생산, 생산-소비의 네트워크, 문화적 소비, 지방적 합의 등이 구현되는 사회공간적 과정을 일컫는다. 포스트모던 공간정책의 대표적인 예로는 신산업지구 개발정책, 내생적·분권적 지역개발정책, 지속가능한 지역개발정책, 도심재활성화 정책, 정보도시화 정책 등이 있다. 그러나 이러한 포스트모던 패러다임은 한편으로 내생적, 지방적, 분권적, 소규모, 장인생산기술, 공동체적 합의 등을 강조하면서, 다른 한편으로 시장 메커니즘이나 사적 자본의 논리 등을 강조하는 모순과 한계를 노정하고 있다(조명래. 1995).

9) 자본과 성장의 논리로 축소된 세방화는 종교적 광신주의, 근본주의 및 인종적 시민전쟁과 같이 공공연하게 또는 은밀하게 은폐된 반세계화운동을 야기하고 있으며, 지역적으로 결집된 반세계화 운동은 철저히 무장한 모습으로 자신을

와 지방화 시대의 기본적 두 축이 근본적으로 '시장경제'와 '민주주의'의 원리에 기반하고 있다면, 그것에 따라 '시장'과 '시민사회'는 앞으로 그 어느 때보다도 더 많은 '자율성'을 확보하게 될 것이다. 말하자면 세계화의 경향이 '시장'의 기능을 더욱 더 강화시키는 힘이라면, 지방화의 경향은 민주주의에 기반한 '시민사회'를[10] 강화시키는 힘이 될 것이다[11].

이 지점에서 우리는 자유경쟁에 근거한 시장의 기능이 강화되는 세계화시대에 민주주의에 기반 한 시민사회의 기능이 강화되는 지방화 시대, 즉 지방의 발전을 근본적인 문제로 전망하고 모색해 볼 필요가 있다. 무엇보다 지방화는 바로 '민주주의'를 심화・확대시키는 과정이기 때문이다. 해방 이후 한국 사회에서 실행되고 운용된 중앙정부의 지방지

드러내고 있다. 최소한 세방화에서 배제된 주변부의 관점에서 보면 세방화는 주가곡선의 상승과 함께 실업자의 수를 증가시키고 있을 뿐이다.

10) 시민사회에 대한 다양한 논쟁이 갖는 난제는 단일 모델, 합의 또는 설명으로 강제하려는 다양한 시도들을 포기할 때 쉽게 해결될 것이다. 따라서 필자는 시민사회를 세 가지 유형의 모델을 통합적으로 아우르는 방식으로 이해하고자 한다. 첫째 "공익을 진작하고 집합행동을 용이하게 할 목적으로 구성된 국가 및 시장과 차별적인 시민사회"(가정과 국가 사이에 존재하는 기업 이외의 모든 결사체들과 네트워크를 포함), 둘째 규범적 영역, 즉 "협동, 신뢰, 관용, 비폭력 등과 같은 태도 및 가치들을 육성하는 영역"으로서의 시민사회, 셋째 "공적 심의와 합리적 대화 그리고 공익 추구의 일환으로 적극적 시민권이 행사되는 장"(공공영역)으로서의 시민사회(마이클 에드워즈, 2005: 13-14쪽). 이러한 차원에서 시민사회는 정치사회, 경제사회를 통해 정치와 시장에 끊임없이 영향을 미치는 영역이면서 동시에 시민사회 자체의 방어 및 민주화를 이루는 영역이다. 또한 이러한 시민사회는 사회운동을 통해 끊임없이 방어되고 민주화되는 영역이기도 하다.

11) 이재성. 2002. 「진보정치와 지방분권화」. 『대구사회비평』 제6호. 문예미학사; 이재성. 2003. 「지방분권과 민주주의」. 사회와 철학연구회 편. 『한국 사회와 다원주의』. 이학사.

배 또는 중앙집권주의는 지방의 발전을 저해한 주요 요인이었다. 중앙정부는 지방을 지배함으로써 지방민들의 문제를 그들 스스로 주체적으로 해결할 수 없도록 만들었으며, 그 결과 '지방자치'라는 민주주의의 원리에 중대한 침해가 초래되었다.

결국 중앙정부의 지방지배는 지방정치를 관료화시켜 지방이 스스로 자신들의 문제해결을 위한 혁신적인 문제를 제기할 수 있는 능력을 차단시켰으며, 더 나아가 중앙집권화의 정치는 지방의 국제경쟁력마저 약화시키는 결과를 초래하였다. 따라서 한국 사회에서 민주주의는 "사회의 다양한 갈등과 이익을 정치적으로 표출하고 대표하여 대안을 조직함으로써, 한편으로 대중 참여의 기반을 넓히고 다른 한편으로 정치체제의 안정에 기여하는 본래를 기능을" 제대로 다하지 못했던 것이다. 결국 한국 민주주의는 "기존의 냉전반공주의의 헤게모니와 보수독점의 정치구조에 그저 얹혀 있는 외피에 불과한 것이 되고" 말았으며, 이에 따라 "특권적 기득구조와 계급구조는 심화되었고 사회의 공동체적 기반은 더욱 약화되었으며 개인의 삶도 황폐화" 되고 말았던 것이다[12]. 한마디로 한국 민주주의는 심각한 위기에 직면해 있는 것이다.

그렇다면 한국 사회가 안고 있는 이러한 위기 상황을 극복하고 해결할 수 있는 아무런 방법도 없는가? 혹 있다면 그 방법은 무엇이고, 우리는 무엇을, 어떻게 해야 하는가? 필자가 생각하기에, 바로 이러한 물음들이 안고 있는 문제의 핵심은 근본적으로 '한국 민주주의의 위기'와 맞닿아 있다. 때문에 민주주의 위기라는 근본적인 문제에 접근하기 위해서는 우선 민주주의의 토대이자 원리라고 할 수 있는 '지방화'가 도대체

12) 최장집. 2005.『민주화 이후의 민주주의』. 서울: 후마니타스. 19쪽.

우리에게 무엇인지를 정확히 되짚어 보는 것이 필요할 것이다. 그런 다음에 민주주의 위기가 구체적으로 노정된 공간, 즉 '지방'의 문제를 해결할 수 있는 방법을 탐색할 수 있을 것이다.

먼저 '지방화'라는 용어는 개념적으로 표현하면, '정치, 경제, 문화의 중심이 중앙에서 지방으로 분산되어 나아가는 과정 혹은 절차'를 의미한다. 즉 중앙집권적 권력이 지방에 개입하거나 간섭하는 것을 차단하고 지역의 풀뿌리들이나 결사체들의 직접적이고 자발적인 '참여'를 통해 지방의 발전을 이루고, 그 발전의 결실을 결집함으로써 국가의 발전을 이룩해 나가고자 하는 것이다. 그런 점에서 지방화란 "도시나 지역 같이 국가 하부단위에서 점차 커지고 있는 실재하는 힘"이기도 하고, "더 많은 사람들이 정치에 참여하려는 일반적인 욕구"를 표현하는 것이기도 하다[13].

그러므로 우리가 '지방화'라고 할 때, 그 용어는 크게 두 가지 측면에서 매우 중요한 의미를 갖는다. 첫째 지방화는 중앙에서 모든 정책을 결정하여 하달하는 '하향식'에서 탈피하여 지역의 특수성과 여건을 고려하여 그 지역의 풀뿌리들이 직접적으로 참여하여 정책을 결정하고 자신들의 부담으로 실행하는 '상향식' 과정을 말한다. 그리고 둘째로 지방화는 관 주도의 권위주의를 탈피하여 지역의 풀뿌리들이 자기들의 공공사무, 즉 정치, 행정, 사회, 교육, 문화 등 지역의 제반문제를 상호간의 의사소통을 통해 조정하고 처리함으로써 공동의 이익을 결정하고 수행하는 풀뿌리 중심의 변화를 말한다. 즉 정치권력의 지방분산과 풀뿌리참여의 제도화가 바로 '지방화', 즉 지방자치를[14] 의미한다.

---

13) 오동석. 2002.「지방분권과 참여민주주의」. 법과사회이론학회 편.『지방분권시대의 모색』. 하반기 학술대회 발표문. 2쪽.

지방자치는 '나라의 주인은 국민이며, 국가와 그 권력은 국민으로부터 나온다'는 민주주의의 가장 근본적이며 일반적인 원리에서 출발한다.[15] 민주주의 국가가 권력의 집중을 방지하기 위해 삼권분립의 기본 원칙을 지키는 것처럼 지방자치도 권력이 지나치게 중앙정부에 집중되는 것을 막고 이를 각 지방에 분산시킨다. 또한 지방자치는 작은 지역에서부터, 풀뿌리들의 일상적 삶에 밀접한 문제에서부터, 어떻게 민주적으로 처리하는지를 경험하도록 한다. 이러한 의미에서 지방화 혹은 지방자치는 근본적으로 민주주의가 일상 속에서 실현되는 '민주주의의 학습장'이라고 할 수 있다. 말하자면 우리는 일상의 '생활정치'가 이루어지는 제도적 토대를 지방자치라고 부른다[16].

이제 생활정치의 주체인 지역의 풀뿌리들은 무엇보다 자신들이 처한 상황과 실정에 적합한 지방자치의 모델을 창조적으로 개발하고 실현하는 데 관심을 가져야 한다. 지방자치가 민주주의의 학습장으로 제도화되기 위해서는 지역주민, 즉 지역 풀뿌리들의 자발적인 참여가 없으면

---

14) 지방자치 반대론자들의 일반적인 논거는 각종 지역이기주의에 편승한 무분별한 지역개발, 지방정부의 전시 혹은 선심 행정의 남발과 방만한 재정운영 등이다. 물론 지난 15년간의 지방자치 운영과정에서 이러한 문제들이 발생하고 있는 것은 사실이다. 그러나 이러한 문제는 중앙집권구조에서도 발견할 수 있는 폐해이며, 무엇보다도 시급한 것은 무늬만 지방자치일 뿐 여전히 중앙집권구조가 유지되고 있다는 점에서 지역풀뿌리들의 지방자치에 대한 올바른 인식과 자발적인 참여를 제도화하는 것이다.

15) 근대헌법의 핵심원리인 권력분립의 원리는 "국민의 자유와 권리를 보장하기 위하여 국가권력을 입법권, 집행권, 사법권으로 분할하고, 이들 권력을 각각 분리·독립된 별개의 국가기관들에 분산시킴으로써, 특정의 개인이나 집단에게 국가권력이 집중되지 않도록 함은 물론 권력상호간에 권력적 균형관계가 유지되도록 하는 통치구조의 구성원리"를 말한다(오동석. 2002. 3쪽).

16) Giddens, A. 1994. *Beyond Left and Right*. London: Polity Press.

불가능하다. 이것이 가능하기 위해서는 풀뿌리들 스스로 민주적 정치교육을 필요로 한다. 특히 이러한 민주정치교육의 가장 중요한 특징은 풀뿌리들의 실질적인 자발적 '참여'를 통해서만 이루어질 수 있다는 점이다.[17)]

풀뿌리들의 민주정치교육에의 직접적인 자발적 참여는 두 가지 측면에서 매우 중요한 의미를 갖는다. 첫째 풀뿌리들의 자발적인 참여는 '정보'와 밀접한 관련이 있다. 보다 객관적이고 정확한 정보는 직접 관련된 당사자뿐만 아니라 다른 행위자들에게도 의미 있는 관심을 촉발시킨다. 무엇보다 풀뿌리들은 민주정치교육을 통해 1) 스스로 자신들의 수준에 맞게 정보를 가공할 수 있는 능력, 2) 지역정책에 대한 올바른 이해능력, 3) 자신들의 정보접근의 용이성 확대 및 강화, 4) 관과 풀뿌리 간의 직접적인 교류에 의존하는 정보공유방식 뿐만 아니라 대학이나 연구소

17) 풀뿌리 참여가 지방자치 발전에 미치는 영향력은 두 가지 관점에서 구별해 볼 수 있다. 한편 긍정적 효과로서 1) 풀뿌리 참여는 지역사회에 대한 강한 소속감과 공동체의식을 촉진하는 계기를 제공한다. 2) 풀뿌리 참여는 정보수집, 분석 및 판단능력과 같은 정치-행정적 역량을 향상시킨다. 3) 풀뿌리 참여는 지방정부에 다양한 정보와 대안을 제시함으로써, 지방정부의 문제해결능력을 제고시킨다. 4) 풀뿌리 참여는 지방정부와 풀뿌리 간의 거리감을 좁혀 정책집행의 효율성을 높인다. 5) 풀뿌리 참여는 지방정부의 정책결정과정에 다수의 풀뿌리들을 참여시켜 사회적 형평성을 제고한다. 다른 한편 부정적 효과로서 1) 풀뿌리 참여는 정보제공이나 공청회개최, 여론조사, 풀뿌리투표실시 등 높은 행정비용을 요구한다. 2) 풀뿌리 참여는 정책결정 및 집행과정의 지체를 초래하여 정책집행의 적시성과 효율성을 떨어뜨릴 수 있다. 3) 정보, 자원 그리고 시간을 상대적으로 많이 보유한 계층들에게 참여의 기회가 많아지면서 지역 전체의 이익보다 특수계층의 이익을 대변할 가능성이 크다. 4) 풀뿌리 참여는 지역풀뿌리들 간, 지방자치단체 간, 그리고 중앙정부와 지방정부 간의 갈등을 조장하고 지역이기주의를 유발할 우려가 있다. 5) 풀뿌리 참여는 행정기관의 정책 정당화용이나, 행정당국의 책임회피 및 책임전가의 수단으로 악용될 수 있다(손봉숙 · 안청시. 2002. 200-201쪽).

혹은 시민단체 등과 협력하여 간접적으로 정보를 공유할 수 있는 참여행위자로서의 주체적 능력을 가질 수 있어야 한다. 둘째 풀뿌리들의 자발적인 참여는 '제도'와 밀접한 관련이 있다. 풀뿌리들은 참여를 통해 스스로 자신들이 안고 있는 문제를 해결하기 위한 제도화 방안을 모색해야 한다. 예컨대 자율적인 지방정부 감사기능의 강화, 자율적 평가체제의 구축, 주민소환제, 주민참여예산제, 주민소송제, 주민투표제와 같은 것은 중앙정부의 제도적인 뒷받침이 없어도 풀뿌리들 스스로 자율적으로 추진할 수 있는 제도적 방안들이다. 이러한 방안들은 지역풀뿌리들이 자신들이 거주하고 있는 지역의 문제에 직접 관심을 가지고 이를 스스로 해결하기 위하여 정보를 수집하고 학습하며 토론을 통해 의사를 결정하고, 이를 실현하기 위해 노력하는 자발적인 참여과정을 통해 이루어진다. 이런 점에서 지방화 혹은 지방자치가 갖는 유의미성은 자기 지역의 문제를 스스로 해결할 수 있는 풀뿌리를 생산하고 교육하는 장을 형성하고 실현한다는 데 있다.

3. 풀뿌리 자치운동은 새로운 삶의 대안적 패러다임일 수 있는가?

앞서 논의한 바와 같이, 민주주의의 학습장이자 그 이념의 제도적 실천 장이라고도 할 수 있는 지방화 혹은 지방자치가 우리 사회에 온존하게 자리 잡기 위해서 무엇보다 선행되어야 할 선결조건은 중앙정부와 수도권에 집중되어 있는 권한, 권력 및 재정을 지방으로 이양하는 일이 될 것이다.[18] 특히 이것은 '자립적 지방화'를 위한 필요조건이기도 하

18) 이와 관련해서 지방분권운동본부에서는 지방분권과 지역혁신을 위한 정책과제를 제안한다. 지방분권을 위해서 1) 지방에 결정권, 2) 지방에 세원, 3) 지방에

다. 진정한 지방화는 단순한 행정적인 조치만으로 실현될 수 없다. 중앙집중의 직접적인 수혜자들이라 할 수 있는 일부 중앙정치가, 중앙관료, 보수언론, 수도권 지자체 의원, 수도권 기업, 수도권 대학, 수도권 재산가 등의 저항을 무릅쓰고 자립적 지방화의 기초를 다지기 위해서는 보다 강력한 조치가 필요하다. 그러나 중앙의 권력, 권한 및 재정의 전면적 지방이양도 중요하지만 실질적인 자립적 지방화가 가능하기 위해서 가장 중요한 것은 풀뿌리들의 자발적 참여에 기초한 다채로운 '생활공동체운동'의 전개 양상과 관련된 문제다. 예컨대 지역풀뿌리들은 '살기 좋은 지역 만들기',[19] '참여형 지역공동체형성', '마을 만들기'[20] 등과

인재를 이양하라고 요구하고 있으며, 지역혁신을 위해서 1) 지역교육의 혁신, 2) 지역문화의 혁신, 3) 지역정치의 혁신을 정책방향으로 주장한다(김형기. 2002. 20-21쪽).

19) 살기 좋은 지역 만들기는 '공간의 질과 삶의 질을 제고하는 지역의 창조'라는 비전하에 '쾌적하고, 아름답고, 특색 있는 지역공동체'를 만드는 것을 말한다. 이를 실현하기 위한 주요 과제로는 1) 고품격 생활환경 조성, 2) 경관과 건축문화의 질 제고, 3) 도·농상생형 복합생활공간 조성, 4) 지역공동체 형성 및 복원, 5) 지역별 특화브랜드 창출 등이 있다. 이러한 사업을 수행할 때 가장 중요한 원칙은 지역주도·주민주도이다. 말하자면 과거와 같이 관주도의 주민동원형이 아니라 자발적인 주민참여형에 의해 실행된다(성경륭. 2006).

20) 마을 만들기는 주민공동체 만들기이며, 주민자치를 이루기 위한 운동의 과정이다. 또한 이는 폐쇄적인 특정 구성원들만의 노력과 그 열매의 공유가 아니라, 계속되는 과정을 통해 나와 너, 우리와 우리가 속한 지역사회, 더 나아가 세계와 만나는 아주 구체적인 실천현장이다(이호. 2002. 124쪽). 이러한 마을 만들기 운동은 크게 4가지로 분류할 수 있다. 1) 시민공동체에 관한 것으로, 주변의 작은 생활공간을 기점으로 눈에 보이는 마을을 창조하고 재건하는 것, 2) 지역경영에 관한 것으로, 지역 내에 있는 토지, 돈, 물건 그리고 사람과 지혜를 활용하고 조합하면서 장기적으로 지역사회를 생활하기 편하고 살기 좋은 곳을 만드는 것, 3) 지역공생에 관한 것으로, 이질적인 것들 사이의 공생과, 보전과 개발 사이의 공생을 통해 지역사회를 만드는 것, 4) 미래지향적이고 국제적인 교류와 관련된 것이다(박용남. 2006. 435쪽). 이와 관련해서 특히 마을문화의

같은 생활공동체운동을 전개함으로써 내생적 발전의 기틀과 풀뿌리 자치운동의 역량을 조직하고 육성시켜나가야 한다.

이처럼 풀뿌리들이 지역의 문제에 자발적으로 참여하는 행위가 가능하기 위해서 필수적인 것은 당연히 지역의 '풀뿌리 자치운동'의 병행이다. 그렇다면 지역풀뿌리 자치운동이란 도대체 무엇이며, 왜 풀뿌리 자치운동인가? 간단하게 정의하면, 풀뿌리 자치운동은 중앙집권적 국가가 장악하여 통제하던 공간을 지역 시민사회의 행위자들이 자유롭게 활동할 수 있는 공간으로 직접적으로 만들어 나가는 활동을 말한다. 그리고 풀뿌리 자치는 지역풀뿌리들의 자발적 참여로 이루어지는 참여민주주의적(더 나아가 직접 민주주의적) 행위주체의 형성을 뜻한다.[21) 이러한 의미에서 오늘날 우리 사회에 시급하게 요청되는 과제는 시민운동 단체들을 활성화하는 것도 중요하지만 지역의 풀뿌리공동체를 '민주적'으로 새롭게 구성하는 일이 될 것이다. 지역의 풀뿌리공동체건설운동은 지역 풀뿌리사회를 구성하고 조직하는 중요한 작업인 동시에 세계화의 물결에 능동적으로 대처할 수 있는 지방화의 길이기도 하다.[22)]

해체과정을 역사적으로 자세하게 분석하고 있는 이윤갑(2005. 235-274) 참조.

21) 하승우(2006. 212쪽)는 참여민주주의와 풀뿌리 민주주의를 엄격하게 구별한다. 그에 따르면 참여민주주의는 "정치영역만이 아니라 작업장에서의 참여도 강조하며 참여의 교육적 효과와 민주적 책임성을 강조하지만 참여의 경로를 확대하고 제도화하는 것, 특히 대의제를 보완할 참여제도를 만드는 것을 중요한 과제"라고 본다면 풀뿌리 민주주의는 궁극적으로 대의민주주의를 지양하는 "직접민주주의를 기본으로 삼는다"는 것이다.

22) 풀뿌리공동체를 민주적으로 구성하기 위해서는 자발적 결사체의 활동을 강화할 필요가 있다. 이를 위해서는 먼저 자발적 결사체를 결성하고 문제해결을 위해 공통의 목적을 달성하기 위한 자원동원이 매우 중요하며, 둘째 정책불신을 해소할 수 있는 처방들이 필요하다. 즉 정책적 이슈에 대한 투명한 절차적 공정성을 확보하고 공론의 장을 확대하는 것이 중요하다. 그리고 마지막으로

사실 그동안 우리 사회의 일상적 삶이 꾸려지고 있는 풀뿌리들의 생활세계, 즉 시민사회가 중앙집권적 국가와 거대 독점기업이 주도하는 권위주의적 경제성장 과정에서 철저하게 식민지화되어 왔다면, 이제 이러한 생활세계의 식민화를 극복할 수 있는 새로운 삶의 대안적 패러다임에 대한 모색이 필요하다. 그러한 의미에서 풀뿌리 자치운동은 생활세계의 식민화를 극복할 수 있는 새로운 삶의 대안적 패러다임으로서의 가능성을 함의하고 있다고 하겠다. 따라서 풀뿌리 자치운동은 민주주의가 심화·확대되는 과정에서 매우 중요한 과정이며, 실질적으로 참여민주주의의 실질적인 내용을 채워가는 풀뿌리주체를 형성하는 '지역사회운동'의 성격도 포함하고 있다.

풀뿌리주체들의 삶의 토대라 할 수 있는 일상의 생활 세계적 삶은 '공공선'을 기반으로 구성되는 구성원들의 합리적인 의사소통 네트워크가 살아 있지 않고서는 결코 제대로 작동할 수 없다. 지난 1987년 민주화 체재 이전만 하더라도 우리 사회에서는 의사소통적 합리성에 기반을 두어야 할 일상의 생활세계는 국가의 관료적 합리성과 기업의 시장 합리성에 의해 철저하게 식민지화되어 왔다고 볼 수 있다. 즉 풀뿌리들의 자율적인 의사소통을 통해 사회적 규범과 관계를 형성해 온 공동체의 공간이 정치와 시장에 의해 전면적으로 침범당해 왔던 것이다. 그런 점에서 한국 사회에서 시급하게 우선되어야 할 것은 민주주의를 심화하고 확대시키는 것도 중요하지만 그동안 권위주의적 정치와 시장에 손상된 풀뿌리주체들의 일상의 생활세계를 회복시키는 작업이 될 것이다. 따라서 식민지화된 일상의 생활세계를 회복하기 위해서 우선

적극적으로 풀뿌리들의 횡적인 유대가 가능하도록 하는 다양한 인프라를 제공할 필요가 있다(이재열. 2006. 84-85쪽).

필요한 것은 '의사소통적 합리성'이 살아 숨 쉴 수 있는 '공공영역'을[23] 재구성하는 일이 될 것이다.

공공영역은 따로 만들어야 하는 공간이 아니라 식민화되고 있는 공간을 지키는 것 그리고 식민화된 공간의 의미를 바꾸는 것에서부터 시작된다. 말하자면 지역공동체를 구성하고 있는 풀뿌리주체들이 사적 이익의 일방적 추구를 자제하고 공개적으로 공적 담론을 형성하면서 사회적 정당성을 확보하는 공적인 의사소통 영역 및 공간을 만들어야 한다.[24] 이처럼 일상적인 삶의 정치화는 사적인 것과 공적인 것을 재규정하는 과정을 통해서 풀뿌리 자치로 발전한다. 그리고 이러한 풀뿌리 자치는 오직 지역 풀뿌리주체가 형성됨으로써만 가능하다. 지역 풀뿌리들의 자발적인 참여가 작동되지 않는 지역공동체의 민주적 자치건설은 사실상 불가능하다. 자치 혹은 자기 통제는 단순히 정책을 감시만 하는 것이 아니라 스스로 정책을 '구성'하고 '결정'하는 것이다. 따라서 풀뿌리들은 지역의 삶의 조건들에 관심을 가지며 여론을 형성하고 의사결정과정에 자발적으로 참여하는 능동적인 행위자이어야 한다. 그러나 만약에 이러한 풀뿌리주체들의 자발적인 참여가 없다면 지역공동체건설을 위한 제도로서의 지방자치는 지역의 이해관계에 깊이 뿌리내리고 있는 지역의 토호세력, 지방정치인, 지방자치단체장을 비롯한 지역엘리트들

---

23) 공공영역(the public sphere)은 "사회적 차이들, 문화적 정체성, 공공정책, 정부의 결정과 공동체의 업무들이 개발되고 심의되는 비입법적, 초사법적, 공적 공간"이며, 바로 이러한 "공간들의 융성은 민주주의의 건강에 매우 중요"하다(마이클 에드워즈. 2005. 120-121쪽).

24) 식민화로부터 생활세계의 자율성을 보호하는 것이 사회운동과 공론장의 중요한 역할이다. 이런 맥락에서 환경운동, 여성운동, 생활공동체운동과 같은 신사회운동이 강조될 수 있다.

의 권력독점 공간으로 끝나고 것이다.

그렇다면 지역 풀뿌리들의 자발적인 참여를 이끌어 낼 수 있는 방법은 있는가? 풀뿌리들의 자발적인 참여를 이끌어내기 위해서는 중앙의 정치적인 큰 이슈가 아니라 지역의 교육, 환경, 문화, 교통, 복지 등 일상의 삶과 관련된 작은 이슈들에서 출발해야 한다. 이 과정에서 구체적인 목표를 달성하는 것도 중요하지만, 보다 근본적인 것은 작은 이슈들에 대한 문제제기를 통해서 지역의 평범한 일상의 삶에 참여하고 있는 풀뿌리들을 조직화해 내는 일이다. 풀뿌리조직의 형태는 느슨한 비공식적 네트워크를 통해서 공식조직으로 만들어갈 필요가 있다. 지역 풀뿌리가 능동적 행위주체가 되는 사회적 기반이 마련될 때 지역의 여건과 조건에 적합하고 풀뿌리들의 요구가 충분히 반영되는 독자적이고 자율적인 지역공동체건설을 위한 풀뿌리 자치의 가능성은 열리게 될 것이며, 이에 따라 풀뿌리 자치는 민주주의의 정당성 위기를 극복할 수 있는 새로운 삶의 대안적 패러다임으로 가능하게 될 것이다[25].

최근 우리사회에서는 풀뿌리 자치의 가능성을 보여주는 성공적인 지역공동체운동의 사례들이 다양하게 발견되고 있고, 지방자치 차원의 행정적 관심 역시 상당히 높아지고 있다.[26] 특히 동(洞) 단위에서 추진되

---

25) 앞의 논문(이재성. 2002. 137쪽; 2003. 200-201쪽).

26) 최근 우리나라의 지역공동체운동의 사례들을 들면 다음과 같다: 1) 서울 성북구 미아 3동 주민들의 '가고 싶은 놀이터 만들기' 사례, 2) 서울 성동구 금호동 송학마을 사람들의 '친환경 마을 만들기' 3) 서울 동대문구 품앗이 공동체(품앗이로 아이를 함께 키우는 마을 만들기) 4) 인천 서구 신명아파트 단지 문화시설 조성, 5) 대구 삼덕동 골목공동체 - 담장허물기 운동, 6) 경기 부평 재래시장의 문화의 거리 조성, 7) 주민발의 조례제정을 통한 공공병원 설립운동(성남시립병원 추진위원회), 8) 지역자치실현을 위한 의정참여활동(한국여성의전화연합 목포지부), 9) 자연 속에서 사회소외계층과 더불어 사는 세상 만들기(환경을

고 있는 '주민자치센터'의 운영은 대표적인 사례가 될 것이다. 물론 이것은 동네 단위의 풀뿌리들의 자발적인 참여자치 역량을 구축하려는 정부 차원의 노력이기도 하다. 그러나 행정편의 위주의 정책적 접근이라는 현실적인 문제 때문에 풀뿌리 자치의 역량을 키우거나 풀뿌리 스스로 지역공동체의 문제를 해결하는 통로가 되기에는 여전히 부족한 점이 많다. 더욱이 문제가 되는 것은 주민자치센터가 풀뿌리들을 프로그램의 대상, 즉 객체화하는 단순한 여가교실로 변질되면서 제 기능을 상실하고 있다는 점이다. 주민자치센터가 생활자치를 위한 풀뿌리들의 통합공간으로 발전하고, 지역공동체 문제를 해결해 나가는 공론장으로 발전하기 위해서는 자치단체와 풀뿌리가 해야 할 일을 명확하게 하고, 풀뿌리들의 자발적 참여를 이끌어내는 것이 가장 시급한 일이다. 이러한 맥락에서 우리는 서구의 경험을 통해 '주민자치센터'를 활용한 '풀뿌리 참여형 지역공동체' 모델을 그 발전단계에 따라 크게 3가지 유형으로 분류해 볼 수 있는 데, 첫째 관리주의 모델(managerial model), 둘째 파트너십 모델(partnership model), 셋째 주민자치 모델(citizen governance model)이 있다(표 1 참조).

<표 1> 풀뿌리 참여형 지역공동체 형성의 발전모델

구분	관리주의 모델	파트너십 모델	주민자치 모델
초점	서비스전달체계의 효율성	민관공동생산을 위한 주민의 참여	주민에게 동네문제해결을 위한 실질적인 영향력 행사권한 부여

사랑하는 중랑천 사람들), 10) 주민자치병원 전주의료생활협동조합(의료생협) 연대.

주민의 역할	고객	공동생산자, 동반자	통치자로서의 시민
행정의 역할	공급자	공동생산자, 동반자	촉매자, 촉진자
동사무소(주민자치센터) 기능	문화여가 및 편의	민관협력 네트워크 구축, 지역복지	주민자치
동네의 중요성	공간적 차원(시설) 규모적 차원(규모경제)	대의민주주의 실천의 장, 정체성 차원(공동체 의식)	참여민주주의 실천의 장, 정체성 차원(자치공동체 의식)
사례	주민자치센터, 일본의 공민관, 서양의 코뮤니티센터	일본의 마치즈꾸리운동, 영국 이슬링턴구의 동네포럼	스위스 준직접민주제(주민총회 및 주민투표제)

출처: 곽현근 외[27](2003: 34쪽).

첫째, '관리주의 모델'은 행정서비스 전달체계의 효율성을 높이기 위해 지역 풀뿌리들을 단순히 고객으로 간주하고, 그들이 원하는 방식대로 주민자치센터의 프로그램이나 시설을 제공하는 방식이다. 이 모델에서 동네가 갖는 중요한 의미는 주민자치센터의 시설에 대한 인지도와 이용률을 높이기 위한 공간적인 차원과 효율적인 행정서비스를 위한 규모의 차원이다.

둘째, '파트너십 모델'은 주민자치센터를 지역 풀뿌리들의 문화 및 여가활용을 위한 시설뿐만 아니라 풀뿌리들 스스로가 공공재를 만들어 내고, 서비스를 제공하는 행위주체로서 참여할 수 있도록 유도하고 관리하는 중심기구로 이용하는 방식이다. 이러한 모델이 가능하기 위해서

27) 곽현근·노병일·강용배. 2003.「동구지역의 혁신과 동네 만들기 운동사업」. 『지방분권시대 자치역량 강화를 위한 동구혁신사업의 방향과 과제』. 제19차 동구포럼 발표논문집. 대전광역시 동구·대전대학교지역협력연구원. 34쪽.

는 공공재를 독점적으로 제공해왔던 행정은 풀뿌리들을 동원의 대상이 아닌 공동생산자 또는 파트너로 인정하여 수직적인 차원에서의 명령과 지시가 아니라 수평적인 위치에서 정보를 제공하고, 조정과 지원의 역할을 수행해야 한다. 이 모델에서 동네가 갖는 중요한 의미는 지역 풀뿌리들 사이의 소속감, 연대감, 정체감을 형성하는 공간이라는 것이다.

셋째, '주민자치 모델'은 동네 풀뿌리들이 자신들의 문제를 스스로 해결하기 위한 정책결정이나 집행에 실질적인 영향력을 행사하는 풀뿌리 자치기구로써 주민자치센터를 활용하는 방식이다. 이 모델에서 동네 풀뿌리들은 동네 문제에 대한 실질적인 권한을 행사하는 통치자의 역할을 담당하며, 행정은 동네 풀뿌리들이 자신들의 문제에 보다 많은 관심을 갖도록 유도하는 촉매자의 역할만 담당한다. 여기서 동네는 지역 풀뿌리들의 소속감, 연대감, 정체감을 형성하고 유지하는 차원을 넘어서 공유된 관심사를 다른 행정체계(광역자치제, 중앙정부 또는 기타 기관)와 협상할 수 있는 기반을 제공하는 토대가 된다[28](곽현근 외, 2003. 34-35쪽; 김영정, 2004; 2006: 24-25쪽).[29]

이러한 발전단계에서 풀뿌리 자치가 궁극적으로 실현되는 모델은 마

---

28) 앞의 책(곽현근 외. 2003. 34-35쪽), 김영정. 2004.「자립적 지방화의 성공조건: 과제와 대응」. (사)광주시민의 소리 · 한국지역사회학회 편.『자립형 지방사회와 신국가』. 지방살리기대장정 2004 영호남시민한마당 학술심포지엄. 김영정. 2006.「지역사회 공동체의 재발견 - 공동체 복원 및 활성화 정책의 방향과 과제 -」. (사)한국사회학회 편.『지역사회 공동체에 대한 성찰과 재활성화를 위하여』. 한국사회학회 기획학술심포지엄 발표문(24-25쪽).

29) 현재 한국 사회의 '주민자치센터' 활동은 '관리주의 모델'에 해당된다고 할 수 있다. 이것이 '파트너십 모델'을 거쳐 '풀뿌리자치 모델'로 진화해 나갈 때 비로소 진정한 풀뿌리 자치, 즉 새로운 삶의 대안적 패러다임이 가능하게 될 것이다.

지막 발전단계인 '주민자치 모델'이 될 것이다. 이 모델에 따르면 풀뿌리들은 자신들의 문제에 실질적인 권한을 행사하고 통치자의 역할을 담당하면서 동시에 공유된 관심사를 다른 행정체계와 수평적으로 토의하고 협의할 수 있는 기반을 마련하는 자치를 형성함으로써 진정한 풀뿌리 자치로 가는 통로를 확보한다.

4. 풀뿌리 민주주의는 풀뿌리들의 인간적-사회적 삶의 구체적 실천장일 수 있는가?

"풀뿌리 민주주의의 부푼 꿈을 안고 부활 실시된 지방자치제가 10년을 넘었다. (…) 그동안 중앙정부의 잡다한 사무를 지방에 이전하고 주민의 생활전반, 구석구석까지 해결해 줄 지방정부의 역할을 기대하면서 실시된 지방자치제도는 주민의 삶의 질 향상과 복리증진을 가져다 줄 것으로 기대되었으나 주민참여, 주민 삶의 질 향상에 대한 기대는 저만치에 있고, 중앙정당들이 지역 토호들을 앞세워 지역사회에서 주민의 대표인 양 행세하면서 지방자치는 부패·무능·타락하고 오만과 독선으로 유권자들을 우습게 여기는 반자치적·반환경적·반문화적 세력들에 의해 장악되어 있다."(2006년 지방선거시민연대 출범선언문)

인용된 글은 단지 <지방선거시민연대>라는 특정 조직이 자신들의 활동을 정당화하는 선언일 뿐이라고 폄훼하기엔 지난 15년간 한국 민주주의 실험의 역사가 어떠했는지를 너무 정확히 보여주고 있다. 인용문에서 언급하고 있는 바와 같이, 지난 15년간 풀뿌리 민주주의의 꽃이라 할 수 있는 지방자치의 전개 과정을 면밀히 살펴보면, 지방자치의 제도화가 그 자체 곧바로 민주주의의 발전으로 이어지는 것이 아니라는 사실을 잘 알 수 있다. 아마도 지난 15년간의 지방자치는 지방자치가 언제든지 '민주주의의 독'이 될 수도 있음을 실험하고 증명한 것에 머물고 만 것은 아닐까? 실제로 풀뿌리들의 인간적-사회적 삶의 구체적 학습장, 즉 풀뿌리 민주주의의 실천 장이 될 것이라 믿었던 지방자치는 지역토호세력[30], 지역정치인 및 지방엘리트들의[31] 권력독점 공간으로 변질되어 버렸고, 심지어 지방정치는 여전히 중앙정치권과 중앙부서의 관료, 중앙언론들의 간섭에서 벗어나지 못한 채 중앙정치의 출장소적 성격에 머물러 있는 실정이기도 하다.

적어도 지방자치가 풀뿌리 민주주의의 발전에 기여하기 위해서 우선 선행되어야 하는 것은 무엇보다 지방정치에 대한 풀뿌리들의 자발적인 참여의 활성화이다.[32] 왜냐하면 지방자치는 풀뿌리들의 정치적 효능감을 높여 갈 수 있는 적절한 정치공간을 제공해 주기 때문이다. 그러나 지방화 시대가 시작된 지 이미 15년이 지났지만 한국의 지방자치는 여전히 민주주의의 '중심'이기보다는 '주변'에 머물러 있다. 그렇다면 도대체 왜 이런 현상이 빚어진 것일까? 우선 그 이유를 크게 세 가지로

---

30) 토호의 개념과 토호의 지역 지배구조 및 반민주적 성격에 대한 자세한 논의는 홍성태(2006. 40-43쪽) 참조.

31) 지방엘리트의 특성과 현실에 대해서는 장수찬(2006. 53-57쪽); 박대식 편(2004) 참조.

32) 풀뿌리들의 자발적인 참여가 없을 경우 지방선거가 어떤 결과를 낳는지를 지난 2006년 5 · 31 지방선거는 분명히 보여주었으며, 그 결과 풀뿌리 민주주의가 쉽게 뿌리내릴 수 없는 여러 가지 토양이 존재하고 있음을 확인할 수 있었다. 첫째, 이번 지방자치선거에서는 자치가 실종되고, 지방정치는 중앙정치에 종속되는 현상을 나타냈다. 둘째, 지방선거에 지방의 문제를 결정하는 풀뿌리들은 없고 국민만 있었다. 셋째, 지방선거에 지역은 없고 국가와 지역주의만 있었다. 넷째, 지방자치선거에서 분권은 후퇴하고 중앙집권이 더 강화되는 결과를 얻었다.

나누어 설명할 수 있는 데, 첫째 "지방의회와 지방정부의 권한과 능력이 민주주의의 핵심이 되기에는 여전히 크게" 부족하다는 점이다. 중앙정부의 권한과 권력 그리고 재정이 지방정부에 충분히 이양되지 못한 상황에서 지역 풀뿌리들은 지방자치에 큰 관심을 기울이지 않는다. 말하자면 분산과 분권이 제대로 이루어지지 않았기 때문에 지방자치는 자율적이고 독자적인 정치단위로 간주되지 못하고 있는 것이다.

둘째 "지방정치는 여전히 중앙정치의 말단으로 기능"하고 있다. 지금까지도 지방정치는 중앙정치와의 긴밀한 관계유지에 따라 규정되고 있다. 말하자면 지방정치는 중앙정치의 그늘에서 결코 자유롭지 못한 상태이다. 이러한 상황에서 풀뿌리들은 지방정치보다는 중앙정치에 더 많은 관심을 기울일 수밖에 없으며, 지방정치는 중앙정치의 기능적 부속물로서만 그 존재의미를 갖는다. 따라서 진정으로 지방정치가 민주화되기 위해서는 지방정부와 지방사회 내의 사회권력 관계가 민주화되어야 하며, 이러한 지방정치의 민주화는 오직 중앙과 지방관계의 민주적 분산・분권화라는 구조적 틀 속에서만 가능할 것이다.

셋째 "지방의 시민사회가 여전히 미성숙한 상태"에 머물러 있다. 민주적 정치교육이 부재한 지역풀뿌리들의 정치적 미성숙 상태에 기반해서 지역 토호의 중앙정치와의 긴밀한 유착관계가 이루어진다. 그 결과 상당부분 지방자치는 중앙정치를 배경으로 한 지역토호들의 "토호자치"로 간주된다.[33]

---

33) 현재 한국의 지방자치는 개발자치이자 부패자치의 성격을 강하게 띠고 있기 때문에 풀뿌리 민주주의의 학습장이라고 할 수 없는 지형에 처해 있다. 그 이유는 크게 네 가지로 분류해 볼 수 있는 데, 첫째 "지방행정을 감시할 수 있는 제도적 장치가 크게 미비한 상황"이며, 둘째 "지방의회와 자치단체장을 한 정당이 모두 장악하는 경우가 흔하고", 셋째 "지역의 토호들이 사실상 지방

그렇다면 이러한 상황에서 풀뿌리들의 인간적-사회적 삶의 구체적 실천 장은 어떻게 가능한가? 그러한 삶을 위해서 풀뿌리들은 어떻게 해야 하는가? 그러한 삶을 수행하는 행위주체인 풀뿌리는 도대체 누구인가? 우선 여기서 말하는 지역풀뿌리는 통일체로서의 국민이기 보다는 지역적으로 구획된 민초라는 점에서 지역적 단위의 통일체가 아니라 언제나 민초의 지역적 단위를 의미한다. 때문에 지방 단위에서는 직접 민주제적 참여민주주의가 가능하고, 그 결과 지방자치단체는 풀뿌리 자치정부가 될 수 있다. 국민과 지역풀뿌리는 단순히 양적인 다수와 소수의 관계를 말하는 것이 아니다. 국민과 관련해서 지역풀뿌리는 질적인 소수를 의미한다. 풀뿌리들은 시민으로서 개별적으로 국가 차원의 민주주의 과정에 자발적으로 참여할 뿐만 아니라 지역적으로 구획된 자치정부인 지방정부를 통해 국정에 참여할 수 있는 정당성을 확보한다. 이러한 맥락에서 참여민주주의는 민주주의의 학습장으로서의 지방자치의 의미를 살릴 수 있는 것이다.[34] 이처럼 지방자치의 제도화 과정에서 풀뿌리의 자발적 참여가 의미하는 바는, 첫째 주권자인 풀뿌리들이 주체적·자발적으로 정치과정에 참여한다는 것이며, 둘째 직접민주제를 지향하는 참여민주주의의 이념에 기반하고, 셋째 오늘날 그 지위가 약화된 의회제 혹은 대의민주주의에 대항하면서 동시에 그것을 보완하여 풀뿌리를 정치적으로 복권시킨다는 것이다.[35]

정치를 장악"하고 있으며, 마지막으로 "오랜 개발독재를 통해 개발주의가 많은 사람들의 생활방식과 사고구조 속에 깊이 스며들어" 있기 때문이다(홍성태. 2006.「지역과 민주주의」. 참여사회연구소 편.『시민과 세계』. 참여사회. 25쪽).

34) 토크빌의 어법으로 표현하면, 시민들은 지방자치를 통하여 민주주의에 불가결한 자유의 중요성을 깨닫고 정치에 참여하는 시민으로서의 권리·의무·공공성을 몸에 익힌다.

그럴 경우 지방정부는 다양한 풀뿌리들의 참여를 기반으로 하여 국가로부터 개인의 자유를 방어하는 동시에 국가를 구성하는 단위이기 때문에, 지방자치의 영역에서도 "정치의 종말"보다는[36] 민주적으로 조직화된 정치생활이 풀뿌리들의 인간적-사회적 삶의 본질적인 상태, 즉 '일상의 정치' 또는 '생활정치'가 되도록 노력해야 한다.[37] 그럴 때에만 지방정부에서는 지역토호들이 아니라 지역풀뿌리들이 민주적인 권력을 확보할 수 있다. 풀뿌리 스스로 정치의 능동적-주체적 행위자가 되려고 할 때 풀뿌리 민주주의는 특정 조직이나 토호의 영향력에 흔들리지 않고 확고한 뿌리를 내릴 수 있다. 더욱이 이러한 상황이 가능한 것은 세계화와 지방화가 동시 진행되고 있는 시대에 탈권위주의와 다원주의가 국민국가의 안정성에 큰 변화를 초래하고 있기 때문이기도 하다.[38] 또한 지방정부의 핵심은 '차이'의 가능성에 있다. 지역풀뿌리들은 자신들의 이해와 관련된 문제를 일정부분 해결할 수 있지만, 더 확대된 공적

35) 현대 민주주의에 대한 평가는 크게 기존의 대의민주주의를 지탱하는 과잉민주주의 주장을 한 축으로 하고, 대의민주주의의 한계를 지적하고 그것을 극복하려는 참여민주주의를 다른 축으로 한다. 크레이머(1972. 36-37쪽)는 참여민주주의를 공동체와 자치적 시민과 직접 연관시켜, 시민 각자가 개인으로서 자신에게 관련되는 공동체의 규율과 규제를 형성하는 일에 관여하는 과정이라고 정의한다.

36) 데이비드 헬드(2005). 131쪽.

37) 이와 달리 자유민주주의는 개인적 성취를 저지하고 완전한 민주주의 사회와 정치영역의 형성에 장애가 되는 사회적-경제적 현실을 고려하지 않는 실책을 범한다(Carter & Stokes. 2002. 3쪽). 그러나 자유민주주의의 가장 심각한 결함은 풀뿌리참여의 부재와 풀뿌리들의 정치에 대한 무관심의 팽배이다.

38) 세계화는 첫째, 자본의 초국가적 이동, 둘째 자본주의 국민국가들 사이의 초국가적 경제적 결합에 대한 강조, 셋째 다원화된 상황에서 국민국가의 통일성을 유지하는 이데올로기적 사슬의 약화, 넷째 양 방향에서의 국가체계의 해체를 야기하고 있다(Kirby. 1993. 135-136쪽).

담론에 대한 참여를 지향할 수 있다. 말하자면 지방정부는 개인과 집단의 복합적인 성격이 함께 드러나는 공간일 수 있다는 것이다. 예컨대 지방이라는 단위는 주로 소비의 영역, 재생산의 영역이라 할 수 있는데, 바로 이 공간에서 계급·성·환경의 영역도 함께 하나로 통일되는 것이다.

따라서 중앙권력의 지방에 대한 장악력이 약화되고, 지방단위의 예산편성과 집행의 자율성이 높아질수록 지방은 더욱 가시적인 변화의 공간이 될 수 있다. 물론 지방도 중앙처럼 정치와 시장의 불균등성이 관철되는 공간이긴 하지만 행위주체의 차원에서 볼 때, 그것은 가까운 거리에서 진행되는 현상들이 개인의 삶과 직접 연관되어 있기 때문에 문제가 보다 구체적으로 가시화됨으로써 보다 직접적인 참여의 기회를 제공한다. 때문에 노동운동과 지역운동의 결합은 참여민주주의의 가장 중요한 토대가 될 것이다[39]. 이 점에서 지역문제에 대한 지역 풀뿌리들의 자발적인 학습과 참여는 궁극적으로 국가와 시장의 규율과 통제로부터 상대적으로 자립적인 인간적-사회적 삶이 실현되는 민주주의의 실천적 공간, 즉 풀뿌리 민주주의로의 이행을 가능하게 할 것이다.

5. 나가는 말

지금까지 논의한 바와 같이, 풀뿌리 민주주의가 기존의 다양한 민주주의의 특징들과는 달리 직접적으로 풀뿌리들에게 정치적 판단력과 결정권을 되돌려주는 것이라면, 그것을 위해서 무엇보다 중요한 것은 풀

39) 김동춘. 1997. 「신자유주의의 세계화와 참여민주주의」. 참여사회연구소 엮음. 『참여민주주의와 한국 사회』. 서울: 창작과비평사. 103쪽.

뿌리들이 자발적으로 참여할 수 있는 공적인 공간을40) 조직하고 구성하는 일이 될 것이다. 그러나 국민을, 풀뿌리를 주체로서가 아니라 객체화하여 정치권력쟁취와 행사를 위한 '동원'의 대상으로 여기는 사회가 지금까지의 한국 사회이고, 그것이 현재 한국 지방자치의 현주소이기도 하다. 특히 지방자치의 현장에서 대부분의 풀뿌리들은 지역의 일부 관변 언론, 행정조직, 관변단체, 정당 정치조직을 통해 고도로 조작된 무의식의 세계 속에 갇혀 있는 경우가 다반사다.

실질적 민주주의의 학습장인 지방자치는 주민에 의한, 주민을 위한, 주민의 풀뿌리 정치요, 실질적 참여민주주의와 생활정치이어야 한다. 지방자치의 발전, 풀뿌리 삶의 질 향상, 부정부패의 척결을 통한 갈등해소, 사회통합과 같은 인간적-사회적 삶의 가치들은 지금까지 우리가 듣고 보며 겪어온 정치꾼집단으로부터 결코 주어질 수 없다. 지방자치의 주체, 주역은 지역의 풀뿌리들이며 동시에 그들은 참여, 분권, 분산, 개방의 주체이기도 하다.

풀뿌리 민주주의는 생활정치, 참여정치, 참여, 분권, 자치, 공개를 기본 토대로 이루어진다. 풀뿌리의 참여가 없거나 제한되는 지방자치는 자치로서의 아무런 의미가 없다. 권력의 분권, 풀뿌리에 의한 참여와 자치, 정치와 행정의 결과, 그리고 그 과정 또한 철저한 개방과 공개를 원칙으로 할 때 풀뿌리 민주주의는 실질적인 '직접민주주의'로서의 정당성을 확보한다. 풀뿌리들의 적극적인 지역 정치참여는 기존의 대의민

---

40) 하승우(2006. 231쪽)는 이것을 "풀뿌리공론장"이라고 표현한다. 그의 주장에 따르면 풀뿌리공론장은 "토의라는 말의 절차와 직접행동이라는 정치적 행위를" 강조하는 공간이다. 하버마스(1992. 435쪽)에 따르면 공론장은 "행동, 행위자, 집단 및 집합체와 마찬가지로 기본적인 사회적 현상"이다.

주주의, 자유민주주의와 같은 형식적 민주주의 형태에서 이루어졌던 권력, 명예 및 부를 추구하는 정치가 아니다. 그것은 지역 풀뿌리들의 일상생활과 삶의 현장에서 출발하는 생활인의 정치이다. 지역 풀뿌리들은 스스로 지역사회의 작은 문제부터 큰 문제로 차근차근 해결해 나가고, 자신들의 미래희망을 창출해 가는 것을 풀뿌리 민주주의의 근본적인 목표로 삼는다. 그들은 결코 중앙권력의 이동이나 지역정치권력에 줄서는 일에 관심을 두지 않는다.

결론적으로 요약하면, 우리는 지금까지 풀뿌리 민주주의의 가능성을 모색하는 논의 과정을 통해서 다음과 같은 몇 가지 결론에 도달할 수 있다.

첫째, 한국 사회의 구조적 특수성, 즉 중앙의 초집중화와 지방의 배제라는 문제가 정치적 차원에서 지역주의를 불러일으킨다. 특히 지역주의는 풀뿌리 참여, 풀뿌리 자치, 지방의 자립, 지방의 특성화와 같은 지방화 혹은 지방자치의 본질적 의미를 희석시키는 원인이기 때문에 진정한 풀뿌리 민주주의를 실현하기 위한 전제 조건은 강고한 지역주의 정치구조를 타파하는 것에 있다.

둘째, 민주주의의 주체인 풀뿌리를 양성하기 위하여 민주적 정치교육, 즉 민주풀뿌리교육이 국가·사회적 차원에서 지속적으로 확대되어야 한다. 따라서 풀뿌리들의 참여적 의식수준과 행동양식을 뒷받침할 수 있는 법적·제도적 장치의 마련은 무엇보다 민주사회를 실현하기 위한 기본 전제가 된다.

셋째, 국가조직을 중심으로 하는 권위주의적인 형식적 민주주의가 아니라 실질적인 '현장 민주주의'가 풀뿌리 민주주의이며, 그것은 풀뿌리 자치를 통해 형성된 생활공동체에 기반을 둔 민주주의이다. 풀뿌리들은 바로 그러한 민주주의를 기반으로 하여 자신들의 삶에 영향을 끼치는 일들에 저항할 수 있는 힘을 키워나가며, 스스로 민주적인 권력을 획득한다.

넷째, 풀뿌리 스스로 능동적인 정치적 행위자가 되어 지역문제에 대해 직접행동을 할 수 있을 때 체계나 토호의 영향력에 흔들리지 않으며, 궁극적으로 국가와 시장의 규율과 통제로부터 상대적으로 자립적인 인간적-사회적 삶이 실현되는 민주주의의 실천적 공간으로서의 풀뿌리 민주주의는 가능하다.

곽현근 · 노병일 · 강용배. 2003. 「동구지역의 혁신과 동네 만들기 운동사업」. 『지방분권시대 자치역량 강화를 위한 동구혁신사업의 방향과 과제』. 제19차 동구포럼 발표논문집. 대전광역시 동구 · 대전대학교지역협력연구원. 29-46쪽.

김동춘. 1997. 「신자유주의의 세계화와 참여민주주의」. 『참여민주주의와 한국 사회』. 참여사회연구소 엮음. 창작과비평사.

김석수. 2003. 「다원주의와 지방자치」. 『한국 사회와 다원주의』. 사회철학연구회 편. 서울: 이학사. 157-187쪽.

김선욱. 2003. 「다원주의의 논점들과 정치-윤리적 관점」. 『한국 사회와 다원주의』. 사회철학연구회 편. 이학사. 7-38쪽.

김영정. 2004. 「자립적 지방화의 성공조건: 과제와 대응」. 『자립형 지방사회와 신국가』. 지방살리기대장정 2004 영호남시민한마당 학술심포지엄. (사)광주시민의 소리 · 한국지역사회학회 편. 83-104쪽.

김영정. 2006. 「지역사회 공동체의 재발견 - 공동체 복원 및 활성화 정책의 방향과 과제 -」. 『지역사회 공동체에 대한 성찰과 재활성화를 위하여』. 한국사회학회 기획학술심포지엄 발표문. (사)한국사회학회 편. 3-21쪽.

김형기. 2002. 「지방분권과 지역혁신: 지역발전의 새로운 비전」. 『지방분권 정책대안』. 한울. 11-21쪽.

데이비드 헬드. 2005. 「정치로의 귀환」. 『세계화 이후의 민주주의』. 이승협 역. 토마스 아스호이어/베르너 A./페르거 편. 평사리. 129-145쪽.

마이클 에드워즈. 2005. 『시민사회: 이론과 역사, 그리고 대안적 재구성』. 서유경 역. 동아시아.
박대식 편. 2004. 『한국 지역사회 엘리트 특성과 구조』. 오름.
박용남. 2006. 「살기 좋은 지역 만들기를 위한 자발적 노력: 정부, 지자체, 전문가, 시민의 노력」. 『국가균형발전위원회 출범 3주년 기념 심포지엄 발표문』. 432-454쪽.
박호성·양기호·이동선. 2002. 『한국정치와 지방자치』. 인간사랑.
선우현. 2003. 「다원주의는 사회적 진보의 징표인가?」. 『한국 사회와 다원주의』. 사회철학연구회 편. 이학사. 39-84쪽.
성경륭. 2006. 「살기 좋은 지역 만들기 정책의 비전과 과제」. 국가균형발전위원회 출범 3주년 기념 심포지엄 발표문. 12-39쪽.
손봉숙·안청시. 2002. 「지방자치와 주민참여」. 안청시 외. 『한국 지방자치와 민주주의』. 나남. 197-235쪽.
오동석. 2002. 「지방분권과 참여민주주의」. 『지방분권시대의 모색』. 법과사회이론학회 편. 하반기 학술대회 발표문. 1-11쪽.
이윤갑. 2005. 「일제의 식민지 지배와 마을문화의 해체」. 『한국학논집』 제32집. 계명대학교한국학연구원. 235-274쪽.
이재성. 2002. 「진보정치와 지방분권화」. 『대구사회비평』 제6호. 문예미학사. 123-141쪽.
______. 2003. 「지방분권과 민주주의」. 『한국 사회와 다원주의』. 사회와 철학연구회 편. 이학사. 189-215쪽.
이재열. 2006. 「도시와 농촌의 지역공동체 복원: 이론과 현실」. 국가균형발전위원회 출범 3주년 기념 심포지엄 발표문. 74-94쪽.
이진경·고병권. 2006. 「제국의 시대인가, 제국의 황혼인가」. 『시민과 세계』. 참여사회연구소 편. 참여사회. 236-248쪽.
이호. 2002. 「마을만들기의 이해와 실천」. 『풀뿌리는 느리게 질주한다 - 자치운동의 현재와 미래』. 시민자치정책센터 편. 갈무리. 111-125쪽.

장수찬. 2006. 「중앙정치와 지역정치의 유착과 재생산」. 『시민과 세계』. 참여사회연구소 편. 참여사회. 46-59쪽.

정수복. 2002. 『시민의식과 시민참여』. 아르케.

조명래. 1995. 「지역개발학의 파라다임」. 『한국지역개발학회지』 제7권 2호. 51-67쪽.

최장집. 2005. 『민주화 이후의 민주주의』. 후마니타스.

하승우. 2006. 「풀뿌리 민주주의는 가능한가?」. 『민주주의 대 민주주의』. 주성수/정상호 편저. 아르케.

홍성태. 2006. 「지역과 민주주의」. 『시민과 세계』. 참여사회연구소 편. 참여사회. 21-45쪽.

Carter, A. and Stokes, G. 2002. "Introduction". A. Carter/G. Stokes(ed.). *Democratic Theory Today*. Cambridge: Polity Press.

Giddens, A. 1994. *Beyond Left and Right*. London: Polity Press.

Habermas, J. 1992. *Faktizität und Geltung*. Frankfurt(M): Suhrkamp.

Kirby, A. 1993. *Power/Resistance: local politics and the chaotic state*. Indiana University Press.

Kramer, D. 1972. *Participatory Democracy*, Cambridge: Schenkman Publishing.

염무웅은 1941년 강원도 속초 출생으로 서울대 문리대 독문학과 및 동 대학원에서 문학박사학위를 수여하고 덕성여대 국문과 교수, 계간 창작과비평 발행인, 민족문학작가회의 이사장 등을 역임하였다. 1980년 3월부터 2007년 2월까지 영남대 독문과 교수를 역임하였으며 현재 6·15민족문학인협회 남측회장을 맡고 있다.
E-mail: mwyom@ynu.ac.kr

조동일은 계명대학교 석좌교수로, '세계·지방화시대의 한국학'이라는 주제로 계명대학교에서 강의를 하고 있다. 주요 저서로 『한국문학통사』(지식산업사. 제4판 2005), 『소설의 사회사 비교론』(지식산업사. 2001), 『한국구비문학대계』(한국정신문화연구원. 1980), 『서사민요연구』(계명대학교출판부. 1970. 증보판 1979) 등이 있으며, 국문학 연구에 많은 업적이 있다.
E-mail: s213181@yahoo.co.kr

김한규는 1982년부터 현재까지 계명대학교 경제학과에 재임 중이다. 독일 프라이부르크 대에서 경제학부, 학사, 석사 및 박사(Dr. rer.pol)학위를 받았다. 또한 대구상의, 대동은행 자문교수, 대구경북개발연구원 연구위원, 계명대학교 2부 교학부장, 독일학 연구소장을 역임했다.
E-mail: hgkim@gw.kmu.ac.kr

김영철은 미국 Univeristy of Illinois at Urbana-Champaign에서 경제학박사학위를 받고, 한국산업은행 조사부에서 근무했다. 현재 계명대학교 경제학과 부교수로 재직 중이다.
E-mail: kimyc@kmu.ac.kr

김규원은 현재 경북대학교 사회학과 교수로 재임 중이다. 위스콘신대학교(매디슨 소재)에서 사회학박사학위를 받았으며, (사)대구사회연구소장을 역임했다. 현재 대구경북연구원 대구경북학연구센터 소장, 경북대학교 사회과학대학장으로 있다.
E-mail: sockim@knu.ac.kr

임재해는 영남대학교에서 문학박사학위를 받고, 현재 안동대학교 인문대학 국학부 및 대학원 민속학과 교수로 재직 중이며 한국구비문학회 회장/ 비교민속학회 회장/ 안동문화지킴이 대표, 문화재청 문화재위원/ 격월간 「안동」 편집위원을 겸하고 있다. 주요 저서로는 『한국민속과 오늘의 문화』(지식산업사. 1994), 『민속마을 하회 여행』(도서출판 밀알. 1994), 『민족신화와 건국영웅들』(천재교육. 1994), 『한국민속학과 현실인식』(집문당. 1997), 『역문화와 문화산업』(지식산업사. 2000), 『지역문화, 그 진단과 처방』(지식산업사. 2002), 『민속문화의 생태학적 인식』(도서출판 당대. 2002), 『민속문화를 읽는 열쇠말』(민속원. 2004) 외 15책이 있다.
E-mail: limjh@andong.ac.kr

이재성은 계명대학교 철학과를 졸업하고, 독일 RWTH Aachen 대학교에서 철학박사학위를 받았으며, 현재 계명대학교 교양과정부에 재직하고 있다. 주요 저서로는 『한국사회와 다원주의』(공저)가 있고, 역서로 『변증법 이론의 근본구조. 헤겔의 논리학에 있어서 변증법적 범주발전의 재구성과 수정』이 있으며, 주요 논문으로는 「루소의 정치철학에 대한 헤겔 비판」, 「헤겔 정치철학에 대한 일고」, 「헤겔의 정신철학에서 정신개념의 변증법적 구조」 등이 있다.
E-mail: ssyi@kmu.ac.kr

계명대학교 한국학연구 총서 19

세계화시대의 지역학

2007년 5월 1일 초판1쇄 인쇄
2007년 5월 5일 초판1쇄 발행

저　자 | 김한규 외
펴낸이 | 이진우
펴낸곳 | 계명대학교출판부
704-701 대구시 달서구 달구벌대로 2800
전화 053-580-6233　팩스 053-583-5213
등록 | 1970. 9. 1. (신고번호 제347-1998-1호)

값 12,000원

ISBN 978-89-7585-396-8 93910